Dieter Grimm

Die Verfassung und die Politik

Dieter Grimm

Die Verfassung und die Politik

Einsprüche in Störfällen

Verlag C. H. Beck

Die Deutsche Bibliothek – CIP-Einheitsaufnahme

Grimm, Dieter: Die Verfassung und die Politik :
Einsprüche in Störfällen /
Dieter Grimm. – Orig.-Ausg. – München : Beck, 2001
ISBN 3-406-48205-8

Originalausgabe

ISBN 3 406 48205 8

Satz: Fotosatz Otto Gutfreund, Darmstadt
Druck und Bindung: Freiburger Graphische Betriebe
© Verlag C. H. Beck oHG, München 2001
Gedruckt auf säurefreiem, alterungsbeständigem Papier
(hergestellt aus chlorfrei gebleichtem Zellstoff)
Printed in Germany

www.beck.de

Inhalt

IV.
VERFASSUNGSPROBLEME
EUROPAS

V.
EINE BILANZ

ANHANG

Vorwort

Das Verfassungsrecht formuliert die Bedingungen rechtmäßiger politischer Herrschaft. Daß es ein solches Recht gibt, ist eine der großen Errungenschaften der Moderne. Nach langen Kämpfen hat es sich mittlerweile weltweit durchgesetzt. Gleichwohl bleibt die Verfassung eine gefährdete Errungenschaft. Denn so sehr die Politik von der Legitimität zehrt, die ihr die Verfassung zuführt, so störend kann sie die verfassungsrechtlichen Bindungen doch empfinden, wenn sie dadurch in der Verfolgung ihrer Ziele behindert wird. Die Versuchung, sich über die Verfassung hinwegzusetzen, sie im Lichte der eigenen Absichten zu interpretieren oder sie für eigene Interessen zu instrumentalisieren, wird dann groß. Vor solchen Spannungssituationen ist keine Verfassung gefeit, auch nicht in Staaten, die ihre Verfassung im allgemeinen hoch schätzen.

Derartige Spannungssituationen, zu denen es hierzulande in jüngerer Zeit gekommen ist, stehen im Zentrum dieser Aufsatzsammlung. Ihr Untertitel „Einsprüche in Störfällen" mag nicht für jeden einzelnen Beitrag zutreffen. Im Ganzen geht es aber um Momente, in denen der Errungenschaft Verfassung von seiten der Politik Schaden drohte. Die meisten der Beiträge sind während meiner Karlsruher Zeit aus akutem Anlaß, indes ohne Zusammenhang mit Entscheidungen des Bundesverfassungsgerichts, geschrieben worden und demgemäß oft nicht in wissenschaftlichen Publikationen, sondern in Presseorganen erschienen. In dem Umstand, daß sie symptomatische Einstellungen der Politik zur Verfassung aufgreifen, die sich wiederholen können, liegt die Rechtfertigung, sie hier noch einmal zusammengefaßt wiederzugeben.

Zu den aufgenommenen Beiträgen gehören auch einige, die Verfassungsfragen im Prozeß der Wiedervereinigung zum Gegenstand haben. Die Wiedervereinigung ist zwar abgeschlossen. Die Verfassungsfragen, die sie aufgeworfen hat, sind im wesentlichen gelöst. Gerade in dieser Phase traten aber Einstellungen zur Verfassung zutage, die sich mit der Erreichung des Ziels nicht erledigt haben. Dazu gehört neben einer verminderten Wertschätzung der Verfassung der Umgang mit Verfassungsänderungen. Es wird notwendig sein, Formen der Verfassungsänderung, entweder bei der Vorbereitung oder beim Beschluß, zu finden, die besser geeignet sind als die gegenwärtigen, deutlich zu machen, daß in der Verfassung der Souverän der Politik Grundlage und Rahmen vorgibt, nicht die Politik selbst die Bedingungen ihrer Herrschaft formuliert.

Über das Verhältnis von Politik und Verfassung kann man heute nicht mehr allein im nationalen Rahmen sprechen. Deutschland ist Mitglied der Europäischen Union und seine Verfassung läßt sich nicht länger ohne Rücksicht auf diese Zugehörigkeit beschreiben. Zugleich ist aber die Frage, ob die Errungenschaft der Verfassung auf die europäische Ebene übertragen werden kann und soll, ebenso drängend wie ungeklärt. Die Diskussion darüber läßt viel Verwirrung über die Eigenart von Verfassungen erkennen. Deswegen sind hier auch einige Beiträge über die europäische Verfassungsfrage aufgenommen, darunter trotz seiner weiten Verbreitung in verschiedenen Publikationen und Sprachen der ursprünglich bei der Siemens-Stiftung gehaltene Vortrag, weil er in der europapolitischen Diskussion häufig aufgegriffen wird.

Die Aufsätze werden eingerahmt von zwei allgemeineren Abhandlungen. Der Einleitungsaufsatz stellt das Verhältnis von Politik und Recht in einen größeren Zusammenhang. Der Schlußartikel enthält eine Würdigung des Grundgesetzes aus Anlaß seines fünfzigjährigen Bestehens im Jahr 1999. Das Grundgesetz wird darin als geglückte und bewährte Verfassung beschrieben, die von der insgesamt erfolgreichen Entwicklung der Bundesrepublik ebenso profitiert wie zu ihr beigetragen hat. Im Ausland gilt die Verfassungskultur der Bundesrepublik vielfach als beispielhaft. Deswegen hängt für die Zukunft viel davon ab, daß die Verfassung nicht leichtfertig zugunsten politischer Augenblicksvorteile aufs Spiel gesetzt, sondern wirkmächtig erhalten wird. Diesem Anliegen verdankt der Band seine Publikation.

Berlin, im Sommer 2001   *Dieter Grimm*

I.
EIN RAHMEN

1. Politik und Recht

I. Rechtsetzung

1. *Vormoderne Gesellschaften*

Das Verhältnis von Recht und Politik ist in seiner gegenwärtigen Gestalt entscheidend durch die Positivierung des Rechts geprägt. Darunter versteht man den historischen Prozeß, in dem das Recht von traditioneller oder transzendentaler Geltung auf dezisionistische Geltung umgestellt wurde. Das Ergebnis dieses Prozesses, das positive Recht, ist dadurch gekennzeichnet, daß es durch bewußte menschliche Setzung zustande kommt und kraft Entscheidung gilt. Diese Entscheidung fällt nicht im Rechtssystem, sondern im politischen System. Was rechtlich gilt, wird politisch bestimmt. Insofern ist die Politik dem Recht übergeordnet. Ein dem Recht eigener politikunabhängiger Inhalt existiert nicht. Zwar steht die Politik bei der Rechtsetzung unter Gerechtigkeitsanforderungen. Doch ist angesichts der Konkurrenz verschiedener Gerechtigkeitsvorstellungen die Frage, welche von ihnen maßgeblich sein soll, ihrerseits Gegenstand politischer Entscheidungen. Die Gerechtigkeit des Rechts bildet daher ein Dauerproblem moderner Gesellschaften. Seine Lösung liegt jedoch nicht in der Bindung des positiven Rechts an überpositiv geltende Normen, sondern in der prinzipiellen Abänderbarkeit.

Die Positivierung des Rechts hat das bis dahin vorherrschende Verhältnis von Recht und Politik von Grund auf verändert. Den älteren Gesellschaften war die Vorstellung, daß Recht gemacht werden könnte, durchweg fremd. Recht galt vielmehr kraft unvordenklicher Tradition oder göttlicher Stiftung. Die Gesellschaft fand es vor und erlebte es als unveränderbar. Die Frage nach der Gerechtigkeit des geltenden Rechts stellte sich unter diesen Umständen nicht. Recht und Gerechtigkeit fielen zusammen. Ein solches Recht war kein Gegenstand von Entscheidung, sondern von Erkenntnis. Es hing weder in seinem Inhalt noch in seiner Geltung von der Politik ab. Recht war der politischen Herrschaft im Gegenteil vorgeordnet und band diese ebenso wie die übrige Rechtsgemeinschaft. Die Aufgabe der Politik erschöpfte sich in der Durchsetzung des unabhängig von ihr geltenden Rechts. Sie hatte es nicht zu gestalten, sondern zu bewahren und im Fall der Verletzung wiederherzustellen. Zur Erfüllung dieser Aufgabe war sie mit Macht ausgestattet. Aber nur soweit sie ihre Macht in den Dienst des Rechts stellte, genoß sie Legitimität und konnte Befolgung beanspruchen.

Freilich darf man sich unter Politik noch nicht jenes funktional verselbständigte, auf die Herstellung kollektiv verbindlicher Entscheidungen spezialisierte, in sich wieder hoch differenzierte und permanent aktive Teilsystem der Gesellschaft vorstellen, das heute mit diesem Begriff verbunden wird. Für ein solches Teilsystem bestand in den älteren, noch nicht funktional differenzierten Gesellschaften mit ihrer kleinräumigen Gliederung, geringen Mobilität, auf Anwesende beschränkten Kommunikation und auf unbezweifelbaren Wahrheiten beruhenden Ordnung kein Bedürfnis. Eine umfassende und großräumig wirksame öffentliche Gewalt fehlte ganz. Es gab nur einzelne Herrschaftsrechte, die aber auf eine Vielzahl voneinander unabhängiger Träger verteilt waren und sich nicht auf Territorien, sondern auf überschaubare Personenverbände bezogen. Vor allem wurden diese Herrschaftsrechte aber nicht als selbständige, permanent zu erbringende Funktion ausgeübt.

Ihre Träger nahmen sie vielmehr als Teil eines gesellschaftlichen Status, meist als Annex von Grundeigentum oder geistlichen Ämtern, wahr, ohne dafür einen eigens zu Herrschaftszwecken eingerichteten administrativen Unterbau zu benötigen.

Rückblickend ist es nicht schwer, diese mit unbedingtem Geltungsanspruch auftretende Ordnung in ihrer eigenen Bedingtheit zu durchschauen. Ein System invariant geltenden, politisch nicht disponiblen Rechts setzt eine Gesellschaft voraus, die selber invariant ist oder sich zumindest so langsam verändert, daß der soziale Wandel nicht als solcher wahrgenommen wird und deswegen auch keinen Anpassungsdruck erzeugt. Freilich waren auch die vormodernen Gesellschaften niemals so statisch, daß sie keinerlei Bedarf an Rechtsreformen entwickelt hätten. Rechtsreformen bildeten aber die Ausnahme und blieben überdies inhaltlich an das geltende Recht gebunden. Sie durften es weder aufheben noch abändern, sondern nur konkretisieren und ergänzen. Jeder Reformakt mußte sich folglich auf invariant geltendes altes Recht stützen. Insofern wurde er auch nicht als Schaffung neuen Rechts, sondern als Entfaltung bestehenden Rechts begriffen. Die Geltung so zustandegekommener Rechtsnormen beruhte folglich nicht auf politischer Entscheidung. Sie zogen ihre Geltungskraft vielmehr aus der inhaltlichen Übereinstimmung mit dem traditionalen oder transzendentalen Recht. Fehlte diese, erzeugten sie auch keine Bindungskraft.

In seiner Bindung an ein unveränderliches Recht bei geringen Änderungsspielräumen war das System allerdings außerordentlich unflexibel. Darin lag seine Schwäche. Es konnte nur so lange bestehen, wie die sozialen Verhältnisse, auf die das Recht sich bezog, unverändert blieben und die religiösen Wahrheiten, auf die es gegründet war, außer Zweifel standen. Beschleunigte sich dagegen der soziale Wandel derart, daß die

Veränderungen als Probleme wahrgenommen wurden, für die das geltende Recht keine Lösungen bereithielt, so geriet dadurch die gesamte Sozialordnung in eine Legitimationskrise. Das galt erst recht, wenn ihre Wahrheitsbasis den Konsens einbüßte, weil sie aus der Wahrheit ihre Verpflichtungskraft zog. Krisen dieses Ausmaßes konnten nur mit Rechtsänderungen bewältigt werden. Da das geltende Recht seine Veränderungen aber nicht aus sich heraus zu leisten vermag, wurde in diesem Fall eine entscheidungsberechtigte Instanz nötig, die den verlorengegangenen Zusammenhang zwischen sozialen Anforderungen und rechtlichen Lösungen wiederherstellte. Die Bindung der Politik an ein vorgegebenes und unverfügbares Recht war damit unvereinbar.

2. Politisierung des Rechts

Die Krise der alten Ordnung brach im Gefolge der Glaubensspaltung des 16. Jahrhunderts aus. Schon vorher hatte eine Reihe sozialer Veränderungen vermehrte Rechtsetzungsaktivitäten ausgelöst, ohne daß deswegen die Grundüberzeugung vom göttlichen Ursprung und der darauf gegründeten Unveränderlichkeit der Rechtsordnung aufgegeben worden wäre. Die Glaubensspaltung wirkte sich aber gerade auf diese Grundüberzeugung aus. Zwar berührte sie zunächst nicht die Vorstellung eines in Gottes Willen begründeten und deswegen für die Menschen unverfügbaren Rechts. Sie zerstörte aber die bis dahin vorhandene, jedenfalls autoritativ herstellbare Gewißheit über den Inhalt des göttlichen Willens. Welche Ordnung Gott für die Menschheit gewollt hatte, wurde zum Gegenstand eines unversöhnlichen Streits zwischen den Konfessionsparteien, der sich bald zum Bürgerkrieg ausweitete. Damit war aber mehr als nur die religiöse Einheit zerbrochen. In einem System, in dem die göttliche Offenbarung nicht nur das persönliche Heil des Menschen, sondern auch die gesamte öffentliche Ordnung bestimmte, zerbrach vielmehr auch der soziale Friede und wich der existenziellen Bedrohung aller.

Eine Wiederherstellung des sozialen Friedens war in dieser Situation nur möglich, wenn es entweder einer Bürgerkriegspartei gelang, die andere restlos zu unterwerfen, oder wenn sich eine neutrale Instanz über beide Bürgerkriegsparteien erhob und diesen mit Machtvollkommenheit eine neue, von der umstrittenen Wahrheit unabhängige säkulare Ordnung auferlegte. Dafür kamen nach Lage der Dinge allein die Fürsten in Frage, die an der Spitze der feudalen Pyramide standen und unter den zahlreichen Inhabern einzelner hoheitlicher Befugnisse schon über die relativ größte Zahl von Herrschaftsrechten verfügten. Den Landesfürsten gelang es nach und nach, eine Vielzahl der räumlich, gegenständlich und funktional zerstreuten Hoheitsrechte in ihrer Hand zu vereinigen, wo sie sich allmählich zur umfassenden öffentlichen Gewalt verdichteten. Obgleich dieser Prozeß erst wesentlich später zum Abschluß kam, ging aus ihm doch schon frühzeitig ein auf Politik spezialisiertes System hervor, das im Fürsten verkörpert war, aber alsbald auch seinen eigenen administrativen, militärischen und finanziellen Unterbau ausbildete und im Gegensatz zu der mittelalterlichen Herrschaft als Staat begriffen wurde.

Das politische System konnte seine Aufgabe, kurzfristig den konfessionellen Bürgerkrieg zu überwinden und langfristig die gesellschaftliche Ordnung den schneller wechselnden Lagen anzupassen, nur erfüllen, wenn es sich von der Bindung an die vorgegebene Ordnung emanzipierte und nicht auf Rechtsdurchsetzung beschränkt blieb, sondern zusätzlich die Befugnis zur Rechtsetzung erhielt. Der entstehende monarchische Staat erhob daher Anspruch auf umfassende Verfügungsgewalt über die Gesellschaft. Zur Charakterisierung dieser Befugnis bürgerte sich alsbald der Begriff der Souveränität ein, für den es im Mittelalter ebenfalls kein Äquivalent gegeben hatte. In seinen Anfängen bezeichnete der Begriff daher weniger die Unabhängigkeit eines Staates nach außen als vielmehr die höchste und unwiderstehliche Gewalt im Inneren. Sie wurde dem Fürsten zugeschrieben und hatte als Kehrseite die vollständige Privatisierung und Unterwerfung der Gesellschaft zur Folge. Unter Berufung auf seine Souveränität konnte der Fürst der Gesellschaft ihr Recht vorschreiben, ohne dabei seinerseits rechtlichen Bindungen zu unterliegen.

Die Fürsten nutzten dieses Recht allerdings nicht sogleich zu einer umfassenden und planmäßigen Neuregelung der gesellschaftlichen Ordnung. Zwar entstand schnell eine lebhafte Gesetzgebungstätigkeit. Doch beschränkte sie sich meist auf Einzelprobleme, die durch konkrete Anlässe hervorgerufen waren, oder bekräftigte älteres Recht. Die zentralen Bereiche der Rechtsordnung behielten dagegen ihre traditionelle Gestalt oder wurden durch die wissenschaftlich, nicht legislatorisch vorangetriebene Rezeption des römischen Rechts umgestaltet, das größere Anpassungskapazitäten besaß als das traditionale einheimische Recht. Selbst als einige Staaten im 18. Jahrhundert Kodifikationen des gesamten Rechts in Angriff nahmen, handelte es sich weitgehend noch um eine Bereinigung und Systematisierung der überlieferten Normen. Dennoch hatte sich das Verhältnis von Recht und Politik mit der Entstehung des Staates und der Positivierung des Rechts grundlegend verändert. Recht war machbar geworden und konnte als Instrument für politische Zwecke eingesetzt werden. Dadurch kehrte sich das alte Rangverhältnis um. Die Politik stand nun über dem Recht und verlieh ihm Inhalt und Geltung.

Damit stellte sich freilich das Gerechtigkeitsproblem. Nicht mehr an vorgegebene Prinzipien gebunden und

inhaltlich kontingent geworden, trug das politisch gesetzte Recht keine Gewähr für Richtigkeit in sich. Daher folgte der Positivierung des Rechts alsbald der Versuch nach, die Rechtsetzung erneut auf übergeordnete
Grundsätze zu beziehen. Nachdem dafür die göttliche
Offenbarung nicht mehr in Betracht kam, wurde der
Fixpunkt in der menschlichen Natur gesucht. Die Frage
lautete dann, wie vernunftbegabte Wesen ihr Zusammenleben ordnen würden, wenn sie sich in einem gedachten herrschaftslosen Zustand darüber einigen
müßten. An das so gefundene Naturrecht sollte die Politik bei der Rechtsetzung gebunden sein. Doch handelte es sich, der Bezeichnung Naturrecht zum Trotz,
nicht um eine rechtliche Bindung. Nach der Positivierung des Rechts konnten Gerechtigkeitsprinzipien vielmehr nur noch überpositiv gelten. Rechtlich besaß der
souveräne Monarch auch die Definitionsmacht darüber,
was gerecht war. Das politisch gesetzte Recht blieb
dann zwar am Gerechtigkeitsideal orientiert. Dieses
nahm aber nicht an der Rechtsbindung teil. Es war je
nach seinem Inhalt affirmative oder kritische Theorie.

3. Verrechtlichung der Politik

Erst als der umfassende Lenkungsanspruch des absoluten Fürstenstaates den Ordnungsvorstellungen des Bürgertums weichen mußte, kam es wieder zu Beschränkungen der politischen Disposition über Recht. Da das
Bürgertum von der Annahme ausging, daß die Gesellschaft sich selbst regulieren könne, wenn ihre Glieder
einander nur gleich und frei gegenüberstünden, bedurfte sie des Rechts nur noch als Garant für gleiche
individuelle Freiheit. Dagegen mußten rechtliche Bindungen, die der gesellschaftlichen Autonomie wider-
sprachen, verhindert werden. Das ließ sich freilich
nicht durch Rückkehr zu einem vorgegebenen und un-
veränderlichen Recht erreichen. Die bürgerliche Sozial-

ordnung beruhte vielmehr selber auf einem politischen Rechtsänderungsakt größten Ausmaßes, auch wenn er als bloße Positivierung von Naturrecht ausgegeben wurde. Aber auch nach dieser durchgreifenden Rechtsreform schlossen der anhaltende soziale Wandel und die zunehmende funktionale Differenzierung eine statische Rechtsordnung aus. Die Positivierung des Rechts kam im Gegenteil im bürgerlichen Jahrhundert durch die Schaffung spezieller und bald permanent tätiger Gesetzgebungsinstitutionen erst vollends zur Geltung.

Die erstrebte Begrenzung der politischen Verfügung über Recht konnte also selbst wieder nur mittels Recht erreicht werden. Dieses Recht mußte dann zwar dem gesetzten Recht übergeordnet sein, durfte aber nicht überpositiv gelten. Die Lösung dieses Problems bildete die Verfassung. Im Unterschied zum Naturrecht war sie positives Recht. In der Einführung der Verfassung wurde das positive Recht aber reflexiv, indem es in zwei unterschiedliche Normenkomplexe aufgespalten wurde, von denen der eine die Entstehungs- und Geltungsbedingungen des anderen regelte. Die Normsetzung war damit ihrerseits normiert. Die Politik behielt zwar ihre Befugnis, der Gesellschaft das Recht vorzuschreiben, genoß dabei aber nicht mehr die Freiheit der absoluten Monarchen, sondern war selber Adressat rechtlicher Bindungen. Dabei handelte es sich einerseits um Verfahrensregelungen, die beachtet werden mußten, wenn eine politische Entscheidung als kollektiv verbindliche Norm gelten sollte. Zum anderen wurden aber in Gestalt der Grundrechte auch inhaltliche Anforderungen an das Gesetzesrecht gestellt, deren Mißachtung seine Nichtigkeit zur Folge haben konnte.

Die verfassungsrechtliche Lösung verläßt also nicht den Boden des positiven Rechts. Daher ist es auch mittels der Verfassung nicht möglich, die Politik wieder an unveränderliche Grundsätze zu binden. Als Bestandteil des positiven Rechts beruht sie selbst auf einer politischen Entscheidung und kann daher ebenso wieder geändert werden. Die Verfassung installiert aber eine Differenz zwischen den Grundsätzen für die Herstellung politischer Entscheidungen und den politischen Entscheidungen selbst. An die Veränderung dieser Grundsätze werden höhere Anforderungen gestellt als an die Entscheidungen. In der Regel verlangen sie breiteren Konsens. Oft durchlaufen sie auch ein aufwendigeres Verfahren. Dadurch wird der Zeithorizont für Normen von unterschiedlichem Gewicht verschieden weit gesteckt und Stabilität im Wandel erzeugt. Zugleich entlastet die Aufspaltung der Rechtsordnung in Verfassungsrecht und Gesetzesrecht die Politik von ständiger Prämissensuche und -diskussion, die ihre Entscheidungskapazität stark vermindern würde. Den Unterlegenen im Gesetzgebungsprozeß erleichtert sie schließlich die Akzeptanz der gegen ihren Widerspruch getroffenen Entscheidungen.

Allerdings kann die Verfassung keine totale Verrechtlichung der Politik bewirken. Wenn es Aufgabe der Politik ist, die gesellschaftliche Ordnung wechselnden Erfordernissen anzupassen, dann bedarf sie dazu eines Handlungsspielraums, den die Verfassung zwar unterschiedlich umgrenzen, aber nicht gänzlich aufheben kann. Politik als Erzeuger des positiven Rechts transzendiert dieses notwendig. Die Verfassung schaltet Politik daher nicht aus, sondern zieht ihr nur einen Rahmen. Eine total verrechtlichte Politik wäre dagegen ihres politischen Charakters im Grunde entkleidet und letztlich auf Verwaltung reduziert. Die verfassungsrechtliche Regulierung der Politik ist aber auch in ihrer Reichweite begrenzt. Verfassungen können zwar die Bedingungen für politische Entscheidungen festlegen. Es ist ihnen aber nicht möglich, auch den Input in den Entscheidungsprozeß im voraus zu normieren. Überzeugungen, Interessen, Probleme und Initiativen gehen der verfassungsrechtlich organisierten Willensbildung voraus. Das Verfassungsrecht kanalisiert sie erst ab einem bestimmten Stadium, beeinflußt damit freilich mittelbar auch die vorangehenden Entscheidungsetappen.

Aber auch die begrenzte rechtliche Bindung der Politik ist in ihrem Status immer noch prekär. Das hängt damit zusammen, daß sich das Verfassungsrecht auf die oberste Rechtsdurchsetzungsinstanz selber bezieht. Regelungsadressat und Regelungsgarant fallen hier also in eins. Das Verfassungsrecht hat folglich keine eigene Durchsetzungsinstanz mehr hinter sich, die ihm gegenüber einer widerstrebenden Politik Geltung verschaffen könnte. Verfassungsgerichte entschärfen dieses Problem zwar, lösen es aber nicht auf. Denn Verfassungsgerichte sind darauf beschränkt, politische Entscheidungen am Maßstab der Verfassung zu überprüfen. Sie verfügen aber nicht über Durchsetzungsmöglichkeiten gegenüber einer Politik, die sich weigert, die Konsequenzen aus der verfassungsgerichtlichen Kontrolle zu ziehen. Sie sind also auf die Folgebereitschaft der Politik angewiesen. Zudem läßt sich auch die Möglichkeit nicht ausschließen, daß ein Verfassungsgericht den ihm gezogenen rechtlichen Rahmen überschreitet und unter dem Deckmantel der Verfassungsanwendung selber politische Gestaltung betreibt. Das Spannungsverhältnis von Recht und Politik bleibt insoweit prinzipiell unaufhebbar.

II. Rechtsanwendung

1. *Trennung von Recht und Politik*

Unter den Bedingungen positivierten Rechts läßt sich eine Trennung von Recht und Politik auf der Ebene der Rechtsetzung nicht mehr durchführen. Daran ändert auch die verfassungsrechtliche Bindung der Rechtsetzung nichts. Sie geht vielmehr davon aus und formuliert lediglich die Legitimitätsvoraussetzungen für die politische Bestimmung des Rechtsinhalts. Dagegen ist eine solche Trennung auf der Ebene der Rechtsanwendung durchaus möglich. Die Politik programmiert dann zwar die Rechtsanwendung durch den Erlaß genereller Normen. Die Auslegung und Anwendung der Normen im konkreten Fall wird ihrem Einfluß aber entzogen. Sie darf die Rechtsanwendung weder selbst übernehmen noch durch Einzelanweisungen lenken. Ebenso sind politische Gesichtspunkte, die im Normprogramm keinen Niederschlag gefunden haben, für die Auslegung und Anwendung des Rechts irrelevant. Ist ein Gesetz politisch beschlossen und in Kraft getreten, verselbständigt es sich folglich von seinem politischen Ursprung und gewinnt eine autonome Existenz. Die Politik verfügt zwar weiterhin über seinen Bestand: Sie kann es aufheben oder abändern. Solange sie es jedoch bestehen läßt, ist seine Handhabung ihrer Kontrolle entzogen.

Allerdings wird die Trennung von Recht und Politik auf der Ebene der Rechtsanwendung nicht in derselben Weise wie ihre Verbindung auf der Ebene der Rechtsetzung von Sachnotwendigkeiten erzwungen. Sie ist vielmehr eine verhältnismäßig junge Errungenschaft, die noch keineswegs allgemein anerkannt oder eingehalten wird. Der absolute Fürstenstaat hatte sie ausdrücklich abgelehnt. Gesetzgebung, Gesetzesausführung und Rechtsprechung lagen vielmehr in einer Hand. Der Monarch war auf diese Weise nicht nur berechtigt, die von ihm erlassenen Gesetze authentisch, das heißt mit Bindungswirkung für die Rechtsanwendung, zu interpretieren. Er konnte vor allem auch jeden Rechtsanwendungsakt an sich ziehen und selber Einzelfallentscheidungen auf der Basis seines eigenen Normverständnisses treffen. Nach wie vor wird die Trennung in denjenigen Staaten abgelehnt, die politische Herrschaft nicht über Freiheit, sondern über

Wahrheit legitimieren. Die politisch definierte Wahrheit beansprucht dann unbedingte Geltung und duldet folglich keine autonomen Subsysteme. Deswegen setzt sich hier die politische Instrumentalisierung des Rechts auch auf der Rechtsanwendungsebene fort.

Die Fähigkeit des Rechts, soziales Vertrauen zu begründen und Verhaltenssicherheit zu schaffen, wird unter diesen Umständen allerdings stark herabgesetzt. Solange unvorhersehbar ist, ob die Staatsgewalt das geltende Recht einhalten und durchsetzen wird oder nicht, kann eine verläßliche Lebensplanung nicht stattfinden. Der Einzelne erlebt eine Staatsgewalt, die das Recht nicht gleichmäßig und unparteiisch anwendet, als willkürlich. Sie bedeutet für ihn eine ständige Bedrohung, die selbstbestimmte Lebensführung und offene Kommunikation erschwert. Daher waren die Selbstbindung des Staates an das von ihm gesetzte Recht und die Unabhängigkeit der Rechtspflege als ihr wichtigster organisatorischer Garant ein Postulat, das älter ist als die Verfassungsbestrebungen und bereits von einigen absoluten Monarchen unter dem Einfluß der Aufklärung erfüllt wurde. Gesetzmäßigkeit der Verwaltung und Unabhängigkeit der Gerichte bilden bis heute den Kern des Rechtsstaatsprinzips. Angesichts der Tendenz der Politik, ihre Zwecke möglichst ungehindert zu verfolgen, bleiben sie freilich eine gefährdete Errungenschaft, die gerade deswegen auf verfassungsrechtliche Absicherung angewiesen ist.

Verfassungsrechtlich drückt sich das Prinzip der Trennung von Recht und Politik vornehmlich im Grundsatz der Unabhängigkeit des Richters aus. Rechtsanwendung findet zwar nicht nur vor Gericht statt, sondern überall, wo ein Verhalten an rechtlichen Anforderungen ausgerichtet oder auf rechtliche Konsequenzen geprüft wird. Die Rechtsanwendung gipfelt aber in der Rechtsprechung, weil die Gerichte im Konfliktfall letztverbindlich feststellen, was eine generelle

Norm im konkreten Einzelfall bedeutet und verlangt. Daher ist die Rechtsprechung politisch besonders gefährdet. Die Vorkehrungen der Verfassung erschöpfen sich aber nicht in der Garantie einer unabhängigen Rechtspflege. Der Trennung von Recht und Politik dient vielmehr auch das Verbot, Gesetze für Einzelfälle und Gesetze mit rückwirkender Kraft zu erlassen. Normgemäßes Verhalten und Voraussehbarkeit staatlicher Reaktionen sind nur möglich, wenn die Norm, nach der ein Verhalten beurteilt wird, zur Zeit des Verhaltens bereits galt. Aus demselben Grund muß die Norm auch erkennen lassen, welches Verhalten erwartet wird. Insofern trägt auch der Bestimmtheitsgrundsatz zur Trennung von Recht und Politik bei.

Es ist die zeitliche Dehnung und funktionale Spezialisierung der verschiedenen Ebenen von Rechtsentscheidungen, die die stabilitätserzeugende und freiheitssichernde Wirkung hervorbringt. Indem der Gesetzgeber auf den Erlaß genereller Normen für eine unbestimmte Vielzahl künftiger Fälle beschränkt ist, wird verhindert, daß er die Normsetzung im Blick auf ein konkretes Ergebnis im Einzelfall vornimmt. Umgekehrt ist der Rechtsprechung grundsätzlich die Normsetzung verwehrt, weil sie in Kenntnis des Einzelfalles entscheidet. Generell gilt, daß eine rechtliche Regel in demjenigen Verfahren, das sie strukturieren soll, nicht problematisiert werden darf: die Verfassung nicht im Gesetzgebungsprozeß, das Gesetz nicht im Gerichtsverfahren. Indem programmierende und programmierte Entscheidung auf diese Weise auseinander gezogen werden, begrenzt sich das Feld, in dem die Inhaber politischer Ämter ihr Eigeninteresse verfolgen oder Willkür üben können. Der Verzicht auf Selbstbegünstigung und Willkür wird den Akteuren dann nicht als individuelle moralische Leistung abverlangt, sondern strukturell im System verbürgt und dadurch mit höherer Wahrscheinlichkeit versehen.

2. Politische Justiz

Die Trennung von Recht und Politik auf der Rechtsanwendungsebene ist eine institutionelle Trennung. Sie sichert die Organe der Rechtsprechung bei ihrer rechtsanwendenden Tätigkeit vor jeder Beeinflussung durch die Politik, namentlich durch die politisch entscheidenden Staatsorgane und die in ihnen wirkenden politischen Parteien. Der einzig legitime Weg inhaltlicher Steuerung der Rechtsprechung liegt im Erlaß der generellen Normen, die von den Gerichten anzuwenden sind und von denen diese sich nicht dispensieren dürfen. Führt die Anwendung der Normen durch die Gerichte zu politisch unerwünschten Ergebnissen, so können diese für die Zukunft durch Normänderung, nicht aber durch Einwirkung auf laufende Verfahren, korrigiert werden. Dadurch werden externe politische Einflüsse auf die Rechtsanwendung ausgeschlossen. Die Trennung von Recht und Politik auf der Rechtsanwendungsebene bedeutet jedoch nicht, daß der Vorgang der richterlichen Rechtsanwendung auch intern unpolitisch wäre, also keinerlei Raum zu gestaltenden Entscheidungen ließe oder keine über die politische Wirkung der generellen Normen hinausgehende eigene politische Wirkung entfalten könnte.

Eine solche interne Entpolitisierung der Rechtsanwendung setzte voraus, daß die vom Gesetzgeber beschlossenen Rechtsnormen die Entscheidung aller Einzelfälle vollständig zu determinieren vermöchten. Das wäre aber nur der Fall, wenn alle möglicherweise auftretenden Fälle bei der Gesetzgebung vorbedacht und im Gesetz geregelt worden wären. Eine Rechtsordnung, die dem genügen wollte, müßte lückenlos und widerspruchsfrei, sprachlich eindeutig und von sozialem Wandel unabhängig sein. Schon diese Aufzählung zeigt, daß mit einer solchen Rechtsordnung nicht zu rechnen ist. Die generellen Normen können die Lösung von Einzelfällen immer nur mehr oder weniger determinieren. Das Ausmaß der Determinierung hängt von verschiedenen Faktoren ab, namentlich von der Regelungsdichte, dem Alter der Rechtsnormen und der Dynamik des Regelungsgegenstandes. Es gibt aber keine Rechtsnorm, deren Anwendung nicht irgendwann Zweifelsfragen aufwürfe, die vom Richter durch Konkretisierung und Interpretation beantwortet werden müßten. Einflüsse des Vorverständnisses, der Herkunft und Sozialisierung, der politischen und weltanschaulichen Präferenzen der Richter sind hier unausweichlich.

In jedem Akt richterlicher Rechtsanwendung gehen folglich kognitive und volitive Elemente eine unauflösbare Verbindung ein. Die damit verbundenen subjektiven Einflüsse werden durch die juristische Methode eingegrenzt. Allerdings gibt es keine verbindliche Auslegungsmethode, und auch der Gesetzgeber kann dem Rechtsanwender keine bestimmte Methode vorschreiben. In der Regel konkurrieren unterschiedliche methodologische Vorstellungen, so daß die Auswahl zwischen ihnen selber wieder eine Entscheidung verlangt. Überdies ist die Methode kein technisch-neutrales Hilfsmittel zur Ermittlung eines feststehenden Normsinns. Vielmehr fallen in der Methodenwahl Vorentscheidungen über das inhaltliche Verständnis der Normen. Der politische Gehalt der Rechtsanwendung ist also unentrinnbar, und im selben Maß bildet auch die Justiz selber eine politische Gewalt. Dennoch bleibt eine Differenz, denn die Rechtsanwendung entscheidet von vornherein in einem normativ verengten Rahmen. Überdies verfolgt sie keine eigenen politischen Ziele und bietet daher größere Gewähr für Unparteilichkeit. Schließlich ist sie auch nicht von wiederkehrenden Wahlen abhängig und dadurch zu normfernen Rücksichten gezwungen.

Die Verfassungsgerichtsbarkeit scheint freilich einen Sonderfall zu bilden. Zwar ist auch sie institutionell

Teil der rechtsprechenden Gewalt und wie diese gegen politische Beeinflussung verfassungsrechtlich abgeschirmt. Aufgrund ihres Regelungsgegenstandes und ihres Entscheidungsmaßstabs steht sie aber der Politik erheblich näher als die übrige Gerichtsbarkeit. Verfassungsnormen sind wegen ihres erhöhten Konsensbedarfs und wegen ihrer erschwerten Abänderbarkeit erheblich lückenhafter als Gesetzesrecht. Als Grundlage der übrigen Rechtsordnung haben sie aber auch stärker prinzipiellen Charakter und sind daher unbestimmter als Gesetzesrecht. Das eröffnet größere Interpretationsspielräume und verlangt offenere Konkretisierungsverfahren. Der entscheidende Unterschied liegt freilich darin, daß Regelungsgegenstand der Verfassung und damit Kontrollobjekt des Verfassungsgerichts die Politik selber einschließlich der Rechtsetzung ist. Daher kann die Verfassungsrechtsprechung im Gegensatz zur einfachen Gerichtsbarkeit nicht durch Gesetzesänderungen, sondern nur durch Verfassungsänderungen umprogrammiert werden, die aber gerade in hochumstrittenen politischen Fragen nur selten zustande kommen.

Die Verfassungsgerichtsbarkeit operiert unter diesen Umständen an der Schnittstelle von Rechtsetzung und Rechtsanwendung, Recht und Politik. Darin liegt eine nicht unerhebliche Gefahr politischer Entscheidungen in justizförmigem Gewand. Andererseits kann man feststellen, daß die Durchsetzungsschwäche, die dem Verfassungsrecht fast überall anhaftete, wo es keine organisierte Sanktion hinter sich hatte, durch die Einführung der Verfassungsgerichtsbarkeit überwunden worden ist. Dabei spielt ihre präventive Wirkung womöglich eine größere Rolle als die repressive. Allein die Existenz der verfassungsgerichtlichen Kontrolle sorgt dafür, daß die Verfassungsfrage im politischen Entscheidungsprozeß früher und unparteilicher gestellt wird als in politischen Systemen ohne Verfassungsgerichtsbarkeit. Die Entscheidung der dennoch entstehenden Konflikte durch ein neutrales Gericht trägt dazu bei, daß die Verfassung ihre Funktion als Konsensbasis politischer Gegner besser erfüllen kann als in Systemen, in denen bei Verfassungskonflikten stets die Mehrheit recht behält. Die rechtliche Bindung der Politik, die die Verfassung bewirken sollte, ist jedenfalls vielfach erst durch die Einführung der Verfassungsgerichtsbarkeit wirksam geworden.

3. Krise der Gesetzesbindung

Die Trennung von Recht und Politik hängt auf der einen Seite davon ab, daß die gesetzgebenden Organe sich nicht in die Rechtsanwendung einmischen können. Sie hängt auf der anderen Seite aber auch davon ab, daß die rechtsanwendenden Organe nicht selber ihre Entscheidungsregeln bestimmen können. Institutionell ist das im Verfassungsstaat durch die Vorkehrungen der Gewaltenteilung gewährleistet. Normsetzungsbefugnisse hat nur das Parlament und in begrenztem Umfang aufgrund parlamentarischer Ermächtigung die Regierung. Die Rechtsprechung besitzt dagegen keine Gesetzgebungskompetenzen, sondern darf nur anhand vorgegebener Maßstäbe entscheiden. Die Einhaltung dieser Funktionsgrenze setzt aber voraus, daß die Politik der Rechtsanwendung Entscheidungsprogramme auch tatsächlich liefert, anhand deren sich konkrete Konfliktfälle entscheiden lassen. Steuerungsfähige Rechtssätze sind daher eine Bedingung für die Trennung von Recht und Politik auf der Rechtsanwendungsebene. Fehlen sie, so hinterläßt dieser Mangel nicht etwa einen rechtsfreien Raum. Unter dem Zwang zur Entscheidung müssen die rechtsanwendenden Organe dann vielmehr ihre Entscheidungskriterien aus dem vorhandenen Rechtsmaterial selbst bilden.

Für einen Mangel an Gesetzen gibt es freilich keine Anhaltspunkte. Im Gegenteil wächst der Umfang des geltenden Rechts ständig an, während die ebenfalls stattfindende Deregulierung dahinter weit zurückbleibt. Die Erklärung liegt zum einen in dem partiellen Versagen der gesellschaftlichen Selbststeuerung mittels des Marktes, die durch staatliche Regulierung ersetzt werden mußte, zum anderen in den wachsenden Verfügungsmöglichkeiten über die Natur und die damit verbundenen Risiken, die einen außerordentlich hohen Regelungsbedarf erzeugen. Beide Faktoren zusammen verstärken die Angewiesenheit des Menschen auf staatliche oder gesellschaftliche Vorleistungen selbst bei der Befriedigung seiner elementaren Lebensbedürfnisse, die ebenfalls rechtlich gesichert werden müssen. Schließlich nimmt angesichts des beschleunigten sozialen Wandels auch die Geschwindigkeit zu, mit der bestehendes Recht veraltet und durch neues ersetzt werden muß. Die hohe Normproduktion ist daher größtenteils strukturell bedingt. Von einer ihre Leistungsfähigkeit ebenso wie ihre Störungsanfälligkeit immer weiter steigernden Gesellschaft kann nicht erwartet werden, daß sie mit wenigen und einfachen Rechtsregeln auskommt.

Allerdings darf von der Menge der Gesetze nicht auf ihre Bindungskraft geschlossen werden. Es erweist sich vielmehr zunehmend, daß gerade die modernen Bereiche der Entwicklungsplanung, Wirtschaftslenkung und Risikovorsorge einer bindungsintensiven rechtlichen Regelung nur schwer zugänglich sind. Im Unterschied zu der traditionellen Staatstätigkeit, bei der es darum ging, eine vorausgesetzte gesellschaftliche Ordnung vor Störungen zu bewahren, handelt es sich bei den Aufgaben des modernen Wohlfahrtsstaats großenteils um die Veränderung der gesellschaftlichen Verhältnisse im Blick auf bestimmte politisch gesetzte Ziele. Die erste Tätigkeit ist punktueller und retrospektiver, die zweite flächendeckender und prospektiver Natur. Während sich die erste auf bekanntem und vom Staat beherrschtem Terrain bewegt und deswegen normativ verhältnismäßig exakt regelbar ist, geht die zweite unter Ungewißheit vonstatten und hängt überdies von zahlreichen Faktoren und Ressourcen ab, über die der Staat nur begrenzt verfügen kann. Eine solche Tätigkeit ist derart komplex, daß sie gedanklich nicht mehr vollständig vorweggenommen und daher auch normativ nicht abschließend geregelt werden kann.

In diesen Bereichen der Staatstätigkeit wird daher der gewohnte Typus rechtlicher Regelungen zunehmend von einer anderen Normart verdrängt. Konnten die klassischen Rechtsnormen die Rechtsanwendung nach der Art eines Konditionalprogramms steuern, das präzise definierte Rechtsfolgen an das Vorliegen ganz bestimmter Tatbestandsvoraussetzungen knüpfte, so müssen sich die neuartigen Rechtsnormen darauf beschränken, den rechtsanwendenden Instanzen nach Art eines Finalprogramms das Ziel ihrer Tätigkeit vorzuschreiben und verschiedene Gesichtspunkte zu benennen, die bei der Verfolgung des Ziels zu berücksichtigen sind. Normen dieser Art steuern die Rechtsanwendung in erheblich geringerem Umfang als die traditionellen Konditionalprogramme. Bei genauerem Zusehen bleibt vielfach nur eine gesetzliche Scheinsteuerung übrig, die den Normadressaten zwar zu zielorientiertem Handeln auffordert, die Entscheidung über die Art des Handelns aber in sein Belieben stellt. Der Maßstab des Handelns ist dann nicht bereits in der Norm vorgezeichnet, sondern wird vom Normadressaten im Vollzug der Norm unter ständiger Anpassung an wechselnde Situationen erst hergestellt.

Darunter leidet die Trennung von Recht und Politik, weil die Rechtsanwendung notgedrungen ihr eigener Normgeber wird. Die politische Aufgabe der programmierenden Entscheidung geht auf Instanzen über, die programmierte Entscheidungen treffen sollen und nur dafür legitimiert und ausgerüstet sind. Das betrifft nicht allein die Gesetzesbindung der Verwaltung. Wo rechtliche Maßstäbe fehlen, die das Verhalten der Normadressaten ausreichend determinieren, kann auch die Rechtsprechung nicht kontrollieren, ob sich die Normadressaten rechtmäßig verhalten haben oder nicht. Nimmt sie ihren Kontrollauftrag dennoch wahr, so wendet sie nicht mehr vorgegebene Maßstäbe an, sondern setzt eigene Richtigkeitsvorstellungen durch. Sie entwickelt sich auf diese Weise in gesteigertem Maß zur politischen Gewalt, die selber rechtsetzende Funktionen übernimmt. Die politische Entscheidung wandert dann dorthin ab, wo sie politisch nicht verantwortet werden muß, während der politischen Verantwortung keine Entscheidungsmöglichkeiten mehr entsprechen. Insofern droht auf der Rechtsanwendungsebene eine neuartige Vermischung der Funktionsbereiche von Recht und Politik, für die überzeugende Lösungen derzeit noch nicht sichtbar sind.

II.

VERFASSUNGSPROBLEME DER
WIEDERVEREINIGUNG

2. Zwischen Anschluß und Neukonstitution

I. Falsche Fronten

Seitdem feststeht, daß die beiden deutschen Staaten nicht den Weg der Föderation, sondern den der Vereinigung gehen wollen, kreist die politische und juristische Diskussion um die Frage, ob der künftige gemeinsame Staat am Grundgesetz der Bundesrepublik festhalten oder eine neue Verfassung beschließen soll. Unnötigerweise werden diese Alternativen aber mit dem Beitritt zur Bundesrepublik nach Art. 23 des Grundgesetzes und der Verabschiedung einer neuen Verfassung nach Art. 146 gleichgesetzt und überdies in ein gegenseitiges Ausschließungsverhältnis gerückt. Dadurch kommt es zu Frontbildungen, die in dieser Form weder nötig noch klärend sind. Ich möchte statt dessen vorschlagen, die Frage, ob der bessere Weg zur Einheit über Art. 23 oder Art. 146 führt, durch die Fragen abzulösen, ob das Grundgesetz sich als Verfassung eines geeinten Deutschlands eignen würde und auf welchem Wege das geeinte Deutschland seine Verfassung erhalten sollte. Die erste Frage ist inhaltlicher, die zweite prozeduraler Natur. Mit dieser meist übersehenen Unterscheidung gewinnt man die Möglichkeit, Positionen neu zu kombinieren und so größere Verständigungschancen und erweiterte Handlungsspielräume zu eröffnen. Wer inhaltlich für das Grundgesetz ist, muß damit nicht automatisch gegen den Weg nach Art. 146 sein, und wer für den Weg nach Art. 146 ist, muß sich damit nicht zugleich gegen das Grundgesetz aussprechen.

II. Die Inhaltsfrage

Das Grundgesetz genießt breite Wertschätzung. Als im vorigen Jahr sein vierzigjähriges Jubiläum gefeiert wurde, hat es an Beteuerungen nicht gefehlt, daß es die beste und freiheitlichste Verfassung sei, die Deutschland je besessen habe. Über diesen Beteuerungen sind allerdings meist die Umstände vernachlässigt worden, die zu diesem Ergebnis beigetragen haben. Deswegen muß man daran erinnern, daß der Erfolg einer Verfassung nicht allein, vielleicht nicht einmal in erster Linie, von der internen Qualität ihrer Regelungen, sondern ebenso von den externen Bedingungen ihrer Verwirklichung abhängt. Das macht gerade die Vorgängerin des Grundgesetzes, die Weimarer Verfassung, deutlich. Die Weimarer Verfassung war, entgegen der nach 1945 verbreiteten Ansicht, keine mißglückte, sondern eine unglückliche Verfassung. Ihr fehlte es schon zu Beginn an Rückhalt in der Bevölkerung und im Staatsapparat, und auch in der Folgezeit gelang es ihr in der krisengeschüttelten Republik nicht, ihren Kredit zu vermehren und selber zu einem Stabilitätsfaktor zu werden. Obgleich die Weimarer Verfassung juristisch über lange Strecken funktionierte, wurde sie auf diese Weise doch nie zur Konsensbasis der Träger verschiedener Meinungen und Interessen und vermochte daher weder die politische Auseinandersetzung zu zivilisieren noch die Integration der Gesellschaft zu fördern. Sie blieb im Gegenteil selber Gegenstand der politischen Auseinandersetzung und wurde in der Existenzkrise der Republik leichten Herzens geopfert.

Demgegenüber kann das Grundgesetz als glückliche Verfassung bezeichnet werden. Es ist inhaltlich weitgehend gelungen, und es hat sich unter günstigen Umständen entwickelt. Ohne große öffentliche Anteilnahme entstanden, schlug es in einer langen Phase kontinuierlich wachsenden Wohlstands doch so tiefe Wurzeln in der Bevölkerung, daß seine Legitimität in den Wirtschaftskrisen, die auch die Bundesrepublik heimsuchten, nicht mehr zu erschüttern war und selbst von der Protestbewegung der 68er Jahre nicht grundsätzlich in Frage gestellt wurde. An diesem Erfolg ist die Verfassungsgerichtsbarkeit nicht ohne Anteil, die dem Grundgesetz nicht nur im Konfliktfall Geltung gegenüber den politischen Kräften verschaffte, sondern es auch interpretatorisch auf neue Herausforderungen einzustellen wußte. Das Grundgesetz hat auf diese Weise nicht nur juristisch funktioniert. Es ist vielmehr auch zu einem wichtigen Integrationsfaktor für die bundesrepublikanische Gesellschaft geworden. Ja, man kann behaupten, daß die Bundesrepublik ihre Identität – womöglich in Ermangelung nationaler Anknüpfungspunkte – in hohem Maß im Grundgesetz gefunden hat. Die Verfassung ist ein Nationsersatz geworden. Nur so läßt sich der Zuspruch erklären, den die überraschende Begriffskombination des Verfassungspatriotismus sowohl auf der rechten wie auf der linken Seite des politischen Spektrums gefunden hat.

Bei der Frage, ob diese erfolgreiche Verfassung auch für das geeinte Deutschland weiter gelten sollte, empfiehlt sich eine Unterscheidung zwischen den Grundlagen der politisch-sozialen Ordnung und ihren Ausformungen und Regelungen im einzelnen. Zu den Grundlagen rechnen allem voran Achtung und Schutz der Menschenwürde mit ihren grundrechtlichen Konsequenzen, sodann Demokratie, Rechtsstaat, Sozialstaat und Bundesstaat als Gestaltungsprinzipien, die eine auf Menschenwürde und Menschenrechte gegründete Ordnung am besten zu sichern vermögen. In der Bundesrepublik ist keine politische oder gesellschaftliche Kraft von einigem Gewicht erkennbar, die eine Abkehr von diesen Grundprinzipien anstrebt. In der DDR ist die Revolution des vergangenen Jahres gerade um solcher Prinzipien willen geführt worden. Dabei läßt sich zwischen dem Einsatz für eine freiheitliche Ordnung und dem Verlangen nach wirtschaftlichem Wohlstand durchaus eine Verbindung herstellen, denn auch das Wirtschaftssystem genießt in der Bundesrepublik grundrechtliche Freiheit und zieht gerade daraus seine Leistungsfähigkeit, wird aber zugleich durch die Sozialstaatsklausel und vor allem die sozialstaatliche Interpretation der Grundrechte daran gehindert, seine Imperative auf Kosten des Primärziels gleicher personaler Freiheit durchzusetzen. Darin liegt der Beitrag der Verfassungsordnung zu dem relativ hohen Grad sozialer Sicherheit und dem vergleichsweise geringen sozialen Machtgefälle, die für die Bundesrepublik kennzeichnend geworden sind.

Ist auf der Ebene der Grundprinzipien kein Änderungsbedürfnis zu erkennen, so stellen sich die Dinge auf der nächstniederen Stufe der Ausgestaltung dieser Prinzipien und der Einzelregelungen anders dar. Hier scheint eine Unterscheidung zwischen Grundgesetzbestimmungen, deren Änderung im Zuge der Vereinigung notwendig ist, und solchen, deren Änderung lediglich wünschenswert wäre, zweckmäßig. Ganz ohne Änderungen wird es freilich nicht abgehen. Einer Revision bedürfen vor allem diejenigen Bestimmungen, die auf den provisorischen Charakter des Grundgesetzes hindeuten und die Wiedererlangung einer einheitlichen deutschen Staatlichkeit vorschreiben oder ermöglichen. Dabei handelt es sich namentlich um die Präambel und eben die Art. 23 und 146. Das Politikziel, das hier gesetzt ist, wird in Kürze erreicht sein. Damit verliert die Präambel ihren normativen Gehalt und gibt nur noch die geschichtlichen Absichten wieder, die seinerzeit mit der Schaffung des Grundgesetzes verbunden waren. Art. 23 und 146 GG büßen mit der Herstellung der staatlichen Einheit ihr Anwendungsfeld ein. Würde man sie gleichwohl in der Verfassung belassen, müßte das wie ein Signal wirken, daß die deutsche Einheit nach wie vor als unvollendet gilt und weiterhin offene territoriale Ansprüche bestehen. Deswegen ist die Aufhebung dieser Vorschriften, wenn schon nicht juristisch, so doch politisch notwendig.

Als unumgänglich wird sich ferner eine Reihe von Übergangsregelungen erweisen. Dazu gehören etwa Bestimmungen über den öffentlichen Dienst der DDR, der nicht unbesehen in den Genuß beamtenrechtlicher Sicherungen des Grundgesetzes kommen kann. Weit eher ist an Vorschriften nach dem Muster der jetzigen Art. 131 und 132 GG zu denken. Regelungsbedürftig erscheint weiter die Finanzverfassung, die ganz auf dem bundesrepublikanischen Steuersystem fußt, das nicht von einem auf den anderen Tag in der DDR eingeführt werden kann. Auch der Länderfinanzausgleich läßt sich kaum unverändert auf die wahrscheinlich wiedererstehenden Länder der DDR übertragen. Je nach dem noch immer ungeklärten militärischen Status des vereinten Deutschlands können Ausnahmevorschriften weiterhin im Bereich der Wehrverfassung erforderlich werden. Unabhängig von diesen Einzelfragen ist der Vereinigungsprozeß nicht ohne die zeitweilige Fortgeltung auch grundgesetzwidrigen DDR-Rechts vorstellbar. Selbst vorübergehende Lockerungen von grundrechtlich garantierten Ansprüchen lassen sich keineswegs ausschließen. Namentlich wird nicht sogleich in allen Hinsichten Rechtsgleichheit zwischen der Bundesrepublik und der DDR geschweige denn eine Gleichheit der Lebensverhältnisse herstellbar sein. Deswegen bedarf es voraussichtlich einer Regelung nach der Art des Art. 117 GG, der seinerzeit die Verwirklichung des Gleichberechtigungsgebots von Art. 3 Abs. 2 GG über eine längere Frist erstreckte.

Viel schwieriger ist es, zu den bloß wünschbaren Änderungen des Grundgesetzes Stellung zu beziehen. Solche Änderungswünsche sind freilich vorhanden, denn wenn das Grundgesetz auch im allgemeinen als gelungene Verfassung empfunden wird, so schließt das doch nicht die Existenz von Unzufriedenheiten im besonderen aus. Jeder mit dem Grundgesetz halbwegs Vertraute ist vielmehr in der Lage, Regelungen namhaft zu machen, die ihm rechtstechnisch nicht geglückt, inhaltlich problematisch oder angesichts gewandelter Verhältnisse änderungs- oder ergänzungsbedürftig erscheinen. Die verfassungspolitische Diskussion ist ja auch seit der letzten Grundgesetznovelle von 1983 keineswegs verstummt, sondern eher lebhafter geworden. Sie zeigt freilich, daß dabei jeder etwas anderes im Sinn hat. Der eine will ein Umweltgrundrecht in das Grundgesetz einfügen, der andere das Asylrecht beschränken. Der eine fordert mehr plebiszitäre Elemente, der andere setzt sich für Begrenzungen des Demonstrationsrechts ein. Der eine möchte die Gemeinschaftsaufgaben von Bund und Ländern rückgängig machen, der andere hält eine Ausweitung der Bundeszuständigkeiten für dringlich. Dabei wird es selten vorkommen, daß die Anhänger der einen Forderung auch die andere hinzunehmen bereit sind. Das Interesse an Änderungen ist zwar groß, der Konsens aber knapp.

Unter diesen Umständen sollte man der Frage nähertreten, ob das Grundgesetz einem geeinten Deutschland auch dann genügte, wenn nur die notwendigen und nicht auch die wünschenswerten Änderungen vorgenommen würden. Die Antwort kann nur bejahend ausfallen. Es spricht sogar viel dafür, daß zumindest die bundesrepublikanische Seite im Zuge der Vereinigung weitergehende Wünsche zurückstellen sollte. Es besteht nämlich durchaus Grund zu der Sorge, daß die Verfassung, wenn die Änderungswoge erst einmal in Fluß kommt, am Ende an Qualität und Liberalität einbüßt. Das betrifft vor allem die Grundrechte. Die großen politischen Auseinandersetzungen der Bundesrepublik sind ja fast ausnahmslos in Gestalt von Grundrechtsstreitigkeiten vor dem Bundesverfassungsgericht wiedergekehrt, und manche politische Absicht der jeweiligen Mehrheit ist dabei an den Grundrechten und ihrer Auslegung durch das Karlsruher Gericht gescheitert. Die Versuchung, mittels Verfassungsänderungen den Streit noch nachträglich zu den eigenen Gunsten zu entscheiden oder ähnlichen Gefahren für die Zukunft vorzubeugen, wird dadurch groß. Mit dem lapidaren Satz in Art. 5 GG etwa, die Freiheit der Berichterstattung durch den Rundfunk werde gewährleistet, würde sich heute wohl kein Verfassungsgeber mehr begnügen. Die vergleichsweise hohe Einigkeit und Unbefangenheit, die die verschiedenen politischen Kräfte unter dem frischen Eindruck der nationalsozialistischen Herrschaft bei Erlaß des Grundgesetzes noch verband, kann man nach vierzigjährigem Abstand nicht mehr voraussetzen.

III. Die Verfahrensfrage

Hält man als Zwischenergebnis fest, daß sich das Grundgesetz mit wenigen Änderungen für den künftigen deutschen Staat eignen würde, so stellt sich als nächstes die Frage, auf welche Weise das geeinte Deutschland seine Verfassung erhalten sollte. Dafür stehen zwei Alternativen zur Verfügung: die Einbeziehung der DDR in den Geltungsbereich des Grundgesetzes und die Neukonstituierung. Die Frage, welcher Weg den Vorzug genießt, ist freilich mit dem Hinweis auf die Bewährung des Grundgesetzes in vierzig Jahren bundesrepublikanischer Geschichte noch nicht beantwortet. Wie der kurze Blick auf die Weimarer Verfassung gezeigt hat, erschöpft sich die Bedeutung einer Verfassung nicht in ihrer juristischen Regelungsqualität. Sie ist mehr als das rechtliche Regelwerk, nach dem die Staatsorgane eingerichtet werden und sich verhalten sollen und die Verfassungsgerichte Konfliktfälle entscheiden. Die Verfassung ist vor alledem auch die Selbstbeschreibung und Zielbestimmung einer Gesellschaft hinsichtlich ihrer Herrschafts- und Sozialordnung und ihres Standorts in der politischen Umwelt. Sie stellt damit zugleich die Konsensbasis dar, ohne die unter den Bedingungen legitimer Meinungs- und Interessenvielfalt die gleichwohl aufgegebene Einheit nicht erreicht und der soziale Friede nicht bewahrt werden kann. Indem sie diese Funktion erfüllt, wird sie zu einem wichtigen Integrationsmedium der Gesellschaft.

Deshalb stellt sich die Frage, ob diese metajuristischen Funktionen der Verfassung eher für eine Ausdehnung des Grundgesetzes oder für eine Neukonstituierung sprechen. Sie ist in der bisherigen Diskussion zu kurz gekommen. Was zunächst die Selbstbeschreibung und Zieldefinition der Gesellschaft betrifft, so steht außer Zweifel, daß sich das Grundgesetz als Provisorium für einen als überwindungsbedürftig betrachteten deutschen Teilstaat versteht. Der provisorische Charakter kommt freilich nicht so sehr in den rechtlichen Regelungen zum Ausdruck. Juristisch gesehen ist das Grundgesetz eine Vollverfassung und war gerade deswegen imstande, der schnell zum Normalstaat gewordenen Bundesrepublik seinen Dienst zu erweisen. Der provisorische Charakter tritt aber im Namen, in der Ausarbeitung, der Verabschiedung, der Präambel und der Schlußbestimmung des Art. 146 GG zutage. Der Begriff Verfassung wurde gerade zur Klarstellung der Vorläufigkeit des so konstituierten Staates vermieden. Die Ausarbeitung war keiner verfassunggebenden Nationalversammlung, sondern dem indirekt von den Landtagen gewählten Parlamentarischen Rat übertragen, und dessen Entwurf wurde absichtsvoll nicht dem Volk, sondern wiederum den Landtagen zur Annahme unterbreitet. Die Präambel formuliert, unbeschadet des Hinweises auf ein vereintes Europa, als überragendes

Politikziel die Überwindung des bundesrepublikanischen Teilstaats zugunsten eines wiederhergestellten Gesamtdeutschlands.

Mit der bevorstehenden Erfüllung dieses verfassungsrechtlich gesetzten Politikziels entfällt die historische Legitimation, die das Grundgesetz sich selbst 1949 beigelegt hatte. Damit ist nicht gesagt, daß seine Legitimation überhaupt entfiele. Das Grundgesetz hat inzwischen eine davon unabhängige Legitimität erlangt und wird auch von der Bevölkerung der Bundesrepublik nicht mehr als Provisorium betrachtet. Wohl aber entsteht mit der Errichtung eines einheitlichen deutschen Staates an jenem Ort der Verfassung, wo das Selbstverständnis der Bundesrepublik verbindlich formuliert war, eine Leerstelle. Daher bedarf es nun einer Verständigung darüber, wie sich der deutsche Staat unter den geänderten Bedingungen selbst verstehen will. Einer solchen Verständigung darf man schon deswegen nicht ausweichen, weil Deutschland mit der Vereinigung seiner beiden Hälften wieder zur Existenzform des Nationalstaats zurückkehrt und sich zu den historischen Belastungen, die damit gerade in Deutschland verbunden sind, verhalten muß. Das macht eine Aussage erforderlich, wie das staatlich geeinte Deutschland seine nationale Existenz bestimmen und ihre Gefahren vermeiden will und wie es sich zu seinen Nachbarn in West und Ost sowie zur europäischen Einigung zu stellen gedenkt. Darüber ist ein öffentlicher Diskurs nötig, und zwar ein Diskurs, der in eine verbindliche Grundentscheidung des gesamten Volkes oder seiner zu einer solchen Grundentscheidung legitimierten Vertreter mündet. Diese Forderung läuft auf eine erneuerte Präambel hinaus. Damit wird aber der Rahmen einer gewöhnlichen Verfassungsänderung überschritten. Der Sache nach handelt es sich, unabhängig von dem Ausmaß der sonstigen Verfassungsänderungen, um eine Neukonstituierung.

Die Integrationsfunktion der Verfassung weist in dieselbe Richtung. Die Urheber des Grundgesetzes nahmen laut Präambel für sich in Anspruch, stellvertretend für die Bevölkerung der damaligen sowjetischen Zone gehandelt zu haben. Was dieser damals verwehrt war, ist freilich heute der Bevölkerung der DDR möglich. Auch wenn sie meint, damals gut vertreten worden zu sein, ändert das doch nichts daran, daß die Verfassung der Bundesrepublik nicht die ihre ist. Die Bevölkerung der DDR hat weder Einfluß auf die Formulierung des Grundgesetzes noch auf die spätere Entwicklung gehabt, die es im Lauf von vierzig Jahren durch Verfassungsänderung, Verfassungsrechtsprechung, Staatspraxis, Wissenschaft und öffentliche Meinung genommen hat. Sie findet im Grundgesetz und im westdeutschen Verfassungsverständnis keine Reaktion auf ihre spezifischen Erfahrungen und Probleme. Insofern ist das Grundgesetz für die DDR trotz der Wertschätzung, die es dort genießt, ein Fremdprodukt. Diese Fremdheit läßt sich nur überwinden, wenn der Diskurs über das Grundgesetz unter gleichberechtigter Teilnahme der DDR nochmals eröffnet wird. Ein Nachweis verfassungsrechtlicher Kenntnisse oder Ideen ist dazu nicht erforderlich. Die DDR-Bevölkerung hat vielmehr durch ihre Revolution einen historisch und durch ihren künftigen Staatsbürgerstatus einen politisch begründeten Anspruch darauf erworben, als politisches Subjekt an dem Einheitsprozeß teilzunehmen.

Eine bloße Beitrittserklärung zur Bundesrepublik, beschlossen durch die neugewählte Volkskammer oder die Parlamente der zu erwartenden Länder, reicht zur Integration nicht. Die Notwendigkeit eines Mehr mag im gegenwärtigen Augenblick schwer erkennbar sein. In der DDR wächst mit zunehmenden Kontakten das Unterlegenheitsgefühl gegenüber der Bundesrepublik und fördert den Wunsch nach schneller und vollständiger Einheit. Die Bedeutung einer inneren Annahme der

Verfassungsordnung kann aber schon bald sichtbar werden. Auch wenn der Zusammenschluß der beiden Teilstaaten demnächst stattfindet, ist damit zu rechnen, daß der Prozeß der Angleichung der Rechtsordnung und erst recht der Lebensverhältnisse lange Zeit beanspruchen wird. Enttäuschungen sind unterdessen unausbleiblich. Das Merkmal einer Zwei-Klassen-Gesellschaft wird noch länger an dem neuen Staat haften. In Krisensituationen, die auf dem Weg zur endgültigen Verschmelzung der beiden Teile nicht ausbleiben können, macht es einen Unterschied, ob die Verfassungsordnung als eine von der Bundesrepublik übergestülpte empfunden oder als gemeinsam beschlossener Neuanfang betrachtet wird. Die Partizipations- und Integrationschance, die eine solche Neukonstituierung bietet, darf daher nicht verschenkt werden. Das spricht gegen die bloße Erstreckung des Grundgesetzes auf das Gebiet der DDR, selbst wenn man den Inhalt des Grundgesetzes möglichst unverändert erhalten möchte.

Es wäre freilich voreilig anzunehmen, daß sich beides problemlos miteinander vereinbaren ließe. Beschreitet man den Weg der Neukonstituierung, gibt es keine Garantie für die inhaltliche Bewahrung des Grundgesetzes. Darin liegt ein Risiko, wenn man das Grundgesetz insgesamt für eine gelungene Verfassung hält und von Veränderungen, die über das notwendige Maß hinausgehen, nicht nur Gutes erwartet. Das Risiko ist aber keineswegs unbeherrschbar. Die steuernde Wirkung von Verfahrensnormen kann es eingrenzen. Für das Verfahren der Neukonstituierung kommen zwei Grundmodelle in Betracht: zum einen die Wahl einer verfassunggebenden Nationalversammlung, die einen Verfassungstext auszuarbeiten und zu verabschieden hätte; zum anderen die Vorbereitung eines Verfassungsentwurfs in einem geeigneten Gremium, etwa nach dem Vorbild des Parlamentarischen Rats, dessen Entwurf dann einer Volksabstimmung zu unterziehen wäre. In beiden Fällen besteht die Möglichkeit, den Handlungsauftrag zu umgrenzen. Das könnte etwa durch eine Vorabentscheidung geschehen, daß das Grundgesetz den Verfassungsberatungen zugrunde gelegt und seine Revision auf die unerläßlichen Änderungen beschränkt wird. Eine solche Vorentscheidung, die der Bundesrepublik leichtfiele, müßte allerdings von der Bevölkerung in der DDR, die bisher nicht unter dem Grundgesetz gelebt hat, in geeigneter Weise gebilligt werden.

Wählt man den klassischen und der Größe des Ereignisses durchaus angemessenen Weg einer verfassunggebenden Nationalversammlung, ist die Gewähr für ein Minimum an Änderungen freilich geringer. Die Nationalversammlung bliebe Herr der Definition über die Notwendigkeit von Änderungen und würde aller Voraussicht nach mit dieser Definitionsmacht souveräner umgehen als ein aus den bestehenden Repräsentativorganen gebildeter Vorbereitungsausschuß. Einigten sich die Bundesrepublik und die DDR in ihren Verhandlungen über den Weg der Vereinigung dagegen auf ein Vorbereitungsgremium zur Überprüfung des Grundgesetzes mit anschließender Volksabstimmung, so ließe sich der Auftrag wirksamer begrenzen. Beide Verfahrensweisen haben ihre Vor- und Nachteile. Unzuträglich wäre es allein, den Weg der Konstituierung eines geeinten Staates am Volk vorbeizuleiten. Die Staatsgewalt bedarf demokratischer Legitimation, und im Moment der Herstellung staatlicher Einheit sollte das Sicherheitsbedürfnis der Bundesrepublik nicht in einer Weise überzogen werden, die die Demokratie verkümmern läßt. Das gilt gerade gegenüber der DDR, die bisher keine Gelegenheit hatte, ihre Ordnungsvorstellungen zu entwickeln und in eine verfassungsrechtliche Form zu bringen. Auf seiten der Bundesrepublik ist es legitim, das Grundgesetz bewahren zu wollen. Das Grundgesetz bietet aber keine Rechtfertigung für die

Absicht, es der demokratischen Revision zu entziehen. Im Parlamentarischen Rat bestand darüber immer Einigkeit. Deswegen fordert das Grundgesetz in seinem Schlußartikel das Volk auf, in freier Selbstbestimmung die Einheit zu vollenden, und sieht im Augenblick der Zielerreichung seine eigene Aufhebung vor.

IV. Sowohl Art. 23 als auch Art. 146 GG

Von der Frage, ob die Einheit gemäß Art. 23 oder gemäß Art. 146 des Grundgesetzes herbeigeführt werden sollte, sind diese Überlegungen relativ unabhängig. Mir scheint nach vierzigjähriger getrennter Entwicklung und einer vom Volk der DDR erkämpften Einheitschance der Weg nach Art. 146 angemessener zu sein als der nach Art. 23. Es ist allerdings verständlich, wenn seine Langwierigkeit beklagt wird und das Bedürfnis besteht, über die Einheit eine rasche Grundentscheidung zu treffen, auch um sie von einer etwaigen Veränderung der günstigen außenpolitischen Lage unabhängig zu machen. Dazu eröffnet Art. 23 einen Weg. Freilich erübrigen sich, wie deutlich geworden ist, auch bei diesem Weg Änderungen des Grundgesetzes nicht. Sie betreffen Grundentscheidungen des wiedervereinigten deutschen Volkes über seine politische Existenz. Diese Änderungen dürfen wegen ihrer Tragweite nicht auf den Routineweg der verfassungsändernden Gesetzgebung verwiesen werden. Sie verlangen nach Beteiligung des Souveräns. Daher bietet es sich an, daß die DDR über Art. 23 GG die Einheit grundsätzlich herstellt, am besten durch eine Volksabstimmung. Über Art. 146 GG könnte der geeinte deutsche Staat danach seine definitive Gestalt gewinnen. Zeitlich dürfte beides freilich nicht weit auseinanderfallen. Grundgesetz und Neukonstituierung schlössen sich auf diese Weise nicht aus, sondern wären gemeinsam realisierbar.

3. Plädoyer für eine verfassunggebende Versammlung

Verfassungen wechselt man nicht ohne Not aus. Nötig wird eine neue Verfassung erst, wenn die alte den Anforderungen der Zeit nicht mehr gewachsen ist oder ihre Legitimität verloren hat. Der eine Fall tritt gewöhnlich als Folge veränderter Problemlagen ein, die in der geltenden Verfassung keine Antwort finden. Der andere Fall ereignet sich meist nach einem fundamentalen Wertewandel oder einem revolutionären Umbruch, wie er jüngst in der DDR und anderen sozialistischen Ländern vonstatten gegangen ist.

Weder das eine noch das andere läßt sich vom Grundgesetz behaupten. Zwar hat es im Verlauf von vierzig Jahren keineswegs an Problemen gefehlt, die bei seiner Entstehung noch nicht vorhersehbar waren. Sie sind aber größtenteils durch förmliche Änderung oder anpassende Auslegung des Grundgesetzes gelöst worden oder können doch zumindest in seinem Rahmen gelöst werden. Die Legitimität des Grundgesetzes steht außer Zweifel. Noch keine deutsche Verfassung hat so viel Rückhalt im Volk besessen wie das Grundgesetz, und in den Prinzipien, von denen es ausgeht, kann es sich durch die Freiheitsbewegungen in Osteuropa und der DDR von neuem bestätigt fühlen.

Aus inhaltlichen Gründen besteht daher keine Notwendigkeit für eine neue Verfassung. Gleichwohl verlangt die Situation vom deutschen Volk eine Entscheidung über die Verfassung, unter der es nach seiner Vereinigung leben will. Das klingt nach Widerspruch. Deswegen muß geklärt werden, worin der Entscheidungsbedarf begründet ist, wenn er seinen Grund nicht in der Notwendigkeit einer durchgreifenden Veränderung des Verfassungsinhalts findet. Welchen zusätzlichen Gewinn verspricht ein Volksentscheid, und wiegt er die damit verbundenen Risiken für das Grundgesetz auf?

Daß Verfassungen vom Volk beschlossen werden, gehört seit zweihundert Jahren zum demokratischen Gemeingut. Der Grund liegt darin, daß die Verfassung der Ort ist, wo Einrichtung und Ausübung staatlicher Herrschaft geregelt werden. Wenn staatliche Herrschaft aber nicht als Eigenrecht der Herrschenden, sondern als vom Volk anvertrautes Amt begriffen wird, dann dürfen diejenigen, die das Amt ausüben, nicht selbst die Bedingungen der Ausübung festlegen. Sie werden ihnen vielmehr durch die vom Volk erlassene Verfassung vorgegeben, und Anspruch auf Befolgung seiner Anordnungen kann nur der Amtsinhaber erheben, der auf der Grundlage und im Rahmen der Verfassung gehandelt hat.

Deswegen müssen Verfassungen aus einer öffentlichen Diskussion hervorgehen, die nicht stellvertretend für das Volk von den Herrschenden geführt werden kann. Das soll nicht heißen, ein Volk könne selber seine Verfassung ausarbeiten. Es ist dabei auf die Hilfe von Repräsentanten angewiesen, die entweder dem Volk einen Verfassungsentwurf zur Abstimmung vorlegen oder von ihm ausdrücklich zum Erlaß einer Verfassung ermächtigt worden sind. In keinem Fall ist das Volk aber nur fiktives Zurechnungssubjckt der Verfassung, sondern reales Entscheidungssubjekt, und der Umstand, daß es vor der Auftragsvergabe darüber diskutiert hat oder nach der Auftragserfüllung darüber abstimmt, bleibt für den Inhalt der Verfassung in der Regel nicht folgenlos.

All das wird freilich auch von denen nicht bestritten werden, die im Zusammenhang mit der Wiedervereinigung keine Notwendigkeit für eine Verfassungsdiskussion mit anschließender Volksentscheidung sehen. Sie können sich darauf berufen, daß die typische Gründungssituation, in der eine Verfassungsentscheidung unausweichlich ist, nicht besteht. Die Bundesrepublik bleibt vielmehr erhalten. Sie besitzt eine Verfassung, die unbestritten gelungen und bewährt ist. Die DDR, die mit ihrer bisherigen Herrschaftsordnung gebrochen hat, will sich nicht als selbständiger Staat neu konstituieren, sondern der Bundesrepublik beitreten, und zwar nach Artikel 23, der die Erstreckung des Grundgesetzes auf den beitretenden Teil vorsieht.

Dennoch gibt es Gründe, jetzt die Verfassungsdiskussion zu eröffnen. Dabei darf man allerdings nicht schon im Volksentscheid über die Verfassung die Lösung aller Legitimations- und Integrationsprobleme sehen. Eher muß vor plebiszitären Illusionen, wie sie in dem Ruf nach Partizipation häufig mitschwingen, gewarnt werden. Volksabstimmungen sind keine unerläßliche Bedingung für die Legitimität einer Verfassung. Das Grundgesetz liefert das beste Beispiel dafür. Die fehlende Volksabstimmung hat ihm auf lange Sicht nicht geschadet. Trotz seines demokratischen Geburtsfehlers ist es zu einer anerkannten und wirkungsvollen Verfassung geworden.

Umgekehrt kann die Auseinandersetzung über eine neue Verfassung die Gesellschaft stärker entzweien als die Beibehaltung der alten. Auch steht keineswegs fest, daß die Minderheit das Ergebnis einer Volksabstimmung leichter hinnimmt als das einer Parlamentsentscheidung, nur weil sie am Verfahren beteiligt war. Die Akzeptanz einer Verfassung für die Verlierer hängt davon ab, wie wichtig ihr die Überzeugungen und Interessen waren, die zu kurz gekommen sind. Im übrigen verflüchtigt sich der Legitimationseffekt, der aus Partizipation entsteht, schnell. Schon für die folgende Generation handelt es sich nur noch um eine historische Legitimation, die aktuelle Legitimitätsdefizite nicht ausgleichen kann.

Man kommt den Gründen für eine Verfassungsdiskussion aber näher, wenn man die Funktion der Verfassung mitbedenkt. Verfassungen sind ja keineswegs nur, wohl nicht einmal in erster Linie, ein juristisches Regelwerk, nach dem sich die Staatsorgane zu verhalten und Verfassungsgerichte Konflikte zu entscheiden haben. Verfassungen sind zuallererst Ausdruck der Selbstverständigung eines Volkes über seine politische Existenz und die Grundzüge der gesellschaftlichen Ordnung. Die juristische Form der Verfassung löst das Ergebnis dieses Verständigungsprozesses von der Entstehungssituation ab und verleiht ihm Bestimmtheit, Verbindlichkeit und Dauer. Dennoch bleibt die Verfassung auch in ihrer rechtlichen Wirksamkeit vom gesellschaftlichen Konsens abhängig. Schwindet er, dann ist es auch um ihre Durchsetzung schlecht bestellt.

Für eine solche Selbstverständigung ist es neuerlich an der Zeit, auch wenn von einer Konsensschwäche des Grundgesetzes keine Rede sein kann. Das gilt nicht etwa nur für die Bevölkerung der DDR, die bis vor kurzem an einer Diskussion über ihre politische Existenz und gesellschaftliche Ordnung gehindert war. Das gilt auch für die bundesrepublikanische Seite, die mit der DDR einen einheitlichen deutschen Staat bilden will. Gegen eine solche Diskussion läßt sich weder ins Feld führen, sie sei überflüssig, weil eine anerkannte und bewährte Verfassung in Gestalt des Grundgesetzes bestehe, noch, sie sei bereits abgeschlossen, weil die Bevölkerung der DDR in der Revolution vom Herbst 1989 oder in der Wahl vom März 1990 ihr Einverständnis mit dem Grundgesetz erklärt habe.

Das Grundgesetz versteht sich selbst als Provisorium für eine Übergangszeit bis zur Herstellung der deutschen Einheit. Der provisorische Charakter zeigt sich freilich nicht an seinem Regelungsgehalt. Das Grundgesetz ist nach Form und Inhalt eine Vollverfassung. Er zeigt sich aber an der Entstehungsweise und am Namen: Um den Eindruck der Endgültigkeit zu vermeiden, ist das Grundgesetz weder von einer verfassunggebenden Nationalversammlung noch vom Volk beschlossen und bewußt nicht Verfassung genannt worden. Der provisorische Charakter kommt aber vor allem in der Präambel und der Schlußbestimmung zum Ausdruck. Beide weisen das Grundgesetz als vorläufige Ordnung für einen Staat aus, der sich möglichst schnell überflüssig machen soll.

In der Präambel steht als alles überragendes Politikziel die staatliche Einheit Deutschlands. Dieses Ziel wird in Kürze erreicht sein. Die Präambel hat dann nur noch historischen Informationswert. Sie sagt nichts über den Sinn und die Aufgabe des neu gebildeten Staates aus. Die Leerstelle, die dadurch entsteht, muß wieder gefüllt werden. Das ist um so dringlicher, als Deutschland nunmehr in die politische Existenzform des Nationalstaats zurückkehrt, die gerade hier mit einer schweren historischen Hypothek belastet ist. Daher sind die Deutschen sich, aber auch anderen Nationen eine Erklärung schuldig, wie sie sich künftig in dieser politischen Existenzform verstehen und verhalten wollen.

Das Grundgesetz läßt freilich solche Änderungen zu und legt in Artikel 79 auch die Voraussetzungen fest: Bundestag und Bundesrat müssen mit Zweidrittelmehrheit zustimmen. Es fragt sich allerdings, ob dieser Normalweg der Verfassungsänderung dem Ziel angemessen ist. Die Schaffung einer neuen Präambel ist ja nicht mit einer Kompetenzverschiebung zwischen Bund und Ländern (dem häufigsten Fall von Grundgesetz-Änderungen), nicht einmal mit der Einfügung eines neuen Grundrechts vergleichbar. Sie kommt einer Auswechslung der Sinnbasis der Verfassung gleich, selbst wenn sich sonst nichts am Grundgesetz verändern würde. Eine solch fundamentale Änderung ist kein Gegenstand für den Routinevorgang der parlamentarischen Verfassungsänderung. Sie ist Sache des Souveräns selbst.

Die Gründe für einen Volksentscheid erschöpfen sich darin aber nicht. Der vom Grundgesetz verfaßte Staat vergrößert sich in Kürze um einen Bevölkerungsteil, der die Qualität des Grundgesetzes nur vom Hörensagen kennt und gerade erst beginnen konnte, sich über seine politische Existenz und gesellschaftliche Ordnung zu verständigen. Die Bevölkerung der DDR war an der Ausarbeitung des Grundgesetzes nicht beteiligt. Sie hat seine Funktionsweise nicht erlebt. An der Ausfüllung und Fortentwicklung über vierzig Jahre konnte sie nicht mitwirken. Auf ihre spezifischen Erfahrungen und Bedürfnisse, die sich in einer andersartigen politischen Umwelt entwickelt haben, gibt es nicht vollständig Antwort. Insofern ist es für diesen Teil des deutschen Volkes ein Fremdprodukt. Das Produkt kann übernommen werden, aber die Übernahme bedarf eines Entschlusses, der für die DDR wie eine Neukonstituierung wirkt.

Man kann auch nicht mit guten Gründen behaupten, die Bevölkerung der DDR habe diesen Entschluß bereits gefaßt. Wenn in der DDR eine Selbstverständigung über die künftige politische und soziale Ordnung stattgefunden hat, dann in der Verfassungsdiskussion und dem Verfassungsentwurf des Runden Tisches. Aber der Runde Tisch hat diejenigen gesellschaftlichen Kräfte repräsentiert, die den Aufstand gegen die SED-Herrschaft eingeleitet und angeführt haben. Sie waren, wie man jetzt genauer erkennt, nicht repräsentativ für die Bevölkerung der DDR insgesamt. In den Wahlen vom 18. März 1990 sind sie vielmehr an den Rand des politischen Spektrums gedrängt worden. Daraus vor allem erklärt sich das Schicksal, das der Entwurf in der neu gewählten Volkskammer erlitten hat.

Aber auch die Wahl läßt sich nicht in eine Verfassungsentscheidung der DDR-Bevölkerung umdeuten. Zwar kann man in dem Wahlergebnis eine Entscheidung für die Verbindung mit der Bundesrepublik und

für eine Ordnung nach dem Muster der bundesrepublikanischen sehen, wohl auch dafür, daß dies alles möglichst schnell erfolgen soll. Die konkrete Ausgestaltung
der Ordnung in der spezifisch juristischen Form der
Verfassung hat aber im Wahlkampf weder eine Rolle
gespielt noch könnte sie, wenn sie diskutiert worden
wäre, informell entschieden werden. Die Grundentscheidung über die politische Existenz eines Volkes und
die Grundlagen seiner Gesellschaftsordnung muß gerade wegen der Bestimmtheit und Verbindlichkeit,
ohne die sie ihre rechtliche Wirkung nicht zu entfalten
vermag, formell getroffen werden.

Die Verfassungsentscheidung steht also noch aus und
muß, da es um die Verfassung des einheitlichen deutschen Staates geht, auch vom gesamten Volk getroffen
werden. Die Frage lautet, wie das geschehen soll. Für
die Antwort lohnt es gegen anderslautende Behauptun-
gen noch einmal darauf hinzuweisen, daß Artikel 23
und Artikel 146 des Grundgesetzes keine einander aus-
schließenden Alternativen für die Herstellung der staatlichen Einheit sind. Artikel 146, der vorsieht, daß das
Grundgesetz seine Gültigkeit verliert, sobald eine Verfassung in Kraft tritt, die von dem deutschen Volk in
freier Entscheidung beschlossen worden ist, wird durch
einen Beitritt der DDR nach Artikel 23 nicht «ver-
braucht». Auch in diesem Fall bleibt das deutsche Volk
zur Entscheidung über seine Verfassung aufgerufen.

Für den Parlamentarischen Rat, der das Grundgesetz
ausarbeitete und beschloß, war das völlig eindeutig.
Carlo Schmid, der Vorsitzende des Hauptausschusses,
führte in seiner Rede zur zweiten Lesung des Grundgesetzes am 6. Mai 1949 aus, das Anwendungsgebiet des
Grundgesetzes sei nicht geschlossen. Jeder Teil
Deutschlands könne ihm beitreten. «Aber auch der Beitritt aller deutschen Gebiete wird dieses Grundgesetz
nicht zu einer gesamtdeutschen Verfassung machen
können. Diese wird es erst dann geben, wenn das deut-

sche Volk die Inhalte und Formen seines politischen Lebens in freier Entschließung bestimmt haben wird.» Schmid gab damit nur die Überzeugung wieder, die im Parlamentarischen Rat von Anfang an geherrscht hatte. Das Grundgesetz galt stets als räumlich nicht geschlossen, aber zeitlich begrenzt, und beide Eigenschaften wurden miteinander verkoppelt: Trat die räumliche Komplettierung ein, sollte nicht etwa die zeitliche Begrenzung entfallen, sondern effektiv werden. Das ist die Stunde des Artikels 146.

Zum selben Ergebnis gelangt man aber auch unabhängig von den Vorstellungen der Verfassungsschöpfer. Das Grundgesetz, das nach dem Beitritt der DDR dort gemäß Artikel 23 Absatz 2 in Geltung zu setzen ist, ist das Grundgesetz mit der Schlußbestimmung des Artikels 146. Diese behält ihren Sinn, solange das deutsche Volk die freie Entscheidung, auf die Artikel 146 zielt, noch nicht getroffen hat. Im bloßen Beitritt liegt diese Entscheidung jedenfalls nicht, denn darüber entscheidet nur das Volk der DDR. Für sich allein kann er das Provisorium daher nicht zur endgültigen Verfassung machen. Die Verfassungsentscheidung steht vielmehr auch nach dem Beitritt noch aus und ist inhaltlich offen, wie im Parlamentarischen Rat immer wieder betont wurde.

Wohlgemerkt kann die freie Entscheidung des Volkes, die der Artikel 146 offenhält, eine Entscheidung für das Grundgesetz sein, und es wäre kein Schaden, wenn sich das Volk so entschiede. Diese Aussage darf freilich nicht so verstanden werden, als sollten alle Änderungswünsche unterdrückt werden. Es ist insbesondere an der Bevölkerung der DDR, sich darüber zu verständigen, ob sie mit dem Grundgesetz einverstanden ist oder in welchen Punkten sie es für änderungs- oder ergänzungsbedürftig hält. Sie und nicht die Bevölkerung der Bundesrepublik war bisher an der Artikulation gehindert und steht ordnungspolitisch vor einem

Neubeginn. In der Bundesrepublik muß die Diskussion dann aufgenommen und gemeinsam zu Ende geführt werden.

Aber auch in der Bundesrepublik sind, teilweise seit langem, diskussionswürdige Verbesserungsvorschläge im Gespräch. Die Sicherung der natürlichen Lebensbedingungen des Menschen etwa als entscheidende Frage des ausgehenden 20. und beginnenden 21. Jahrhunderts verlangt nach einer verfassungsrechtlichen Antwort. Das ist im Grundsatz auch längst anerkannt und nur in den Einzelheiten umstritten. Die Entscheidung könnte bei dieser Gelegenheit fallen. Die Zulassung des Volksbegehrens wäre als Gegengewicht gegen die Tendenzen der politischen Parteien, sich mit dem Staat zu identifizieren und gegen ihre gesellschaftliche Basis abzuschotten, äußerst heilsam. Die bundesstaatliche Struktur des neuen Staates ließe sich kräftigen, und selbst einzelne Präzisierungen der Sozialstaatsklausel sind bedenkenswert, wenn dabei das Leistungsvermögen von Verfassungen nicht außer acht gelassen wird.

Wenn ich trotzdem für eine Beschränkung auf die unumgänglichen Änderungen des Grundgesetzes eintrete, so hängt das mit der Vielzahl der umlaufenden Änderungswünsche zusammen, die keineswegs alle die Offenheit und Liberalität des Grundgesetzes stärken würden. Daß nachteilige Änderungswünsche von vornherein keinen Konsens fänden, ist dabei eine trügerische Hoffnung. Kommt die Änderungswoge erst einmal in Gang, ist vielmehr mit Aushandlungsprozessen zu rechnen, bei denen schließlich die eine Seite ein bißchen Plebiszit bekommt, wenn die andere ein bißchen Asylrecht gibt. Das Plädoyer für ein weitgehend unverändertes Grundgesetz darf freilich nicht als Diskussionsbegrenzung verstanden werden. Angesichts einer geglückten Verfassung ist eine Verfassungsdiskussion immer ein Verfassungsrisiko. Dieses Risiko muß indessen hingenommen werden, denn es ist das Risiko der

Demokratie, und unterdrückte Diskussionen pflegen sich zu rächen.

Die Neukonstituierung darf sich freilich von ihrem Anlaß, der Herstellung der staatlichen Einheit, nicht allzuweit entfernen. Als zeitliche Begrenzung bietet sich die erste Legislaturperiode des ersten gesamtdeutschen Parlaments an. Da über die Zulässigkeit einer Neukonstituierung gemäß Artikel 146 nach dem Beitritt der DDR gemäß Artikel 23 unter den Verfassungsrechtlern keine Einigkeit herrscht, wäre es allerdings ratsam, der Neukonstituierung einen zusätzlichen juristischen Rückhalt zu geben. Das müßte jedoch noch vor dem Beitritt geschehen, weil zu befürchten ist, daß danach alle Änderungen, selbst die der Präambel, auf den Routineweg parlamentarischer Verfassungsänderung verwiesen werden.

Die beste Möglichkeit, eine Pflicht zur Neukonstituierung festzulegen, bietet der zweite Staatsvertrag. In ihm sollte daher die Einberufung eines Verfassungsrates nach dem Muster des Parlamentarischen Rates für 1991 vereinbart werden, der die notwendigen Änderungen des Grundgesetzes berät, mit Zweidrittelmehrheit verabschiedet und dann dem Volk zur Abstimmung unterbreitet. Sollte dieser Entwurf scheitern, wofür wenig spricht, bliebe das Grundgesetz in seiner jetzigen Form in Kraft, wie der Umkehrschluß aus Artikel 146 ergibt. Auch andere Wege sind denkbar. Welcher von ihnen beschritten wird, hat untergeordnete Bedeutung. Wichtig ist allein, daß er nicht am Volk vorbeiführt.

4. Verfassungsreform in falscher Hand?
Zum Stand der Diskussion um das Grundgesetz

I.

Die Frage, ob die Bundesrepublik sich mit der Wiedervereinigung nur vergrößert hat oder auch wandeln muß, durchzieht unausgesprochen auch die Verfassungsdiskussion. Anders ist ihr Verlauf nicht zu erklären. Schon die Auseinandersetzung über den besten Weg zur Einheit, die zwischen der Volkskammerwahl im März 1990 und dem Abschluß des Einigungsvertrages im August 1990 alle anderen Themen überragte, wurde als Debatte für oder wider das Grundgesetz geführt. Wer den Beitritt der DDR nach Art. 23 GG befürwortete, trat zugleich für die Bewahrung des Grundgesetzes ein. Wer eine Neukonstituierung gemäß Art. 146 GG bevorzugte, gab zu erkennen, daß er eine andere Verfassung wollte. Diese Zuspitzung war freilich schon damals falsch.[1] In Wahrheit handelte es sich um zwei durchaus verschiedene Fragen: die prozedurale nach der Herstellung der staatlichen Einheit und die materiale nach der Ordnung des geeinten Staates. So wie der Weg der Neukonstituierung gemäß Art. 146 GG nicht eine Einigung auf das Grundgesetz ausschloß, verhinderte der Weg des Beitritts nach Art. 23 GG nicht die anschließende Ausarbeitung einer neuen Verfassung.

---

1 Vgl. Dieter Grimm, Zwischen Anschluß und Neukonstitution. In: FAZ vom 5. April 1990; wiederabgedruckt in: Kritische Vierteljahresschrift für Gesetzgebung und Rechtswissenschaft, Nr. 3, 1990; in diesem Band S. 35.

Der weitere Verlauf der Dinge hat das bestätigt. Mit der Entscheidung zugunsten des Beitritts der DDR nach Art. 23 GG, der gewählt wurde, weil er schnell und reibungslos zum Ziel führte, war die Verfassungsfrage nicht gelöst. Denn wenn auch Art. 23 GG nach seiner Anwendung auf die DDR keinen Gegenstand mehr besaß und folgerichtig aus dem Grundgesetz gestrichen wurde, war doch die Verheißung einer vom ganzen deutschen Volk in freier Entscheidung beschlossenen Verfassung in Art. 146 GG noch unerfüllt. Diese Bestimmung blieb daher in Kraft und erhielt nur den klärenden Zusatz, daß das Grundgesetz nunmehr die Verfassung des ganzen deutschen Volkes sei. Es steht aber auch nach der Herstellung der Einheit weiter unter dem Vorbehalt, daß sich das Volk eine neue Verfassung gibt. Der Einigungsvertrag knüpft daran an und empfiehlt in Art. 5 den gesetzgebenden Körperschaften des vereinigten Deutschland, sich innerhalb von zwei Jahren mit den von der Wiedervereinigung aufgeworfenen Verfassungsfragen zu befassen und dabei auch die Anwendung von Art. 146 GG und die Frage einer Volksabstimmung zu prüfen.

In der Diskussion über die Umsetzung dieser Empfehlung kam die alte Frontlinie wieder zum Vorschein.[2] Wer sich für einen eigens berufenen Verfassungsrat zur Revision des Grundgesetzes einsetzte, war verdächtig, das Grundgesetz preisgeben zu wollen. Wer für eine Verfassungsreform im Weg des parlamentarischen Änderungsverfahrens gemäß Art. 79 GG eintrat, gab damit zu erkennen, daß er am Grundgesetz festhalten wollte. Wie schon in der Einigungsdebatte stellte sich diese Alternative aber auch

---

2 Die Diskussion ist dokumentiert in Bernd Guggenberger/Tine Stein (Hrsg.), Die Verfassungsdiskussion im Jahr der deutschen Einheit, München 1991.

hier nicht. Die Frage nach einer ganz andersartigen Verfassungsordnung war zu keiner Zeit akut, weder im Westen noch im Osten. Selbst der Runde Tisch, der noch nicht unter der Prämisse der Wiedervereinigung, sondern der DDR-Reform zusammengetreten war, hatte sich bei seinen Verfassungsempfehlungen eng an das Grundgesetz angelehnt. Umgekehrt konnte niemand im Zweifel darüber sein, daß es mit den Verfassungsänderungen, die bereits der Einigungsvertrag selbst herbeigeführt hatte, nicht getan war. Die Heftigkeit des Streits läßt sich unter diesen Umständen nur daraus erklären, daß hinter der Verfahrensfrage abermals die Kernfrage der Wiedervereinigung stand, ob die Last der Veränderungen allein von der früheren DDR oder auch von der alten Bundesrepublik zu tragen sei.

Der Kompromiß, mit dem die Auseinandersetzung über das Vorgehen endete, hält diese Frage offen und hat die Antwort doch weitgehend vorausbestimmt. Zwar ist eine eigene Verfassungskommission gebildet worden, sie setzt sich aber nur aus Mitgliedern von Bundestag und Bundesrat zusammen. Mit der Entscheidung zugunsten eines solchen Gremiums, dem ausschließlich aktive Parteipolitiker angehören, ist die Verfassungsrevision dem Bonner Routinebetrieb überlassen worden. Das kann nicht ohne Folgen für das Ergebnis bleiben. Zum einen bedeutet es, daß die Akteure und Themen der alten Bundesrepublik dominieren, zum anderen, daß die Differenz zwischen der Tagespolitik, der die Verfassung erst den inhaltlichen und organisatorischen Halt gibt, und ihren dauerhafteren Rahmenbedingungen eingeebnet wird. Nicht nur schiebt sich auf diese Weise die der Verfassung unangemessene Zeitdimension der Augenblicksbedürfnisse und Wahltermine in den Vordergrund, während Themen ohne Naheffekt, Probleme mit Spätfolgen oder gar grundsätzliche Strukturschwächen der Verfassung zurücktreten. Es wächst vielmehr auch die Neigung, sich bei der Verfassungsänderung nicht auf die Grundlagen künftiger Entscheidungen zu beschränken, sondern diese in der Verfassung vorwegzunehmen, der dadurch konfliktüberwölbende Kraft verlorengeht.

Die bisherige Arbeit der Gemeinsamen Verfassungskommission widerlegt diese Befürchtung nicht. Sie hat sich Anfang 1992 konstituiert und soll ihre Empfehlungen für Grundgesetz-Änderungen sowie für die Form der Verabschiedung – mit oder ohne Volksabstimmung – im Frühjahr 1993 vorlegen. Sie tagt in regelmäßigen Abständen in Bonn, gewöhnlich im Anschluß an Sitzungen von Bundestag und Bundesrat oder ihrer Gremien, spät nachmittags und abends, gelegentlich unter Anhörung von Experten und neuerdings auch öffentlich. Einer eingehenden, vom Druck der Tagesgeschäfte entlasteten Beratung sind diese Umstände nicht günstig. Überdies werden einige Änderungsvorhaben, die als besonders dringlich gelten, außerhalb der Kommission behandelt und voraussichtlich auch schon vor Abschluß der Kommissionsarbeiten beschlossen werden. Dazu zählen namentlich die Fragen des Asylrechts und des Bundeswehreinsatzes außerhalb der Nato sowie die Anpassung des Grundgesetzes an den Vertrag von Maastricht, der mit der Verfassung in ihrer derzeitigen Gestalt teilweise nicht vereinbar ist.

Die Themenliste der Verfassungskommission bleibt gleichwohl lang. Im Zusammenhang mit der Ausgestaltung des Demokratieprinzips geht es um die Einfügung plebiszitärer Elemente in das bisher ganz eindeutig repräsentativ ausgerichtete Grundgesetz. Im Rahmen des Bundesstaatsprinzips steht die Forderung der Länder nach einer Stärkung ihrer Stellung gegenüber dem Bund zur Diskussion. Verlangt werden vor allem die Rückübertragung von Gesetzgebungskompetenzen, die Auflösung von Gemeinschaftsaufgaben, ein größerer

Handlungsspielraum bei der Bundesauftragsverwaltung, vermehrter Einfluß auf die Haltung der Bundesregierung im Rat der Europäischen Gemeinschaft, schließlich eine verbesserte Finanzverteilung im Bundesstaat. Dem Sozialstaatsprinzip lassen sich diejenigen Änderungswünsche zuordnen, die um neue Staatszielbestimmungen (namentlich über den Umweltschutz) und neue soziale Garantien (namentlich im Bereich von Arbeit, Wohnung, Kinderbetreuung) sowie um eine Ausweitung des Gleichheitsgrundsatzes (namentlich zur Gleichstellung der Frau) und die Stärkung der Familie kreisen.

Im folgenden soll es indessen nicht um die Themen gehen, mit denen die Kommission sich beschäftigt, sondern um die, welche vernachlässigt werden, obwohl sie Aufmerksamkeit verdienten. Als Maßstab dafür dient die Konsensfunktion der Verfassung. Verfassungen sollen politische Herrschaft rechtlichen Bindungen unterwerfen und können dies nur, wenn und soweit sie Ausdruck des Konsenses einer Gesellschaft hinsichtlich der Grundlagen ihrer politischen und sozialen Ordnung und hinsichtlich der Form der Konfliktbewältigung sind. Sie erzeugen diesen Konsens nicht selber, verleihen ihm aber Verbindlichkeit, Dauer und Bestimmtheit und bilden so Legitimationsgrundlage und Beurteilungskriterium für politische Herrschaft. Was in den Konsens eingeht, ist nicht mehr Thema, sondern Prämisse politischer Auseinandersetzung. Er entlastet den politischen Entscheidungsprozeß von immer neuer Prinzipien- und Verfahrenssuche und macht den Mehrheitsentscheid für die Minderheit hinnehmbar. An der Konsensfunktion ist daher auch die Verfassungsreform zu orientieren. Änderungen sind vor allem dann nötig, wenn der Konsens aufgrund gewandelter Erwartungen brüchig geworden ist, wenn neuartige Probleme seine Erweiterung fordern und wenn vom Konsens getragene Regelungen unter veränderten Bedingungen ihre Wir-

kung verfehlen oder unerwünschte Wirkungen hervorbringen.[3]

II.

1. Wiedervereinigung

Geht man davon aus, so drängt sich vor allem die
Frage auf, ob der Grundkonsens, den das Grundgesetz
enthält, angesichts der Wiedervereinigung änderungs-
oder ergänzungsbedürftig ist. Indessen spielt der Anlaß,
der die Verfassungsdebatte erst ausgelöst hat, in den
Beratungen keine Rolle mehr. Allein der Länderfinanzausgleich ruft ihn gelegentlich in Erinnerung. Das ist
nicht nur daraus erklärbar, daß sich die alte Bundesrepublik durch den Beitritt der DDR in ihrem Konsens
nicht irritieren lassen will. Vielmehr scheint auch die
Ansicht vorzuherrschen, daß für die Lösung der Probleme, die die Wiedervereinigung aufgeworfen hat, von
der Verfassung kein Beitrag zu erwarten ist. In der Tat
handelt es sich in erster Linie um Probleme ökonomischer, sozialer und kultureller Natur. Sie müssen daher
auch mit ökonomischen, sozialen und kulturellen Mitteln gelöst werden. Die Lösungen bedürfen jedoch
rechtlicher Grundlagen, und da diese unvermeidlich in
Besitzstände und Standards der alten Bundesrepublik
einschneiden, werden sie auch allemal zu Verfassungsfragen. Allerdings handelt es sich um Übergangsfragen.
Diese haben ihren Platz eher im Gesetz als in der Verfassung. Es gibt aber Übergangsprobleme von einer solchen Größenordnung und Bedeutung, daß die Grundzüge ihrer Lösung dem Parteienstreit entzogen und zur
Prämisse künftiger Politik gemacht werden sollten. Das
scheint vor allem für zwei Bereiche nötig: die Lasten-

---

3 Vgl. Dieter Grimm, Die Zukunft der Verfassung, Frankfurt 1991.

verteilung zwischen Ost und West und die Bewältigung der DDR-Vergangenheit.

Mit der Wiedervereinigung ist die Integration der beiden Teilgesellschaften zur wichtigsten innenpolitischen Aufgabe geworden, bis Ost und West am Ende wieder nichts als geographische Begriffe sind. Die Aufgabe ist langwierig, schwierig und kostspielig. Der Großteil der Kosten wird noch für längere Zeit von der westlichen Seite aufzubringen sein. Es geht dabei nicht allein um Geld. Vielmehr müssen zeitweilig auch Standards geopfert werden, die sich in der alten Bundesrepublik unter den Bedingungen beträchtlichen Wohlstands und hoher Leistungskraft herausgebildet haben. Dabei kann es sich um Standards der Infrastruktur, der sozialen Sicherheit oder auch des rechtlichen Schutzes handeln. All das läuft auf einen Lastenausgleich zwischen Ost und West hinaus, der zwar nicht in seinen Einzelheiten, wohl aber in seiner Größenordnung dem Lastenausgleich der Nachkriegszeit gleichkommt. Da er ebenso unausweichlich wie konfliktträchtig ist, sollte er jedenfalls dem Grunde nach allgemein akzeptiert und damit immer neuen Zweifeln entzogen werden. Das bedeutet aber nichts anderes, als ihn in der Verfassung zu befestigen, wie das Grundgesetz ja auch den Lastenausgleich der Nachkriegszeit in den Übergangsbestimmungen der Art. 119 ff. befestigt hatte.

Ein Integrationsproblem besonderer Art bildet das personelle Leistungsgefälle zwischen West und Ost. Kenntnisse und Fähigkeiten, die in der sozialistischen Gesellschaft ausgebildet wurden, Orientierungsmuster und Verständigungsweisen, die dort funktionierten, sind in der westlichen Gesellschaft großenteils unverwendbar. Damit fällt dem Westen in nahezu allen gesellschaftlichen Bereichen die Führungsrolle zu, während der Osten aufs Lernen verwiesen wird. Die Integration der beiden Teilgesellschaften kann unter solchen Umständen kaum gelingen. Vielleicht sind Quoten, um deren verfassungsrechtliche Anerkennung zur Zeit gekämpft wird, nicht nur für Frauen an der Zeit. Das Problem wird durch die politische Belastung vieler Ostdeutscher verschärft. Meist findet es nur personalisiert als Stolpe-, Fink- oder Anderson-Problem Aufmerksamkeit, zu selten wird es als Integrationsaufgabe erkannt. Noch lange ist damit zu rechnen, daß jeder Aufstieg eines Ostdeutschen in Leitungspositionen von Nachforschungen und Enthüllungen der Gegner und der Medien begleitet wird. Für eine auf Integration der beiden Landesteile angewiesene Gesellschaft ist das eine schwere Hypothek. Auf lange Sicht werden einige ungenügend qualifizierte Führungskräfte weniger Schaden stiften als die perpetuierte West-Ost-Verdächtigung. Auch dafür müßte verfassungsrechtlich Vorsorge getroffen werden, wie das nach dem Krieg in Art. 131 f. GG ebenfalls bedacht gewesen war.

2. Politische Parteien

Nirgends wird die vorentscheidende Bedeutung prozeduraler Festlegungen für inhaltliche Ergebnisse so auffällig wie im Bereich der politischen Parteien. Da die politischen Parteien die Verfassungsreform ganz in ihre Hände genommen haben, ist die Bereitschaft, die eigene Position in Frage zu stellen, von vornherein gering zu veranschlagen. Dabei läßt sich nicht verkennen, daß verschiedenen Verfassungsgarantien gerade von den politischen Parteien empfindliche Störungen drohen. Das soll freilich nicht heißen, daß es ohne Parteien ginge. Parteien sind in einer parlamentarischen Demokratie unentbehrlich und werden sich bilden, ob die Verfassung von ihnen Notiz nimmt oder nicht. Erst indem sie die unermeßliche Vielfalt von Meinungen und Interessen in der Bevölkerung zu einer überschaubaren Zahl von politischen Programmen verdichten und politisches Personal heranbilden, das diese Programme zu verwirklichen verspricht, setzen sie das Volk in den Stand, sein Wahlrecht auszuüben und den Herrschaftsauftrag zu vergeben. Zugleich zwingt die Konkurrenz um Wählerstimmen die Parteien, auch zwischen den Wahlen auf die Bedürfnisse und Auffassungen in der Bevölkerung zu achten und sie im politischen Entscheidungsprozeß zur Geltung zu bringen. Insofern gibt es für Parteien kein funktionales Äquivalent.

Eine Partei gewinnt freilich auf die staatliche Willensbildung nur in dem Maß Einfluß, wie sie Wählerstimmen auf sich vereinigt und mit deren Hilfe in die Staatsorgane einrückt. Das Ziel jeder Partei ist daher die durch den Wahlsieg ermöglichte Regierungsbildung. Da erst die Teilhabe an der Regierung die Voraussetzungen schafft, das eigene Programm zu verwirklichen, wird der Gewinn von Wählerstimmen zur alles überragenden Verhaltensmaxime. Nicht selten kehren sich dabei Ziel und Mittel um: Man sucht nicht mehr Stimmen für ein Programm, sondern macht ein Programm, das Stimmen verspricht. Wegen des Zusammenhangs von Programmverwirklichung und Wahlgewinn erscheint vom Standpunkt der politischen Parteien aus alles rational, was die Wahlchancen erhöht und die Machtbasis sichert. Daraus erklärt sich ihr Bestreben, die Konkurrenten zu behindern und überall Fuß zu fassen, wo Einfluß auf Wahlausgänge genommen wird und Entscheidungspositionen zu verteilen sind. Den Parteien kommt dabei zugute, daß sie als Parlamentsparteien zugleich das Gesetzgebungs- und Budgetrecht und als Regierungsparteien zugleich die Personalhoheit in allen öffentlichen Bereichen innehaben und ihre Eigeninteressen daher besonders leicht befriedigen können.

Die Verfassung, der es im Interesse der Freiheit des Einzelnen und der Autonomie der verschiedenen gesellschaftlichen Funktionsbereiche um Gewaltenteilung und Offenhaltung des politischen Prozesses geht, zieht hierbei oft den kürzeren. Sie kann zwar die staatlichen Entscheidungsbefugnisse auf verschiedene Ebenen – Bund, Länder, Gemeinden – und innerhalb der Ebenen auf verschiedene Organe – Parlament, Regierung, Justiz – verteilen und zusätzlich bestimmte Bereiche wie etwa die zur Kontrolle berufenen Rundfunk- und Fernsehanstalten oder die der Wahrheitssuche verpflichteten Institutionen der Wissenschaft gegen unmittelbaren Staatseinfluß abschirmen. Es gelingt aber nicht zu verhindern, daß in all diesen Organen und Institutionen die politischen Parteien ihren Einfluß geltend machen. Als Vermittler zwischen Staat und Gesellschaft haben sie ihr Werk immer schon verrichtet, ehe die auf den Staat bezogenen Regeln des Verfassungsrechts zugreifen können. Auf diese Weise halten sich längst nicht mehr voneinander unabhängige, aber aufeinander angewiesene Staatsorgane wechselseitig in Schach. Vielmehr kooperieren politische Parteien mit sich selbst in wechselnden Rollen. Kontrolleffekte gehen dann nur noch von der Parteienkonkurrenz aus und versagen dort gänzlich, wo auch diese aufgrund von Interessenidentität der Parteien ausfällt.[4]

Es spricht viel dafür, daß diese Oligopolansprüche der politischen Parteien, die ihrer Vermittlungsfunktion zwischen Volk und Staat abträglich sind und sie in omnipräsente Herrschaftsinstanzen verwandeln, die tiefere Wurzel der Parteienaversion bilden, die sich zur Zeit verstärkt bemerkbar macht. Gleichwohl fruchten Appelle an die Einsicht der Parteien wenig, weil das Verhalten vom Standpunkt des Parteiinteresses aus betrachtet folgerichtig ist und daher nicht von innen, sondern nur extern begrenzt werden kann. Das Bundesverfassungsgericht hat das in Auslegung und Fortentwick-

---

4 Vgl. Dieter Grimm, Die politischen Parteien. In: Handbuch des Verfassungsrechts der Bundesrepublik Deutschland, 2. Aufl. Berlin 1995.

lung des Grundgesetzes vielfach erfolgreich getan, namentlich im Wahlrecht und, zeitweilige Nachgiebigkeit korrigierend, neuerdings auch wieder bei der Parteienfinanzierung. Die Handhaben, die das Grundgesetz bietet, reichen allerdings angesichts eines expandierenden Parteienstaats nicht aus. Vielmehr müßten die Eintrittsschwellen für politische Parteien in allen Bereichen erhöht werden, in denen nicht politisch, sondern entweder gesetzesgebunden oder grundrechtsgeschützt autonom entschieden wird. Das betrifft im staatlichen Bereich Verwaltung und Justiz, im öffentlich-rechtlichen, aber nicht unmittelbar staatlichen Bereich vor allem Rundfunkanstalten und Universitäten, im privatrechtlichen Bereich alle Unternehmungen in staatlicher Hand oder unter maßgeblichem staatlichen Einfluß.

Die Einfügung plebiszitärer Elemente in das Grundgesetz, die gewöhnlich unter dem Gesichtspunkt der Aktivierung des Volkes und der erhöhten Legitimation von Entscheidungen diskutiert wird, könnte ihre eigentliche Bedeutung in der Begrenzung der politischen Parteien gewinnen. Es ist weder ausgemacht, daß politische Entscheidungen, die vom Volk selber getroffen werden, allein deswegen besser als die parlamentarischen sind, noch ist damit zu rechnen, daß – namentlich bei Fragen, die als existentiell empfunden werden wie etwa dem Schwangerschaftsabbruch oder der Atomkraftnutzung – die Unterlegenen die Entscheidung leichter hinnehmen, weil sie daran mitwirken durften. Es ist sogar möglich, daß Plebiszite die Gesellschaft politisch stärker entzweien als parlamentarische Entscheidungsverfahren. Die bloße Möglichkeit des Plebiszits kann allerdings sehr wohl den Druck auf die politischen Parteien erhöhen, Themen nicht auszuweichen, die die Gesellschaft zutiefst bewegen und eine politische Antwort verlangen. Für diesen Zweck wäre es allerdings ausreichend, daß im Wege des Referendums Gesetzentwürfe auf die politische Tagesordnung

gesetzt werden können, mit denen sich dann die Staatsorgane befassen müssen.

3. Europäische Integration

Im Unterschied zur Wiedervereinigung läßt sich die europäische Einigung in der Verfassungsdebatte nicht
umgehen, weil der Vertrag von Maastricht unter dem
Grundgesetz in seiner gegenwärtigen Form nicht ratifi-
zierbar ist. Für den Grad an Integration, der dort angestrebt wird, gibt Art. 24 GG keine ausreichende Ermächtigung. Zum einen geht es um mehr als die Übertragung einzelner Hoheitsrechte, zum anderen läßt sich
die Europäische Gemeinschaft nicht mehr als zwischenstaatliche Einrichtung begreifen. Die EG, die schon
längst Hoheitsgewalt mit unmittelbarer Wirkung in
den Mitgliedstaaten ausübt, schlägt mit dem Maastrichter Vertrag vielmehr den Weg zum europäischen
Bundesstaat ein. Daß dies nicht ohne ausdrückliche
verfassungsrechtliche Erlaubnis geht, wird mittlerweile
eingesehen. Daneben sind Bestimmungen nötig, die das
Ausländerwahlrecht zulassen und die Rolle der Bun-
desbank neu definieren. Zusätzlich versuchen sowohl
die Bundesländer als auch der Bundestag stärkeren Einfluß auf die Europapolitik der Bundesregierung zu erlangen. Das hat inzwischen zum Entwurf eines komplizierten und für eine Verfahrensregel bemerkenswert
unscharf formulierten Mitwirkungsmechanismus geführt, dem die Regierungsseite nur sehr zögernd beige-
treten ist, weil sie davon eine Schwächung ihrer Ver-
handlungsposition gegenüber den anderen, zentralistisch regierten Mitgliedstaaten befürchtet.

Die Verfassungskommission geht jedoch zu Unrecht
davon aus, daß das Thema damit erschöpft sei. Das
hängt mit einer verbreiteten Täuschung über das
Schicksal des nationalen Verfassungsstaats nach Maastricht zusammen. Schon heute gilt es unter Europa-

rechtlern als unbestreitbar, daß selbst die rangniedrigste Vorschrift des europäischen Gemeinschaftsrechts dem nationalen Verfassungsrecht vorgeht. Das Bundesverfassungsgericht hat sich diesem Anspruch bisher nicht gefügt, sondern lediglich seine Kontrolle über die Anwendung von Gemeinschaftsrecht durch deutsche staatliche Stellen zurückgenommen, solange der Europäische Gerichtshof einen angemessenen Grundrechtsschutz gewährleistet. Es kann aber kein Zweifel daran bestehen, daß mit der Schaffung eines europäischen Bundesstaats die nationalen Verfassungen zur Nebensache werden. So wie die Mitgliedstaaten in der größeren staatlichen Einheit auf den Status von Bundesländern und ihre Organe auf den Status von Landesparlamenten, Landesregierungen und Landesverfassungsgerichten zurückfallen, wird auch das Grundgesetz – ebenso wie die Verfassungen der übrigen Mitgliedstaaten – in seiner Bedeutung einer Landesverfassung angeglichen und nur noch in dem Rahmen Geltung beanspruchen können, den das Gemeinschaftsrecht ihm beläßt.

Das ist freilich für sich genommen kein Grund, gegen eine fortschreitende europäische Integration zu sein, denn angesichts der Kriege und Rivalitäten früherer Zeiten und angesichts der nationalen Exzesse in den ehemals sozialistischen Staaten Osteuropas kann man ein vereintes Europa nicht hoch genug einschätzen. Zugleich muß klar sein, daß es ohne einen Verzicht auf nationale Souveränitätsrechte nicht zu haben ist. Allerdings ist auch der Verfassungsstaat keine geringe Errungenschaft, und ein vereintes Europa wäre um den Preis der Verfassung teuer erkauft. Der Maastrichter Vertrag tut den entscheidenden Schritt zum europäischen Bundesstaat, ohne diesem eine Verfassung zu geben, die den national erreichten Standard auf europäischer Ebene sicherte. Zwar mag man die Anforderungen des Rechtsstaats gewahrt finden, denn die EG integriert sich vor allem über Rechtsetzung und besitzt in dem Luxemburger Gerichtshof eine Instanz, die wirksam über die Einhaltung der rechtlichen Bindungen wacht. Schon an einem Grundrechtskatalog fehlt es jedoch, und der Gerichtshof schließt diese Lücke eher notdürftig, indem er auf ungeschriebene Grundrechte zurückgreift, die er aus den Verfassungen der Mitgliedstaaten schöpft.

Vor allem fehlt es der Gemeinschaft aber an demokratischem Gehalt. Zwar nennt der EG-Vertrag unter den Organen der Gemeinschaft als erstes das Europäische Parlament, das seit 1979 auch von den Bürgern der Mitgliedstaaten unmittelbar gewählt wird. Er spiegelt damit aber eine Bedeutung vor, die dem Parlament in Wahrheit nicht zukommt. Die Entscheidungsbefugnisse sind vielmehr bei den anderen Organen, dem Rat, der Kommission und dem Gerichtshof, konzentriert. Dem Parlament mangelt es dagegen an den Kompetenzen, die im nationalen Rahmen üblich sind und die Gesetzgebung, die Haushaltsfeststellung, die Regierungsbildung und die Regierungskontrolle umfassen. Die demokratische Legitimation wird den Entscheidungen der Europäischen Gemeinschaft immer noch allein durch die nationalen Regierungen vermittelt, und die demokratische Kontrolle erschöpft sich in der Kontrolle der nationalen Parlamente über die Europapolitik ihrer Regierungen. Je weniger im Ministerrat aber Einstimmigkeit verlangt wird und je mehr Entscheidungsbefugnisse auf die Kommission übergehen, desto spürbarer wird auch die demokratische Lücke auf der Europaebene.

Es erscheint deswegen nur konsequent, daß in der Maastricht-Debatte des Bundestages eine Verfassung für Europa gefordert worden ist, die die Prinzipien der nationalen Verfassungen aufnimmt.[5] Die Forderung, so

---

5 So Heidemarie Wieczorek-Zeul in: Das Parlament vom 23. Oktober 1992; vgl. auch Wernhard Möschel, Fünf Optionen für Europa. In: FAZ vom 12. September 1992.

nahe sie liegt, ist freilich leichter erhoben als verwirklicht. Ja, es fragt sich, ob eine Konstitutionalisierung der EG nicht auf unübersteigbare Hürden stößt. Selbst wenn das Europäische Parlament mit den üblichen Kompetenzen nationaler Parlamente ausgestattet würde, dürfte man doch nicht hoffen, damit das europäische Demokratiedefizit gedeckt zu haben. Parlamente sind zwar notwendige, aber keine hinreichenden Voraussetzungen für Demokratie. Demokratie bedeutet zuallererst, daß die Staatsgewalt vom Volk ausgeht und in seinem Auftrag von staatlichen Organen ausgeübt wird, die sich dafür wiederum vor dem Volk zu verantworten haben. Dem Parlament kommt in diesem Zusammenhang eine wichtige Vermittlungsfunktion zu. Der demokratische Gehalt eines politischen Systems hängt aber davon ab, wie zuverlässig es diesen Vermittlungsdienst leistet. Dabei ist das Parlament seinerseits wieder auf die Vermittlungsleistungen anderer, namentlich der Parteien, Verbände, Bürgerinitiativen und Medien, angewiesen. Nur wenn es mit deren Hilfe gelingt, eine europäische Öffentlichkeit herzustellen, wird es auch eine europäische Demokratie geben können.

Um die Herstellung dieser Voraussetzungen ist es indessen schlecht bestellt.[6] Zwar kann man davon ausgehen, daß eine Aufwertung des Europäischen Parlaments vom Beratungs- zum Entscheidungsorgan über kurz oder lang auch eine Europäisierung der Parteien nach sich ziehen würde. Schon jetzt gliedert sich das Straßburger Parlament nicht in nationale, sondern in programmatische Fraktionen. Die Parteien würden folgen, wenn das Parlament Macht gewänne. Dasselbe läßt sich von den Interessenorganisationen annehmen. Man kann freilich ebenso zuverlässig voraussagen, daß

6 Vgl. Rudolf Wildenmann (Hrsg.), Staatswerdung Europas? (Baden-Baden 1991), namentlich den Beitrag von M. Rainer Lepsius.

es sich dabei um eine Europäisierung auf der Ebene der Führungen und Funktionäre, nicht auf der Ebene der Mitglieder handeln würde. Der Abstand zwischen Elite und Basis wüchse vielmehr. Der Grund liegt auf der Hand: Information und Partizipation als Grundvoraussetzungen von Demokratie sind an Sprache gebunden. In der EG werden derzeit neun Sprachen gesprochen. Selbst wenn dabei in den Organen der EG zwei vorherrschen, ist die Mehrzahl der EG-Bürger doch von unmittelbarem Verständnis und unmittelbarer Verständigung ausgeschlossen. Mit einer Europäisierung der Medien ist aus sprachlichen Gründen ebenfalls nicht zu rechnen. Die europäische Öffentlichkeit bleibt national fragmentiert. Ein europäisches Staatsvolk, dem die Hoheitsgewalt der EG zugerechnet werden könnte, ist unter diesen Voraussetzungen noch auf lange Zeit nicht zu erwarten.

Diese Aussichten nötigen zu dem Schluß, daß sich die Errungenschaft des demokratischen Verfassungsstaats vorerst nicht in dem erforderlichen Umfang im europäischen Rahmen verwirklichen läßt. Diese Erkenntnis zieht dem Grad europäischer Integration Grenzen. Die nationalen Verfassungen, die die Ermächtigung zur Integration erteilen, sind der Ort, sie zu definieren. Die Integration muß unbeschadet erweiterter Gemeinschaftskompetenzen, etwa für die Außen- und Verteidigungspolitik, dort haltmachen, wo sich die EG in einen Bundesstaat zu verwandeln beginnt. Staatlichkeit ist weiterhin das Attribut der Mitgliedsländer. Man kann sich nicht damit beruhigen, daß das in den Maastrichter Vertrag aufgenommene Subsidiaritätsprinzip dafür sorgen wird.[7] Mit der Formulierung, daß die Gemeinschaft nur Aufgaben übernehmen soll, die sie besser erledigen kann als die Mitgliedstaaten, läßt

---

7 Vgl. Dieter Grimm, Subsidiarität ist nur ein Wort. In: FAZ vom 17. September 1992.

es viele Deutungen zu und schließt wenige aus. Konkretisierungen sind im Vertrag nicht vorgesehen. Unter den Mitgliedstaaten herrscht nicht einmal Einigkeit darüber, daß es die Befugnisse der EG begrenzen soll. Viele erhoffen sich von ihm im Gegenteil, die Verantwortung für konfliktträchtige Probleme nach Brüssel abschieben zu können. Das verlangt nicht nur ein neuerliches Nachdenken über den Maastrichter Vertrag, sondern auch über den Entwurf eines neuen Art. 23 GG.

4. *Verfassungsentwertung*

Neben der äußeren Schwächung der Verfassung, die von der europäischen Integration ausgeht, muß schließlich noch auf eine innere Schwächung aufmerksam gemacht werden, die in den Verfassungsberatungen bisher keine Beachtung gefunden hat. Sie geht auf säkulare Veränderungen der Staatstätigkeit zurück und droht wesentliche Verfassungsgarantien teilweise leerlaufen zu lassen. Der Verfassungsstaat ist ein verhältnismäßig junges historisches Phänomen. Er entstand, als die bürgerliche Überzeugung sich durchsetzte, daß Wohlstand und Gerechtigkeit am besten durch die Selbststeuerungskräfte des Marktes erreicht würden. Die Aufgabe des Staates reduzierte sich unter diesen Umständen auf eine bloße Garantie der Marktgesetze: freies Spiel der gesellschaftlichen Kräfte. Im Maß, wie sich diese Überzeugung revolutionär oder evolutionär Bahn brach, wurden die verschiedenen gesellschaftlichen Funktionsbereiche von politischer Steuerung abgekoppelt und ihren je eigenen Rationalitätskriterien anheimgegeben. Der Vorgang ist als Trennung von Staat und Gesellschaft bekannt. Der Verfassung fiel in diesem Zusammenhang die Aufgabe zu, die Wohlstand und Gerechtigkeit verbürgende Trennung rechtlich zu befestigen und gleichzeitig die Beziehungen zwischen

Staat und Gesellschaft so zu ordnen, daß der Staat einerseits seine Garantenstellung wirksam erfüllen, andererseits aber nicht zu eigenen Steuerungsambitionen mißbrauchen konnte.

Die erste Aufgabe übernahmen die Grundrechte, die in dem von ihnen umgrenzten Feld der Willensbestimmung des Einzelnen Vorrang vor staatlicher Verhaltenslenkung einräumten und dadurch zugleich den verschiedenen gesellschaftlichen Funktionsbereichen Autonomie verschafften. Die zweite Aufgabe erfüllte der Organisationsteil der Verfassung, der die Staatsgewalt so einrichtete, daß sie den gesellschaftlichen Interessen verpflichtet blieb und ihre Machtmittel möglichst nicht zweckentfremden konnte. Angelpunkt dieser Vorkehrungen war das Gesetz. Im Gesetz legte die Gesellschaft durch gewählte Repräsentanten selber die Grenzen ihrer Freiheit und damit zugleich den Aktionsradius des Staates fest. Für die staatliche Exekutive bildete es sowohl Handlungsermächtigung wie auch Handlungsbegrenzung. Einer unabhängigen Justiz diente es als Maßstab der Kontrolle, ob sich die Exekutive im Einzelfall an ihre Bindungen gehalten hatte oder nicht. Die Gewaltenteilung als wichtigste Mißbrauchssicherung fiel dabei ohne weiteres an. Beschränkt auf diese Eingrenzungs- und Organisationsaufgabe entfaltete die Verfassung ihre spezifische Rationalität und gewann hohe Geltungskraft.

Die Bedingungen, denen die Verfassung ihre Entstehung verdankt, haben sich seither erheblich geändert. Die bürgerliche Erwartung, daß die Gesellschaft aus sich heraus zu Wohlstand und Gerechtigkeit befähigt sei und den Staat nur als Garanten der Rahmenbedingungen benötige, ist nicht eingetroffen. Wohlstand und Gerechtigkeit sind seitdem wieder eine Sache aktiver staatlicher Bewirkung, ohne daß deswegen die Leitidee von Freiheit und Gleichheit preisgegeben wäre. Die Folge war eine schon im 19. Jahrhundert einsetzende und seitdem anhaltende Ausweitung der Staatsaufgaben. Mittlerweile ist dem Staat eine umfassende Verantwortung für Bestand und Entwicklung der Gesellschaft in sozialer, wirtschaftlicher, wissenschaftlichtechnischer und kultureller Hinsicht zugewachsen. Diese Ausweitung kann nicht allein quantitativ verstanden werden. Sie hat auch einen qualitativen Aspekt. Er besteht darin, daß sich der Staat nach und nach aus dem Bezug auf eine vorausgesetzte und als gerecht unterstellte Ordnung gelöst hat, die die öffentliche Gewalt nur zu sichern und im Fall der Störung wiederherzustellen hatte, und statt dessen für die Gestaltung dieser Ordnung und die Sicherung der Zukunft verantwortlich geworden ist.

Für die verfassungsrechtliche Einbindung politischer Herrschaft hat das zwei Konsequenzen. Die erste ergibt sich daraus, daß das Gemeinwohl nicht mehr allein durch Staatsbegrenzung angestrebt werden kann, sondern Staatsaktivierung erfordert. Die Aktivitäten des Wohlfahrtsstaates lassen sich jedoch rechtlich weit weniger einbinden als die Garantenfunktion des Ordnungsstaats. Das schwächt sowohl die Grundrechte als auch das Gesetz. Im Unterschied zur Ordnungswahrung wirkt die Ordnungsgestaltung prospektiv statt retrospektiv, flächendeckend statt punktuell, löst diffuse statt individuelle Betroffenheiten aus und hängt, was ihre Erfüllung angeht, nicht nur von dem Durchsetzungswillen des Staatsapparats, sondern von zahlreichen gesellschaftlichen Ressourcen ab, über die der Staat nicht nach Belieben verfügen kann. Da die Verfassung gleichwohl auch die Erfüllung dieser Aufgaben von gesetzlichen Grundlagen abhängig macht, hat sich hier ein Gesetzestyp ausgebreitet, der gewöhnlich als Finalprogramm bezeichnet wird und sich von dem klassischen Konditionalprogramm dadurch unterscheidet, daß er die staatliche Verwaltung nicht nach Voraussetzungen und Rechtsfolgen abschließend determiniert, sondern ihr lediglich Ziele setzt und Gesichtspunkte nennt, die sie bei der Zielerreichung zu beachten hat. Das weitere ist Sache der staatlichen Verwaltung selbst, die dann freilich keine generell und abstrakt schon vorbestimmte Rechtsfolge im Einzelfall ausspricht, sondern ihre gesetzlich nur schwach bestimmten Entscheidungen originär fällt.

Das zweite Problem ergibt sich aus dem Umstand, daß die Aufgabenausweitung des Staates nicht mit einer entsprechenden Ausweitung seiner Verfügungsbefugnis einhergegangen ist. Zum Teil hat das seinen Grund darin, daß sich die angestrebten Ziele mit imperativen Mitteln nicht erreichen lassen, wie das etwa für Konjunktursteuerung oder Forschungsplanung der Fall ist. Zum Teil liegt es daran, daß die verschiedenen gesellschaftlichen Funktionsbereiche weiterhin aus gutem Grund gegen durchgängige politische Steuerung abgeschirmt sind und grundrechtlich geschützte Autonomie genießen. Aber auch dort, wo imperative Steuerung faktisch möglich und rechtlich zulässig wäre, erzeugt sie oft einen so hohen Konsensbedarf, daß der Staat es vorzieht, auf den Einsatz imperativer Mittel zu verzichten, und statt dessen zu indirekt wirkenden Steuerungsmitteln greift. Im Unterschied zu Befehl und Zwang lassen diese ihrem Adressaten freilich Entscheidungsfreiheit. Der Staat wird dadurch bei der Verfolgung des Gemeinwohls von der Folgebereitschaft partikularer Interessenträger abhängig. Bei hinlänglicher Vetomacht können sie ihre Folgebereitschaft von staatlichen Konzessionen abhängig machen. Der Staat hat auf diese Entwicklung mit der Ausbildung ausgedehnter Verhandlungssysteme zwischen öffentlichen und privaten Akteuren reagiert, aus denen bereits heute ein Großteil staatlicher Entscheidungen hervorgeht.

Beide Entwicklungen lassen die Verfassung nicht unberührt. Wo das Gesetz staatliches Handeln nur noch schwach determiniert, fällt sowohl die demokratische

Legitimation der Verwaltung als auch ihre rechtsstaatliche Bindung und Kontrolle aus. Besondere Verfahrensanforderungen an derartige Entscheidungen haben die Lücke bisher nur unzureichend schließen können. Wo politische Maßnahmen ausgehandelt werden, rücken zum einen Akteure in den staatlichen Entscheidungsprozeß ein, die nicht in den verfassungsrechtlichen Legitimations- und Verantwortungszusammenhang eingebunden sind, zum anderen bringt dieser Prozeß Entscheidungen hervor, die sich jenen verfahrensrechtlichen Sicherungen entziehen, die die Verfassung für kollektiv verbindliche Entscheidungen vorschreibt. Die Schlußfolgerung kann freilich nicht die Einstellung von Staatsaufgaben sein, die sich dem verfassungsrechtlichen Zugriff entziehen. Die Konsequenz wäre nicht allein eine Legitimationseinbuße des Staates, sondern auch eine Verletzung anderer Verfassungsgebote, namentlich des Sozialstaatsprinzips. Es muß vielmehr der Versuch unternommen werden, die verfassungsrechtlichen Anforderungen auf die veränderten Bedingungen einzustellen. Diese Aufgabe ist nicht leicht und auch von der Wissenschaft bislang nicht überzeugend gelöst. Die Verfassungskommission scheint sie aber nicht einmal wahrzunehmen.

III.

Solche Verlustlisten verfassungspolitisch relevanter Themen machen den Zusammenhang zwischen Verfahren und Ergebnis sichtbar. Wo die Verfassungsberatung nicht auf einen politischen Umbruch folgt, sondern den Akteuren der laufenden Tagespolitik überlassen wird, vollzieht sie sich auch nach den Bedingungen der Tagespolitik. Hinzugezogene Experten vermögen daran nichts zu ändern, weil sie weder Themen setzen noch Tagesordnungen bestimmen, sondern im Rahmen vorgegebener Agenden auf Fragen antworten. Die Chance, die von der Wiedervereinigung veranlaßte Verfassungsreform aus dieser Sphäre zu heben, ist verpaßt. Die nächste Frage lautet, ob die Akteure des politischen Tagesgeschäfts auch bei der Verabschiedung der Reformempfehlungen, die sie selber vorlegen, unter sich bleiben sollen. Schon jetzt läßt sich absehen, daß darüber die Grunddifferenz, die die Verfassungsdiskussion seit 1990 durchzieht, abermals aufbrechen wird: Verfassungsrevision als parlamentarisches Routinegeschäft der Parteien oder als Akt, in dem das Volk nach dem säkularen Ereignis der Wiedervereinigung seine revidierte Grundordnung legitimiert.

Für ein Referendum über das revidierte Grundgesetz spricht eine Reihe von Gründen. Die Volksabstimmung ist die gültige Form der Verfassungsgebung. Nur die Sondersituation der deutschen Teilung hat sie 1949 verhindert. Die Schöpfer des Grundgesetzes gingen aber wie selbstverständlich davon aus, daß es mit der Wiedervereinigung auch zu einem Volksentscheid über die gesamtdeutsche Verfassung kommen werde, und haben dies in Art. 146 GG zum Ausdruck gebracht, wenn auch nicht zwingend vorgeschrieben. Die Verheißung sollte nach dem Wegfall des Hindernisses erfüllt werden. Dabei geht es nicht um basisdemokratische Illusionen. Gerade das Grundgesetz hat gezeigt, daß die Legitimation einer Verfassung nicht notwendig von einer Volksabstimmung abhängt. Sie muß von einem immerwährenden Konsens getragen sein, und dafür sind vergangene Volksabstimmungen nur von geringer Überzeugungskraft. Dennoch hat es Sinn, diesen Akt jetzt zu setzen. Wenn sich die Bevölkerung der alten Bundesrepublik das Grundgesetz auch ohne Referendum in einem langen Prozeß der Bewährung zu eigen gemacht hat, so fehlt eine vergleichbare Aneignung doch für die Bevölkerung der früheren DDR. Es wäre angemessen, wenn sie, der die Last der Umstellung vor allem aufgebürdet ist, Gelegenheit erhielte, sich für die Verfassung, unter der sie künftig leben wird, ausdrücklich auszusprechen.

Daß Verfassungen durch Volksentscheide in Kraft gesetzt werden, entspricht freilich nicht nur der Übung seit den Revolutionen des späten 18. Jahrhunderts, sondern hat auch seinen inneren Grund. Dieser ergibt sich aus der Funktion von Verfassungen. Sie bilden die Konsensbasis, auf deren Grundlage eine Gesellschaft sich politisch eint und ihre Meinungs- und Interessengegensätze austrägt. Darin liegt aber eine fundamentale Differenz zwischen der Verfassung und allen anderen Herrschaftsakten. Die Verfassung ist ihnen vorgeordnet. Herrschaftsansprüche und Herrschaftsakte sind nur auf ihrer Grundlage und in ihrem Rahmen legitim. Die Verfassung kann daher nicht das Produkt desselben Prozesses sein, den sie erst begründen und strukturieren soll. Deswegen wird die legitimierende und limitierende Funktion der Verfassung aufs Spiel gesetzt, wenn die Herrschenden die Bedingungen der Herrschaftsausübung selber verändern können. Das Grundgesetz sichert sich dagegen durch die unübersteigbare Änderungsschranke des Art. 79 Abs. 3 und das Erfordernis der qualifizierten Mehrheit. Solange keine Partei über zwei Drittel aller Stimmen in Bundestag und Bundesrat verfügt, müssen Regierungsmehrheit und Opposition daher übereinstimmen, wenn die Verfassung geändert werden soll.

Diese Kautelen mögen für die punktuellen Korrekturen, die eine relativ ausführliche und relativ präzise Verfassung von Zeit zu Zeit nötig macht, ausreichen. Schon jetzt ist aber absehbar, daß die Empfehlungen der Kommission diese Dimension überschreiten. Die Verfassungsreform des Jahres 1993 wird die umfangreichste und einschneidendste in der Geschichte des Grundgesetzes sein und auch die großen Verfassungsänderungen aus Anlaß der Wiederbewaffnung, der

Notstandsgesetzgebung und der Bundesstaats- und Finanzreform in den Schatten stellen. Nicht zuletzt im Blick auf die europäische Einigung geht es um mehr als bloße Veränderungen im System. Die bevorstehende Verfassungsreform kommt einer Veränderung des Systems selber nahe.[8] Änderungen solchen Ausmaßes dürfen sich die politischen Akteure und Mitglieder der staatlichen Organe nicht selber gewähren. Sie müssen vom Volk, dem sie ihren Auftrag verdanken, sanktioniert werden. Ja, es wäre bei dieser Gelegenheit zu überlegen, ob nicht im Interesse der freiheitssichernden Differenz von Verfassung und Amtsausübung, *pouvoir constituant* und *pouvoirs constitués,* künftig alle Verfassungsänderungen einer Volksentscheidung unterworfen werden sollten.

---

8 Vgl. Dietrich Murswiek, Maastricht – nicht ohne Volksentscheid! In: SZ vom 14. Oktober 1992.

5. Als Verfassungssatz untauglich
Moralische Appelle gehören nicht in das Grundgesetz

In das Grundgesetz soll der Satz eingefügt werden: «Jeder ist zu Mitmenschlichkeit und Gemeinsinn aufgerufen.» Am Mittwoch will es der Rechtsausschuß des Bundestages so empfehlen. Noch vor der parlamentarischen Sommerpause sollen Bundestag und Bundesrat die Verfassungsänderung beschließen. Gegen Mitmenschlichkeit und Gemeinsinn läßt sich nichts einwenden. Beide sind Tugenden, und um die Gesellschaft der Bundesrepublik wäre es besser bestellt, wenn diese Tugenden häufiger geübt würden. Wer sich gegen Mitmenschlichkeit und Gemeinsinn ausspricht, tritt für Egoismus und Gleichgültigkeit ein. Die Frage lautet daher nicht, ob es gut und angebracht ist, zu Mitmenschlichkeit und Gemeinsinn aufzurufen. Die Frage kann nur lauten, ob das Grundgesetz der passende Ort für einen solchen Aufruf ist.

Unter Verfassung verstehen wir ja nicht die Summe aller beherzigenswerten Verhaltensweisen, sondern ein Gesetz über die Einrichtung und Ausübung der Staatsgewalt. Gerade darin liegt die große Errungenschaft, die den modernen Verfassungsstaat von vorkonstitutionellen Verhältnissen unterscheidet. Bevor es die Verfassung gab, war zwar der Staat befugt, das Verhalten der Untertanen nach Gutdünken rechtlich zu bestimmen. Er selber unterlag aber keiner rechtlichen Bindung. Vielmehr nahm er für sich die Einsicht in das wahre Beste jedes Einzelnen und der Gesamtheit in Anspruch und konnte sie durchsetzen, ohne dabei auf die Zustimmung der Herrschaftsunterworfenen angewiesen zu sein.

Das Neue der Verfassung liegt demgegenüber darin, daß sie auch die staatliche Herrschaft dem Recht unterwirft. Mittels der Verfassung wird die Staatsgewalt rechtsverbindlich auf bestimmte Prinzipien verpflichtet, in bestimmte Grenzen gewiesen und auf bestimmte Ausübungsformen festgelegt. Diese Verrechtlichung ist zwar keine totale in dem Sinn, daß Politik im Vollzug von Verfassungsnormen aufginge und sich als selbständige Gestaltungsaufgabe erledigte. Wohl aber wird der politischen Gestaltung von der Verfassung ein Rahmen gezogen, und Befolgung können nur noch diejenigen Akte staatlicher Herrschaft beanspruchen, die auf der Grundlage und im Rahmen der Verfassung ergehen.

Diese Rechtsbindung ist auch auf Verwirklichung angelegt. Zu Beginn des Konstitutionalismus waren es zwar nur die Amerikaner, die sogleich die Notwendigkeit erkannten, die Durchsetzbarkeit der Verfassung zu gewährleisten. Sie sahen dafür ein Gericht vor, das im Konfliktfall überprüfen durfte, ob die Staatsgewalt im Einklang mit den verfassungsrechtlichen Anforderungen ausgeübt worden war oder nicht. Mittlerweile gehört eine Verfassungsgerichtsbarkeit, die den Staat in die Grenzen der Verfassung weisen und verfassungswidrige Staatsakte aufheben kann, aber zur Normalausstattung des Verfassungsstaats, und dieser wird ohne eine solche Einrichtung als unvollständig empfunden.

Die Verfassung im modernen Sinn ist also dadurch gekennzeichnet, daß sie Normen enthält, die an die Staatsgewalt adressiert sind und die organisatorischen und inhaltlichen Grundlagen ihrer Einrichtung und Ausübung regeln, und zwar eben dadurch, daß sie mit rechtlicher Verbindlichkeit ausgestattet sind und die juristische Feststellung erlauben, ob die Staatsgewalt rechtmäßig oder rechtswidrig ausgeübt worden ist. Aus der Beschränkung auf diese Eigenschaften bezieht die Verfassung ihre Wirkung.

Der rechtliche Charakter der Verfassung bedeutet, daß in ihr diejenigen Regeln der Ordnung des Zusammenlebens enthalten sind, die an der spezifischen Verbindlichkeit und Durchsetzbarkeit teilhaben, die das Recht vermittelt. Dafür eignet sich nicht jeder Sollenssatz, wie wünschenswert oder bestandswichtig für die Gesellschaft er auch immer sein mag. Gesinnungen, Mentalitäten beispielsweise sind rechtlicher Anordnung und Durchsetzung nicht zugänglich, obwohl der Zusammenhalt der Gesellschaft und das Funktionieren des Rechtssystems zum großen Teil von ihnen und nicht nur vom Einsatz staatlicher Zwangsgewalt abhängen.

Mit Staatsbezogenheit der Verfassung ist gemeint, daß die staatlichen Organe der Adressat der Regelungen sind, nicht die Bürger. Damit ist nicht etwa behauptet, daß eine Rechtsgemeinschaft ohne Pflichten ihrer Glieder existieren könnte. Aber es ist der Staat, der ihnen diese Pflichten im Gesetz auferlegt, soweit ihm die Verfassung das erlaubt, und sie mit seiner Zwangsgewalt durchsetzt. Gerade weil er und niemand sonst über die Zwangsgewalt verfügt, bedarf er jedoch seinerseits einer rechtlichen Bindung, die den vom Staat erlassenen Gesetzen und Hoheitsakten im Rang notwendig vorgeht. Als Kehrseite dieser verfassungsrechtlichen Bindung des Staates bestehen Freiheiten und Rechte für den Bürger. Sie mögen sogar den Zweck der Verfassung bilden, aber gewährleistet werden sie eben durch die rechtliche Bindung des Staates.

Unter Grundsätzlichkeit der Verfassung wird verstanden, daß sie die von allen geteilten Prinzipien und dauerhaften Strukturen bereitstellt, die dem wechselvollen Geschäft der Politik und dem geordneten Austrag der Meinungs- und Interessengegensätze in der Gesellschaft Halt geben. Die Politik wird durch diese Scheidung von Grundsatz und Ausgestaltung, Langfristigkeit und Kurzzeitigkeit von stets neuer Prämissensuche und Prinzipiendiskussion entlastet, und dem Unterlegenen wird es erleichtert, seine Niederlage hinzunehmen und auf die nächste Chance zu warten. Diese Leistung kann die Verfassung aber nur erbringen, wenn sie sich auf die grundsätzlichen Strukturen der Politik beschränkt. Dagegen kann sie nicht die Tagesnotwendigkeiten bestimmen und darf das im demokratischen Staat nicht einmal wollen, weil sonst der durch Wahlen bewirkte Richtungswechsel folgenlos bliebe oder mit jedem Richtungswechsel zugleich die Verfassung geändert werden müßte.

Für diese Bedingungen wirksamer Verfassungen scheint in der gegenwärtigen Verfassungsdiskussion das Unterscheidungsvermögen verlorengegangen zu sein. Der kürzlich in das Grundgesetz eingefügte Art. 16 a, vierzigmal so lang wie sein Vorgänger, ist ein abschreckendes Beispiel dafür, wie der Grundsatzcharakter der Verfassung mißachtet und die Differenz zwischen verfassungsrechtlich garantiertem Prinzip und politischer Ausgestaltung durch Gesetz und Verordnung eingeebnet wird. Der beabsichtigte Zusatz, mit dem zu Mitmenschlichkeit und Gemeinsinn aufgerufen wird, ist ein ebensolches Beispiel dafür, daß der Rechtscharakter der Verfassung und ihr Staatsbezug mißachtet werden.

Dem Aufruf zu Mitmenschlichkeit und Gemeinsinn fehlen alle Eigenschaften eines Verfassungssatzes. Er richtet sich nicht an den Staat. Nicht ihm wird aufgegeben, sie zur Maxime politischer Entscheidung zu machen. Vielmehr wendet er sich an den Einzelnen. Dieser soll mit Hilfe der Verfassung angehalten werden, sich in den genannten Tugenden zu üben. Der Aufruf erhebt dabei aber nicht den Anspruch auf Verbindlichkeit. Die Formulierung läßt keinen Willen zur Rechtsgeltung erkennen. Sie erschöpft sich in einem Appell. Wird er befolgt, ist das erfreulich, wird er mißachtet, ist das bedauerlich. Juristisch bleibt er aber ohne Folgen. Auch ein Verfassungsgericht kann aus ihm keine Konsequenzen ableiten.

Es ist unwahrscheinlich, daß die Mehrzahl der Abgeordneten, die dem Artikel zustimmen wollen, sich darüber täuscht. Vielmehr spricht viel dafür, daß der Artikel gerade wegen seiner rechtlichen Bedeutungslosigkeit breite Zustimmung findet. Er ist ein kostenloses Zugeständnis an östliche Wünsche. Der aufopfernde ostdeutsche Abgeordnete, der für diesen Artikel geworben hat, verbindet damit Erwartungen, die sich nicht erfüllen können, während die übrigen Abgeordneten gerade deswegen die Verfassungsänderung zulassen und sich auf diese Weise darüber beruhigen, daß die Wiedervereinigung, die die Verfassungsrevision ursprünglich ausgelöst hat, in ihren Ergebnissen keinen Niederschlag findet.

Fast alle zustimmenden Abgeordneten werden sich freilich mit dem Gedanken beruhigen, daß die Regelung zwar wirkungslos und deswegen überflüssig sein mag, aber auch nicht schaden könne. Das freilich ist ein Irrtum. Wenn die Verfassung durch die Merkmale der Rechtsgeltung, der Staatsbezogenheit und der Grundsätzlichkeit bestimmt ist, dann kann man ihr nicht ungestraft andere Elemente aufpfropfen. Da sie mit dem Anspruch der Rechtsgeltung und Durchsetzbarkeit auftritt und darin ihren Sinn und ihre Akzeptanz findet, beeinträchtigt jeder Satz, der diesem Anspruch nicht genügt, die Verfassung. Das gilt auch für den neuen Artikel. In die Verfassung eingefügt, partizipiert er an der rechtlichen Autorität des Grundgesetzes und untergräbt sie doch zugleich, weil er sie nicht einzulösen vermag.

Mit Verfassungen hat sich freilich schon immer das Bedürfnis verbunden, auch dem Geist, aus dem sie leben, oder die Erfahrungen, aus denen sie sich nähren, Ausdruck zu geben, oder die Gesinnungen hervorzuheben, auf denen der von ihnen eingerichtete Staat beruht, ohne sie doch selber gewährleisten zu können. Für diese proklamatorischen, aber unjuristischen Bestandteile hat die Verfassung durchaus einen Ort: Es ist die Präambel. Wenn schon Mitmenschlichkeit und Gemeinsinn erwähnt werden sollen, dann dort. Der rechtliche Teil der Verfassung müßte dann freilich erkennen lassen, daß es der Gesellschaft mit diesen Anforderungen auch im übrigen ernst ist.

III.
VERFASSUNGSPROBLEME
DER GEGENWART

6. Grundrechtliche Freiheit 1848 und heute

I. Der Grundrechtselan der Märzrevolution

Die Revolution von 1848 war eine Grundrechtsrevolution. Dieser Schluß drängt sich auf, wenn man die sogenannten Märzforderungen liest, die vor 150 Jahren allenthalben in Deutschland erhoben wurden. Ohne zentral koordiniert worden zu sein, kreisten sie doch durchweg um dieselben Themen: Pressefreiheit, Vereinigungs- und Versammlungsfreiheit, Schutz vor willkürlicher Verhaftung, Aufhebung der Feudallasten, Rechtsgleichheit, allgemeines Wahlrecht. Diese auf persönliche Integrität und politische Partizipation gerichteten Forderungen waren es, die die Revolutionäre, neben dem Verlangen nach nationaler Einheit, verbanden. Dagegen standen die wirtschaftlichen Freiheiten nicht im Vordergrund. Vielmehr ließ sich in den Forderungskatalogen bereits hier und da der Ruf nach gerechtem Ausgleich von Kapital und Arbeit vernehmen.

Mit den Märzforderungen suchte Deutschland an jene Entwicklung Anschluß, die 1789 von Frankreich ausgegangen, diesseits des Rheins aber bald zum Stillstand gekommen war. Etwa die Hälfte der 39 deutschen Staaten, darunter die Großmächte Österreich und Preußen, wartete noch auf eine Verfassung. Doch auch in den Verfassungsstaaten blieben die Grundrechte hinter den Hoffnungen der Bevölkerung zurück. Als freiwillige Gewährungen der Herrscher beanspruchten sie weder vorstaatliche Geltung noch standen sie allen Menschen zu wie die revolutionär erstrittenen Grundrechte Amerikas und Frankreichs. Sie gin-

gen vielmehr vom Staat aus, wurden als Selbstbe-
schränkung seiner Macht verstanden und berechtigten
nur Staatsbürger. Auch inhaltlich konnten sie sich nicht
mit den westlichen Grundrechten messen. Zwar war
die persönliche Freiheit garantiert, die politische aber
nur schwach ausgebildet.

Erst recht hatte die Handhabung der Grundrechte
Enttäuschung hervorgerufen. Meinungs- und Pressefreiheit kam, soweit überhaupt gewährt, nur für kurze
Phasen zur Entfaltung. Seit 1819 war sie von den
Karlsbader Beschlüssen des Deutschen Bundes überla-
gert. Statt Freiheit waltete auf diese Weise Zensur und
Bespitzelung. Doch auch diejenigen Grundrechte, die
von den Karlsbader Beschlüssen unberührt geblieben
waren, verfehlten ihren Zweck. Da ihnen nicht die
Kraft beigelegt worden war, entgegenstehendes Recht
zu beseitigen, trafen sie auf die Gesetzgebung des vorkonstitutionellen Polizeistaates, nach der sich Behörden
und Gerichte weiterhin richteten. Die Versuche der
Volksvertretungen, diese Gesetze unter Berufung auf
die Grundrechte zu ändern, scheiterten stets am Veto
der aus den privilegierten Ständen zusammengesetzten
Ersten Kammern oder der Fürsten.

Polizeistaat und Ständestaat waren daher die Gegner
der Revolution. Auch wenn keineswegs Einigkeit darüber vorausgesetzt werden konnte, ob der revolutionär
geschaffene Staat auf die Souveränität des Volkes oder
das monarchische Prinzip gegründet sein sollte, so war
doch unzweifelhaft, daß er Rechtsstaat zu sein hätte,
und dies hieß 1848 wiederum soviel wie Grundrechte,
die nicht nur auf dem Papier standen, sondern das Verhältnis von Staat und Gesellschaft prägten. Hält man
sich vor Augen, daß jeder sechste Abgeordnete der
Paulskirche aufgrund der Karlsbader Beschlüsse im Ge-
fängnis gesessen, sein Amt verloren oder unter der
Zensur gelitten hatte, versteht man das Gewicht, das
nicht nur auf den Straßen und in den Volksversamm-

lungen, sondern auch im Parlament gerade den Grundrechten beigemessen wurde.

Die Grundrechtsfragen waren freilich nicht so unumstritten, wie man bei Beginn der Beratungen gehofft hatte. Während viele Abgeordnete die Stunde gekommen sahen, in der Deutschland nachholen konnte, was Frankreich 60 Jahre zuvor gelungen war, gab es andere, die die Französische Revolution und die aus ihr hervorgegangene Erklärung der Menschenrechte für ein Unglück hielten, vor dem sie Deutschland bewahren wollten. Die Differenzen traten beim Geltungsgrund der Grundrechte zutage. Die französische Nationalversammlung hatte den Anspruch erhoben, lediglich in Worte zu fassen, was an Rechten in der Natur des Menschen und der menschlichen Gesellschaft angelegt und der Vernunft erkennbar war. Als natürliche Rechte kamen sie allen Menschen zu und gingen folglich auch dem Staat vor, der allein aus dem Schutz und Ausgleich dieser Rechte seine Existenzberechtigung zog.

Zahlreiche Anhänger der naturrechtlichen Theorie fanden sich in der Paulskirche wieder. Schon längst vor Ausbruch der Revolution hatte sich aber eine Gegenströmung formiert, die den naturrechtlichen Ansatz nicht nur für unwissenschaftlich hielt, sondern in ihm auch den Grund für die Exzesse der Französischen Revolution sah. Sie setzte der Vernunft die Geschichte, den universal geltenden naturrechtlichen Prinzipien die jedem Volk eigentümlichen Rechtsüberlieferungen, der Konstruktion des Staates nach rationalen Prinzipien die organische Entwicklung des Gemeinwesens entgegen. Das Verlangen dieser Seite nach Grundrechten war nicht weniger ernsthaft. Aber es sollte nicht in Anlehnung an die französische Rechteerklärung, sondern im Rückgriff auf das germanische Freiheitsverständnis der Vorzeit erfüllt werden.

Im Verfassungsausschuß der Nationalversammlung trafen die beiden Richtungen aufeinander und teilten die Repräsentanten des liberalen Bürgertums in Links und Rechts. Beide hatten zu dem bisherigen Regime in Opposition gestanden und verdankten die Möglichkeit, es nunmehr im freiheitlichen Sinn zu verändern, der Revolution. Doch war ihre Einstellung gegenüber der Revolution sehr unterschiedlich. Während die Linke sich zur Revolution bekannte und mit der Vergangenheit brechen und weitreichende Individualfreiheit mit einer demokratischen Staatsform verbinden wollte, war die Rechte bestrebt, Deutschland vor einer, wie sie es nannte, unkontrollierbaren Fortsetzung der Revolution zu bewahren und auf den Weg der Reform im Verein mit den Monarchen zurückzuführen.

Beim Entwurf des Grundrechtskatalogs behielten die rechten Liberalen die Oberhand, so daß Jakob Grimm am Beginn der Plenardebatte seiner Befriedigung darüber Ausdruck geben konnte, daß in dem Entwurf jede «Nachahmung der französischen Forderungen Freiheit, Gleichheit und Brüderlichkeit» fehle. Der Grundrechtskatalog vermied alle menschenrechtlichen Anklänge. «Dem Deutschen Volk sollen die nachstehenden Grundrechte gewährleistet sein», lautete der Vorspruch, eine Verbindung zu naturrechtlichen Quellen wurde nicht gezogen, und die einzelnen Verbürgungen begannen folgerichtig, aber – gemessen an den Paukenschlägen, die 1776 die Rechteerklärung von Virginia und 1789 die französische Déclaration eingeleitet hatten – unspektakulär mit der Bestimmung, wer Staatsbürger sei.

Den Frankfurter Grundrechten fehlt auf diese Weise das Freiheitspathos, das den amerikanischen und französischen Rechteerklärungen eigen ist. Erfahrungsgesättigt und freigebig an Zahl 60 Rechte gegenüber den 16 Virginias und den 17 Frankreichs –, ist ihnen doch eine gewisse Vorsicht eigen. So einig man sich in der Paulskirche war, daß der Polizeistaat nicht wiederkehren dürfe, so oft wurde auch die Besorgnis laut, daß die Grundrechtsdiskussion zu sehr auf den vergangenen Polizeistaat fixiert sei. Der künftige Rechtsstaat werde keine derartige Freiheitsgefahr bilden. Er müsse im Gegenteil genügend Macht haben, den «zügellosen Freiheitswünschen», wie es in der Debatte hieß, Schranken zu setzen. Über aller Freiheitsliebe dürfe daher nicht der «Staatsbegriff» vergessen und das «Gesamtinteresse für Sicherheit und Ordnung» vernachlässigt werden.

Auf der anderen Seite wurden die Freiheitsrechte in Deutschland zu einer Zeit, als es in Frankreich schon nicht mehr um die Herstellung oder Ausweitung der Freiheit, sondern um ihre soziale Zähmung ging, noch als ausreichendes Heilmittel für die soziale Frage betrachtet. Zwar war im Vormärz nicht nur politische Unterdrückung, sondern auch Massenarmut an der Tagesordnung gewesen, so daß in den Märzforderungen und den Beschlüssen des Vorparlaments bereits der Ruf nach grundrechtlichen Antworten auf die soziale Frage laut geworden war. Doch hielt die Nationalversammlung an der Auffassung fest, daß die Lösung des Problems in der Abschaffung der Standesunterschiede und der mit ihnen verbundenen Berufs-, Erwerbs- und Verkehrshindernisse, nicht in einem Recht auf Arbeit oder ähnlichen sozialen Garantien bestehe.

Erlaubten die Freiheits- und Gleichheitsrechte erst einmal individuelle Selbstbestimmung, das war die vorherrschende Überzeugung, dann lag es nur noch an Talent und Fleiß der Einzelnen, ob sie es zu materiellem Wohlstand brachten. Daß der Freiheitsgebrauch Voraussetzungen hatte, war den Abgeordneten dabei keineswegs unbekannt. Doch wurden die Voraussetzungen in einem noch weitgehend vorindustriell geprägten Optimismus auf eine Grundausstattung mit Bildung reduziert. Da diese im Kinder- und Jugendalter erworben werden mußte, konnte man den Erwerb freilich nicht wie alles übrige der Initiative des Einzelnen überlassen.

Daher wurde der Schulunterricht im Grundrechtskatalog zur Pflicht gemacht, aber auch unentgeltlich zugesagt. Unbemittelte sollten auf allen öffentlichen Lehranstalten freien Unterricht genießen.

Besonders ernst war der Nationalversammlung schließlich nach der vormärzlichen Erfahrung mit Grundrechten, die von der Politik um ihre praktische Bedeutung gebracht worden waren, die Sicherung der grundrechtlichen Freiheit. Nicht nur ließ sie keinen Zweifel daran, daß auch der Gesetzgeber die Grundrechte zu beachten hatte. Vielmehr traf sie zusätzlich Anstalten, diese Bindung zu effektivieren. Als Mittel wählte sie, wie bis dahin nur in den Vereinigten Staaten von Amerika geschehen, ein Reichsgericht, das nicht wie das spätere Gericht dieses Namens die Spitze der Zivil- und Strafgerichtsbarkeit bildete, sondern als Verfassungsgericht ausgestaltet und mit vielfachen Kompetenzen versehen war und von jedem Einzelnen angerufen werden konnte, der sich durch den Staat in seinen Grundrechten verletzt sah.

II. Die Grundrechtsstärkung in der Bundesrepublik

Was die Paulskirchen-Grundrechte bewirkt hätten, wenn sie ins Leben getreten und von dem geplanten Reichsgericht ausgelegt und angewandt worden wären, ist ungewiß. Der wieder erneuerte Bundestag hob sie 1851 auf. Das Reichsgericht kam nicht zustande. So hat vieles von dem, was 1848 in Angriff genommen worden war, erst unter dem Grundgesetz von 1949 seine Verwirklichung gefunden. Die hundert Jahre, die dazwischen liegen, standen nicht im Zeichen der Grundrechte. Obwohl auf dem Papier garantiert und in der Weimarer Reichsverfassung sogar erweitert, blieb ihre praktische Bedeutung gering. Erst aus dem Erlebnis der nationalsozialistischen Herrschaft, die sich aller Grundrechtsbindungen entledigt hatte, erwuchs wieder ein energischer Wille zu den Freiheitsrechten, der im Grundgesetz auf Schritt und Tritt spürbar ist.

Zum ersten Mal in der deutschen Grundrechtsgeschichte begegnet man in der Verfassung auch einem emphatischen, naturrechtlich angehauchten Ton, wenn es im Anschluß an die Garantie der Menschenwürde in Artikel 1 heißt: «Das Deutsche Volk bekennt sich darum zu unverletzlichen und unveräußerlichen Menschenrechten als Grundlage jeder menschlichen Gemeinschaft, des Friedens und der Gerechtigkeit in der Welt». Dann folgen, auf 18 Artikel verteilt, die einzelnen Grundrechte, teils in Formulierungen, die hundert Jahre zuvor in der Paulskirche gefunden worden waren. Überdies griff der Parlamentarische Rat aber auch den Entschluß der Paulskirche auf, die Grundrechte nicht dem Wohlwollen der Regierenden zu überlassen, sondern ihnen eine eigene Institution zuzuordnen, die ihre Beachtung garantieren soll: das Bundesverfassungsgericht.

Im Rückblick auf die nun bald 50jährige Geschichte des Grundgesetzes kann man sagen, daß die Grundrechte unter der Obhut dieses Gerichts eine beispiellose Präsenz und Wirkkraft erlangt haben. Das darf durchaus nicht als selbstverständlich genommen werden, denn in ihrer lapidaren Formulierung lassen die Grundrechte sehr unterschiedlichen Deutungen Raum. Die Rechtswissenschaft des Kaiserreichs hatte diesen Spielraum dazu genutzt, den Grundrechten die Geltung gegenüber dem Gesetzgeber gänzlich abzusprechen und sie gegenüber der Verwaltung auf das Recht, gesetzmäßig behandelt zu werden, reduziert, so daß sie sich am Ende vom Rechtsstaatsprinzip nicht mehr unterschieden und jede eigenständige Bedeutung verloren. Sie könnten auch fehlen, hieß es, ohne daß sich am Rechtsstatus des Einzelnen irgend etwas änderte.

Diesem Umgang mit den Grundrechten hat erst das Grundgesetz ein Ende bereitet. In Reaktion auf die historischen Defizite wurden sie ausdrücklich zu unmittelbar geltendem Recht erklärt, dem sämtliche Staatsgewalten einschließlich des Gesetzgebers unterworfen sind. Diese Geltungskraft ist aber vom Bundesverfassungsgericht nochmals erweitert und vertieft worden. Auch in ihrer Geltung für den Gesetzgeber lassen die Grundrechte ja gesetzliche Beschränkungen zu, damit Freiheitsmißbräuche verhindert und entgegengesetzte Freiheiten ausgeglichen werden können. Den meisten Grundrechten ist deswegen ein Gesetzesvorbehalt beigegeben, der sich nicht selten mit der Formel begnügt: «In diese Rechte darf nur aufgrund eines Gesetzes eingegriffen werden.» Erst am «Wesensgehalt» des Grundrechts endet dann nach dem Wortlaut der Verfassung die Regelungsbefugnis des Gesetzgebers.

Der Verfassungstext hätte unter diesen Umständen so verstanden werden können, daß im Vorfeld des Wesenskerns beliebige Grundrechtsbeschränkungen zulässig sind. Das Bundesverfassungsgericht hat jedoch aus dem Rang der Grundrechte als oberster Grundsätze der gesamten Rechts- und Sozialordnung und aus ihrem Sinn, die Staatsmacht in den Dienst der Persönlichkeitsentfaltung zu stellen, den Schluß gezogen, daß die «Wesensgehaltssperre» lediglich die äußerste Bastion der Unverfügbarkeit sein könne. Grundrechtsbeschränkungen sind vielmehr schon dann unzulässig, wenn sie sich nicht durch einen gewichtigen Gemeinwohlzweck legitimieren oder wenn sie weiterreichen als nötig und angemessen. Dieser Test, den seitdem jedes grundrechtsbeschränkende Gesetz bestehen muß, trägt unter dem Namen «Verhältnismäßigkeitsprinzip» mittlerweile die Hauptlast der Freiheitssicherung.

Ein Bedürfnis nach grundrechtlicher Freiheitssicherung war ursprünglich allerdings nur gegenüber dem

Staat anerkannt, Freiheit folglich mit Abwesenheit staatlichen Zwangs identifiziert worden. Schon im vorigen Jahrhundert hatte sich aber gezeigt, daß Freiheit vom Staat noch nicht gleichbedeutend mit realer Freiheit ist. Nicht weniger als vom Staat kann der Einzelne in seiner Freiheit auch von seinesgleichen oder von gesellschaftlichen Mächten bedroht sein. Erst das Bundesverfassungsgericht zog daraus aber die Konsequenz, daß es den Grundrechten um eine allseitige Freiheitssicherung zu tun ist. Deswegen haben sie heute eine Doppelrolle: Einerseits ziehen sie dem Staat im Freiheitsinteresse Schranken, andererseits halten sie ihn an, die Freiheit vor Beeinträchtigungen durch Dritte zu schützen und real nutzbar zu machen. Am Ende ist dieser Weg erfolgreicher gewesen als der der Weimarer Verfassung mit sozialen Grundrechten.

Diese staatliche «Schutzpflicht» gewinnt vor allem im Verein mit dem dynamischen Verständnis der Grundrechte Bedeutung, das der Verfassungsrechtsprechung zugrunde liegt. Gegen Freiheitsgefahren, die jünger sind als das Grundgesetz wie die Nutzung der Kernenergie, die elektronische Datenverarbeitung, das Internet, die Gentechnik, böten die Grundrechte bei einem statischen Verständnis keinen Schutz. Das Bundesverfassungsgericht entnimmt ihnen jedoch auch insoweit eine Pflicht des Gesetzgebers, geeignete Maßnahmen zur Freiheitssicherung zu ergreifen. Ohne daß aus dem Grundgesetz abzulesen wäre, wie er den Schutz im einzelnen zu bewirken hat, ist es ihm verfassungsrechtlich jedenfalls nicht mehr erlaubt, grundrechtsgefährdenden Entwicklungen tatenlos zuzusehen.

Beide Neuerungen, Verhältnismäßigkeit und Schutzpflicht, sind schließlich nochmals dadurch verstärkt worden, daß das Bundesverfassungsgericht den Grundrechtseinfluß auch auf die Anwendung des Gesetzes erstreckt hat. Bis dahin war lediglich klar gewesen, daß die Gerichte nur verfassungsmäßige Gesetze anwenden durften. Bei der Anwendung selber spielten die Grundrechte aber keine Rolle mehr. Erst auf der Anwendungsebene fällt freilich die Entscheidung über den konkreten Freiheitsraum des Einzelnen. Das Gericht hat daher aus der wertsetzenden Bedeutung der Grundrechte abgeleitet, daß diese auch bei der Anwendung grundrechtsbeschränkender Gesetze nochmals Beachtung verlangen. Verkennen die Gerichte die «Ausstrahlung» der Grundrechte, dann haben ihre Urteile keinen Bestand, sondern müssen korrigiert werden.

Die grundrechtliche Freiheitssicherung hat durch diese Rechtsprechung einen Grad an Relevanz und Breitenwirkung erlangt, der den Paulskirchen-Abgeordneten, ja vielleicht sogar den Abgeordneten des Parlamentarischen Rats noch unvorstellbar gewesen wäre. Es ist aber auch diese Rechtsprechung, die dazu geführt hat, daß sich der Blick heute auf Deutschland richtet, wenn die Frage der Effektivierung grundrechtlicher Freiheiten ansteht. So wie das Bundesverfassungsgericht zum institutionellen Vorbild für zahlreiche jüngere Verfassungen, insbesondere solche, die den Bruch mit Diktaturen markieren, geworden ist, dient seine Grundrechtsjudikatur als Leitbild für viele Verfassungsgerichte in allen Teilen der Welt, die zuerst hier eine Antwort suchen, wenn sie vor neuen Lösungsproblemen stehen.

III. Die Grundrechtsmüdigkeit der Gegenwart

Dieser außerordentlich hoch entwickelten und von vielen Ländern als beispielhaft empfundenen Grundrechtskultur scheint aber eine wachsende Grundrechtsunlust in Deutschland gegenüberzustehen. Übersteigerter Individualismus, verfallender Gemeinsinn bewegen die Öffentlichkeit stärker als der Grad an Offenheit der Gesellschaft und Freiheitlichkeit ihrer Subsysteme. Die Frage, was die Gesellschaft eigentlich zusammenhält, ist zum bevorzugten Thema von Akademien und Symposien geworden. Doch selten nur werden die in den Grundrechten gebündelten Wertvorstellungen, die 1948/49 zum unbezweifelten Konsens aller politischen und weltanschaulichen Strömungen zählten, dabei erwähnt. Statt dessen geraten die Grundrechte in den Verdacht, an der Entwicklung schuld zu sein, und sollen durch Grundpflichten, deren Fehlen beklagt wird, wieder aufs rechte Maß zurückgeführt werden.

Eine gewisse Grundrechtsmüdigkeit war auch der Grundrechtsbegeisterung des Jahres 1848 gefolgt. Sie fand ihre Ursache einerseits in dem auf die private und ökonomische Sphäre zurückgenommenen postrevolutionären Freiheitsverlangen, andererseits in der allmählich wachsenden Bereitschaft des Staates, diesem Verlangen durch eine liberale Gesetzgebung nachzukommen. Beide Tendenzen trafen sich nach der Reichsgründung in einer Freiheitssaturiertheit des Bürgertums, die von der Furcht beflügelt wurde, daß unter Berufung auf die Grundrechte nunmehr der Vierte Stand seine Freiheit einfordern könnte. Heute scheinen die Ursachen dagegen eher in dem verbreiteten Gefühl der Unsicherheit zu liegen, das aus dem Zusammentreffen der Desintegration vieler traditioneller sozialer Bindungen mit den Auswirkungen der Globalisierung und der Auflösung des stabilisierenden Ost-West-Gegensatzes erwächst.

Wenn in solchen Umbruchsituationen weniger Chancen als Bedrohungen gesehen werden, wächst auch die Bereitschaft, Freiheit gegen Sicherheit einzutauschen. Der Staat hat bereits vor längerer Zeit begonnen, sich auf den Bewußtseinswandel einzustellen, und zwar durch eine Hinwendung zu präventivem Handeln, ohne daß diese Wende der Staatstätigkeit in ihrer Bedeutung für die grundrechtliche Freiheit schon durchweg ins Bewußtsein getreten wäre. Prävention ist der Versuch, nicht erst gegensteuernd oder korrigierend einzugreifen, wenn eine bestimmte Gefahr aufgetreten ist oder sich realisiert hat, sondern schon bei den Gefahrenherden anzusetzen und diese nach Möglichkeit im Keim zu ersticken, so daß sie sich gar nicht erst zu konkreten Gefahren oder gar Schäden auswachsen können.

Das Präventionskonzept besitzt deswegen soviel Überzeugungskraft, weil sein Nutzen evident ist. Vorbeugung erscheint nicht nur effektiver, sondern oft auch billiger als die Abwehr manifester Gefahren oder die Wiedergutmachung eingetretener Schäden. Jeder aufgedeckte Verbrechensplan ist einem nachträglichen Fahndungserfolg vorzuziehen, so wie jede vermiedene Krankheit oder Sucht besser als eine später kurierte, jedes ausgeschaltete Sabotagerisiko besser als noch so hohe Schadenersatzleistungen, jeder absorbierte Protest besser als ein gewaltsam entladener ist. Insofern kann sich der Präventionsstaat sogar auf grundrechtliche Schutzpflichten berufen, weil es häufig gerade grundrechtliche Schutzgüter wie Leben und Gesundheit sind, in deren Interesse er präventiv tätig wird.

Dennoch wäre es ein Irrtum anzunehmen, daß man die Vorteile der Prävention kostenlos haben könnte. Der Preis fällt gerade bei der grundrechtlichen Freiheit an. Da die Zahl der Gefahrenquellen unendlich viel größer ist als die Zahl der manifesten Gefahren, führt Prävention zwangsläufig zu einer räumlichen Ausweitung und einer zeitlichen Vorverlagerung der Staatstätigkeit. Damit wird sie aber zugleich entgrenzt. Feste gesetzliche Vorgaben, wie sie bisher die konkrete Gefahr für den Zugriff der Polizei und der konkrete Tatverdacht für den der Strafverfolgungsbehörden enthielten, entfallen, wenn Gefahren schon im Entstehen erstickt und Verdachtsmomente erst begründet werden sollen. Der präventive Staat muß ohne Rücksicht auf

Privatsphären tendenziell alles und jeden beobachten. Der Einzelne kann ihn durch legales Betragen nicht mehr auf Distanz halten.

Vor dieser Logik der Prävention versagt auch das inzwischen wichtigste Instrument der Freiheitssicherung: das Prinzip der Verhältnismäßigkeit. Dieses bietet ja, wie sein Name schon andeutet, keinen absoluten Schutz vor Freiheitsbeeinträchtigungen, sondern nur einen relativen. Grundrechtsbeschränkungen sollen in einem angemessenen Verhältnis zum Sicherungszweck stehen. Je größer daher eine Gefahr ist oder gemacht wird, desto berechtigter erscheinen selbst empfindliche Freiheitseingriffe. Jede einzelne Beschränkung mag dann als angemessen zur Sicherung eines hochwertigen Rechtsguts erscheinen und kann in der Summe die Freiheit doch unter der Sicherheit verkümmern lassen. Die Grenze ist schwer zu erkennen. Wird sie überschritten, findet sich die freiheitliche Verfassung aber ohne Änderung ihres Textes an der Peripherie des Soziallebens wieder.

Die abnehmende Wertschätzung grundrechtlicher Freiheit erfaßt allerdings nicht alle Grundrechte gleichermaßen. Während die Bereitschaft zu weitergehender Beschränkung sich vorwiegend auf die Privat- und die Kommunikationssphäre bezieht, wird das Heilmittel gegen Beschäftigungskrise, Globalisierungseffekte, Standortnachteile in einer Ausweitung der wirtschaftlichen Freiheiten gesucht. Hier sollen die Begrenzungen, die im Interesse von sozialem Ausgleichs und gleicher Freiheit in der Vergangenheit vorgenommen wurden, eher gelockert werden. Gleichzeitig wird der Bereich, in dem die wirtschaftlichen Grundrechte maßgeblich sind, erweitert, weil im Zuge der Verschlankung des Staates, der Entlastung der öffentlichen Kassen und der Effizienzsteigerung durch Wettbewerb die Privatisierung öffentlicher Dienstleistungen voranschreitet.

Auf die übrigen Freiheiten kann das nicht ohne Rückwirkung bleiben. Die Grundrechte erschöpfen sich nach modernem Verständnis nicht in der Sicherung einer individuellen Freiheitssphäre gegenüber staatlichen Zugriffen. Es geht ihnen überdies um die freiheitliche Ausgestaltung der von ihrem Schutz erfaßten Sozialbereiche. Dazu gehört selbstverständlich die Wirtschaft, aber ebenso die Wissenschaft, die Kunst, die Presse, der Rundfunk usw. Freiheit bedeutet hier vornehmlich, daß sich jeder dieser Bereiche nach den gerade ihm eigenen Maßstäben entfalten kann und nicht für fremde Zwecke in Dienst genommen wird. Der Grundrechtsschutz bezweckt folglich die Aufrechterhaltung der Differenz zwischen den verschiedenen Bereichen und die Absicherung bereichsspezifischer Autonomie, die ihrerseits wieder Voraussetzung für eine hohe Leistungsfähigkeit der verschiedenen Funktionsbereiche ist.

Die Grundrechte sind ursprünglich erfunden worden, damit diese Autonomie gegen die allgegenwärtige Neigung politischer Instrumentalisierung verteidigt werden konnte. Mittlerweile ist dieser Gefahr aber eine ebenso große in Gestalt der Kommerzialisierung zur Seite getreten. Sie trägt den ökonomischen Nutzen als Leitprinzip auch in solche Bereiche, die aufgrund anderer Rationalitätskriterien operieren und gerade dadurch ihren Beitrag zur Aufrechterhaltung und Fortentwicklung des gesellschaftlichen Ganzen leisten. Zwar besitzt die Wirtschaft nicht jene Machtmittel, die der Politik zu Gebote stehen. Sie hat aber die Verfügungsbefugnis, die das Privateigentum vermittelt. Sind andere Funktionsbereiche darauf angewiesen, wie etwa das Fernsehen auf die jüngst privatisierten Übertragungsnetze, dann kann der Netzeigentümer über Programme entscheiden. Die damit verbundene Gefahr für eine freie Kommunikation läßt sich nur bekämpfen, wenn die eine Freiheit im Interesse der anderen reguliert wird.

Wo die mit dem Eigentum verbundene Verfügungsbefugnis nicht hinreicht, besitzt die Wirtschaft im Geld ein Medium, das subtiler wirkt als der staatliche Zwang, weil es von den Betroffenen meist nicht als Beeinträchtigung, sondern als Wohltat empfunden wird. Im Glauben, der eigenen Sache einen Dienst zu erweisen, tragen sie auf diese Weise dazu bei, daß die Autonomie preisgegeben wird und statt dessen ökonomische Maßstäbe herrschen. Es kommt dann schnell dazu, daß Fernsehprogramme nicht mehr am Interesse des Publikums, sondern der Werbekunden ausgerichtet werden, Zeitungen nicht mehr veröffentlichen, was Inserenten verstimmen könnte, kulturelle Ereignisse oder wissenschaftliche Forschung nur noch dort stattfinden, wo sich ein Sponsor findet.

Der Sponsor unterscheidet sich vom Mäzen freilich dadurch, daß es ihm nicht um die Förderung der fremden, sondern der eigenen Leistung geht. Er wählt daher seine Förderungsgegenstände nicht allein nach kommerziellen Motiven aus, sondern sucht auch Einfluß auf die Abläufe zu gewinnen. Am Sport, der sich den ökonomischen Imperativen am weitesten unterworfen und damit viele Probleme, über die er sich beklagt, selbst eingekauft hat, kann man ablesen, was Kultur, Wissenschaft und Publizistik droht, wenn sich diese Tendenz ungebremst fortsetzt. Da das Geld schnell nützt und der Schaden nur langsam eintritt, wird man auf Einsicht wenig hoffen dürfen. Es sind vielmehr nur die Grundrechte, die in ihrer Eigenschaft als Schutzpflichten die Autonomie der verschiedenen gesellschaftlichen Funktionsbereiche zugleich verteidigen und kompatibel halten können.

Die Schuld an der beunruhigenden Desintegration der Gesellschaft wird deswegen an der falschen Stelle gesucht, wenn man sie den Grundrechten anlastet. Vielmehr sind es die Grundrechte, die mit ihrer Orientierung an personalen Bedürfnissen und dem Eigenwert ihrer verschiedenen Ausdrucksformen noch einen außerhalb der technischen Rationalität gelegenen Bezugspunkt bilden, von dem aus die Verhältnisse der Kritik unterzogen und die Entwicklung in gemeinverträgliche Grenzen gewiesen werden können. Daher gehören sie nicht in die historische Vorratskammer, die man an Gedenktagen wie den jetzigen aufschließt. Die Erwartungen, die 1848 mit ihnen verbunden waren, sind heute erfüllt, freilich nur weil und folglich auch nur solange Grundrechte ihre Wirkung entfalten. Die Leistung, die sie angesichts neuer Probleme zu erbringen haben, macht sie aber womöglich noch unverzichtbarer als vor 150 Jahren.

7. Verfassungspatriotismus nach der Wiedervereinigung

I. Erfolgsbedingungen des Verfassungsstaats

Verfassung und Verfassungsgerichtsbarkeit sind nicht in Deutschland erfunden worden. Doch als nach dem Epochenjahr 1989 zahlreiche europäische und außereuropäische Staaten an die Ausarbeitung neuer Verfassungen und den Aufbau von Verfassungsgerichten gingen, richteten sich ihre Blicke weniger auf die Ursprungsländer der Verfassung als auf Deutschland. Verfassungspolitiker und Verfassungsrechtler, die die Verfassungen entwerfen sollten, und Juristen, die in die Verfassungsgerichte berufen worden waren, hatten das Gefühl, gerade hier etwas über die Erfolgsbedingungen des Verfassungsstaats zu erfahren, den sie nun auch in ihren Ländern verwirklichen wollten. Beim Bundesverfassungsgericht reihte sich Delegation an Delegation, und es gibt Verfassungsgerichte, die den Entwurf ihres Verfassungsgerichtsgesetzes in Karlsruhe berieten wie das russische, oder hier sogar erstmals zusammentraten wie das südafrikanische.

Daß Karlsruhe und nicht Washington, Paris oder London zum begehrtesten Reiseziel in Sachen Verfassung und Verfassungsgerichtsbarkeit wurde, hängt – wie man immer wieder hören konnte – damit zusammen, daß die Bundesrepublik als Musterbeispiel für den Übergang von einer gescheiterten Diktatur in eine stabile und prosperierende Demokratie galt, in der die Verfassung und vor allem die Menschenrechte nicht nur eine schöne Verheißung bilden, sondern die politische und soziale Wirklichkeit prägen. Dies wurde wiederum dem Umstand zugeschrieben, daß man hier nach dem Krieg eine Durchsetzungsinstanz in Gestalt des Bundesverfassungsgerichts geschaffen hatte, die es verstand, den Anforderungen der Verfassung gegenüber der Politik Geltung zu verschaffen und die gesellschaftlichen Verhältnisse an den Vorgaben der Grundrechte auszurichten.

Unter den Fragen, die den ausländischen Besuchern am Herzen lagen, kehrte daher auch eine immer wieder: Wie fängt man es an, daß die Vorschriften der Verfassung und die Urteile des Verfassungsgerichts, die feststellen, was die abstrakten Regeln im konkreten Fall verlangen, von den Machthabern auch dann befolgt werden, wenn sie ihre Absichten durchkreuzen oder ihre Machtposition schmälern? Die Frage lag nahe, denn die Vergangenheit hatte gezeigt, daß die Existenz einer Verfassung noch nicht ihre Einhaltung garantiert. Aber auch die Schaffung eines Verfassungsgerichts ist – wie den meisten bewußt war – für sich allein noch nicht die Lösung des Problems, weil Verfassungsgerichten, selbst wenn sie frei von politischem Druck entscheiden können, die Machtmittel fehlen, ihre Entscheidungen gegen widerstrebende Staatsorgane durchzusetzen.

Die Frage ist freilich leichter gestellt als beantwortet. Über die Erfolgsbedingungen von Verfassungen und Verfassungsgerichten herrscht weitgehend Unklarheit. So viel steht allerdings fest: Das Gelingen des Verfassungsstaats hängt nicht allein oder auch nur in erster Linie von der juristischen Qualität der Normen und Urteile ab. Wichtiger ist, daß die Bevölkerung sich mit der Verfassung identifiziert und Verfassungsverstöße politischer Instanzen nicht honoriert. Für Politiker, die immer wieder in Situationen geraten werden, in denen die verfassungsrechtlichen Bindungen ihre politischen Pläne stören, darf es sich nicht rentieren, die Verfassung und das zu ihrer Durchsetzung berufene Gericht zu mißachten. Das setzt eine Verwurzelung der Verfassung in der Gesellschaft einschließlich der politischen Eliten voraus, die selber nicht rechtlich garantiert, sondern nur kulturell erzeugt und bewahrt werden kann.

Es war schön, daß sich von der Bundesrepublik berichten ließ, ihr sei dies weithin gelungen. Das Grundgesetz wurde von Jubiläum zu Jubiläum lauter gepriesen. Zum 40. Jahrestag im Mai 1989 stand es auf dem Höhepunkt seines Ansehens. Das Verfassungsgericht war eine verehrte Institution, deren Entscheidungen zwar keineswegs von Kritik verschont blieben, als maßgeblich aber nie in Frage gestellt wurden. Viele der ausländischen Besucher, die sich die Lösung von einer juristischen Formel erhofft hatten, stimmte diese Auskunft freilich nicht zuversichtlich. Sie ahnten, wie schlecht es bei ihnen gerade um die außerjuristischen Voraussetzungen des Verfassungsstaats bestellt war und wie lange ihr Aufbau dauern würde. Mittlerweile ist aber nicht mehr sicher, ob Deutschland heute noch denselben Ruhm verdient wie damals. Denn die neue Bundesrepublik droht etwas zu verspielen, das die alte ausgezeichnet und ihren Erfolg mitbegründet hat: die Hochschätzung der Verfassung.

II. Das günstige Verfassungsklima der Nachkriegszeit

Daß der Verfassungsstaat im Nachkriegs-Deutschland eine Erfolgsgeschichte wurde, verstand sich keineswegs von selbst. Mit seinen früheren Verfassungen hatte das Land wenig Glück gehabt. Auch das Grundgesetz war 1948/49 keine Herzensangelegenheit der Deutschen. Seine Ausarbeitung ging auf alliierten Druck zurück, dem sie sich aus Sorge um die Wiedervereinigung lieber entzogen hätten. Die Beratungen fanden abseits des öffentlichen Interesses statt. Nach der Verabschiedung überwog in der Fachwelt die Kritik. Die Bundesrepublik hat es sich aber in einer Phase wachsenden Wohlstands, begrenzter außen- und vor allem militärpolitischer Geltung bei fester Einbindung in die westliche Allianz und zunehmender Modernisierung und Weltläufigkeit zu eigen gemacht und ihm schließlich eine hohe Achtung entgegengebracht, die in dem rechts wie links gebrauchten Wort vom «Verfassungspatriotismus» Ausdruck fand.

Dazu hat gerade die Teilung beigetragen. Als deutscher Teilstaat konnte die Bundesrepublik ihre Identität nicht aus dem Nationalen schöpfen. Auch das kulturelle Erbe war dafür ungeeignet, weil es nach dem Verlust der politischen Einheit als Klammer um die geteilte Nation benötigt wurde und keine spezifisch bundesrepublikanische Identität begründen konnte. Außenpolitisches Auftrumpfen kam nach der Katastrophe von 1945 nicht in Betracht. Der wirtschaftliche Erfolg verlieh zwar Selbstbewußtsein, erlaubte aber nicht jene ideelle Überhöhung, aus der kollektive Identitäten wachsen. In die Lücke sprang das Grundgesetz. Über die Partei- und Weltanschauungsgrenzen hinweg symbolisierte es die Abkehr von der nationalsozialistischen Vergangenheit, den Eintritt in den Kreis der zivilisierten westlichen Demokratien und den sozialen Frieden. Zugleich erhob es die Bundesrepublik über den anderen deutschen Teilstaat, dessen wohlklingende Verfassung stets ein leeres Wort geblieben war.

Das Bundesverfassungsgericht wurde von dieser Haltung ebensowohl getragen, wie es sie durch seine Tätigkeit weiter befestigte. Es war seine Rechtsprechung, die die Verfassung erstmals in Deutschland als maßgeblich erlebbar machte. Das gilt besonders für die Grundrechte. Die Bestimmung, daß alle Staatsgewalt, auch die gesetzgebende, an sie gebunden sei, wurde dank dem Verfassungsgericht Wirklichkeit. Es sorgte aber zusätzlich dafür, daß die Grundrechte auch bei der alltäglichen Gesetzesanwendung durch Behörden und Gerichte Beachtung fanden, nicht nur vor staatlichen, sondern auch vor gesellschaftlichen Freiheitsbedrohungen schützten und neuartige Freiheitsgefahren, wie sie besonders vom wissenschaftlich-technischen Fortschritt ausgingen, zügelten. Die Politik konnte ihre Absichten nicht mehr ohne Rücksicht auf das Grundgesetz durchsetzen, und ein von ihm geforderter Wandel mußte auch dann eintreten, wenn sie den Auftrag – wie etwa bei der Gleichberechtigung von Mann und Frau – lieber vergessen hätte.

Wird mit der Verfassung derart ernst gemacht, kann das Verhältnis von Politik und Verfassungsgericht nicht immer harmonisch sein. In der Tat hat es keine Phase aktiver politischer Gestaltung gegeben, in der die großen weichenstellenden Entscheidungen nicht vom politischen Gegner oder den betroffenen Bürgern vor das Bundesverfassungsgericht getragen wurden und dort nicht immer ungeschoren blieben. Für die jeweilige politische Mehrheit war das kein Grund zur Freude. Wie groß die Enttäuschung oder Entrüstung aber auch gewesen sein mag – die Alternative, den Spruch des Bundesverfassungsgerichts zu übergehen oder seine Kompetenzen zu beschneiden, stand nie zur Debatte. Mochte Adenauer nach dem ersten Fernsehurteil, das ihm die Gründung eines privatrechtlich organisierten, in Wahrheit aber staatlich betriebenen Fernsehens untersagte, im Bundestag auch verkünden: «Das Urteil ist falsch», so war das Projekt damit doch endgültig begraben.

Neuerdings mehren sich aber die Anzeichen, daß die Bedeutung, die der Verfassung in der alten Bundesrepublik zukam und die dem deutschen Verfassungsstaat das große ausländische Interesse sicherte, schwindet: Eine der angesehensten Tageszeitungen des Landes macht sich für die Abschaffung der Verfassungsbeschwerde stark, also desjenigen Rechtsbehelfs, der den Grundrechten erst ihre Breitenwirkung verliehen hat und ohne den einige der wichtigsten Entscheidungen des Verfassungsgerichts nicht ergangen wären. Die epochale Entscheidung zur umfassenden Wirksamkeit der Grundrechte, die fast 40 Jahre lang als Großtat des Bundesverfassungsgerichts gerühmt wurde: das Lüth-Urteil von 1958, gilt vielen neuerdings als Fehlurteil. Die «Konstitutionalisierung der Tagespolitik» wird beklagt. Ein Parteitag beschließt, das Bundesverfassungsgericht müsse sich stärker nach der Mehrheit richten. Es ist sogar möglich geworden, daß Politiker zum Widerstand gegen Urteile aufrufen, ohne damit einen Entrüstungssturm zu provozieren.

III. Bedingungswandel seit 1990

Nun liegt es natürlich nahe, das Bundesverfassungsgericht selbst für diese Entwicklung verantwortlich zu machen, weil seine Rechtsprechung mit Entscheidungen wie denen zum Schulkreuz oder zum Tucholsky-Zitat jüngst eine unheilvolle Wende genommen habe. Dieser Schluß wäre aber voreilig. Entscheidungen, die nicht den Beifall der Mehrheit fanden oder gar auf Unverständnis stießen, hat es öfter gegeben, ohne daß sie Reaktionen dieser Art ausgelöst hätten. Noch beweiskräftiger ist der Umstand, daß die genannten Entscheidungen in einer langen Tradition stehen. Zwar war die Judikatur nicht überall frei von Schwankungen, wie etwa die Urteile zur Parteienfinanzierung zeigen. Es gibt aber kaum eine Rechtsprechungslinie, die so bruchlos verläuft wie die zur Meinungsfreiheit. Wenn sie jetzt Gegenstand heftiger Kritik ist, dann kann das nicht auf Veränderungen in der Rechtsprechung zurückgehen, sondern deutet auf Veränderungen in der Gesellschaft hin.

Die Ursachen müssen also tiefer liegen und dort gesucht werden, wo früher die Hochschätzung der Verfassung wurzelte. Als Kristallisationskern für kollektive Identität wird sie nach der Wiedervereinigung weniger benötigt als früher. Der Patriotismus ist nicht mehr auf das Grundgesetz angewiesen. Die Verfassung auch zu einer Sache der ostdeutschen Bevölkerung zu machen, hat man in der Vereinigungsphase ohnehin versäumt. Eine sie einbeziehende Verfassungsdebatte wurde mit dem Argument erstickt, daß das Grundgesetz die beste aller deutschen Verfassungen sei und nicht der Änderungsgefahr ausgesetzt werden dürfe. Tatsächlich ist es dann achtmal geändert worden, und davon waren 52 seiner rund 150 Artikel betroffen. Es ging also nicht um die Verhinderung von Änderungen, sondern darum, daß die Politik, und zwar die der alten Bundesrepublik, die Änderung selbst in der Hand behielt. Die ostdeutsche Bevölkerung ist infolgedessen weithin verfassungsindifferent geblieben.

Diese Ursache trifft mit den Desintegrationstendenzen und Orientierungsschwierigkeiten zusammen, die Ost und West, wenngleich in unterschiedlicher Weise und Intensität, nach 1989 erfaßt haben. Während sich für die ostdeutsche Bevölkerung die gesamte Lebenswelt verändert hat, Wertskalen umgekehrt, eingeübte Lebenstechniken und Kommunikationsformen nutzlos geworden sind und die Freiheitserfahrung ambivalent erscheint, schreitet in Westdeutschland der Verfall integrativer Institutionen wie der Familie, der Schule, der Kirchen und die Auflösung orientierungsvermittelnder sozialer Milieus voran. Hinzu tritt die Auflösung des Ost-West-Gegensatzes, von dem wegen der militärischen Bedrohung einerseits, der Beschränkung von Migration und Wettbewerb andererseits eine erhebliche Binnenstabilisierung ausging. In Deutschland, wo die Grenze verlief, wurden die Folgen besonders fühlbar. Nicht nur die Kriminalitäts-, sondern auch die Standortdiskussion nährt sich zu einem erheblichen Teil daraus.

Die Entwicklung im Mediensektor trägt das ihre bei. Dem öffentlich-rechtlichen Rundfunkmonopol ist nicht nachzutrauern. Man muß aber erkennen, daß es mit seiner Fähigkeit, allen ungeachtet ihrer Herkunft, Bildung, Berufstätigkeit, Gruppenzugehörigkeit gemeinsame Informationen, Erlebnisse und Gesprächsthemen zu vermitteln, in der neuen Pluralität der elektronischen Medien keinen Ersatz gefunden hat. Durch die kommerziell beflügelte Wendung zur Unterhaltung wird die Gesellschaft zudem in ihrem Leitmedium heute weniger oder weniger differenziert über ihre Lage ins Bild gesetzt und auf die Zukunft vorbereitet. Wo gesellschaftliche Themen Platz finden, tritt durch den verschärften Wettbewerb das Konflikthafte, Abnormale, Entzweiende stärker in den Vordergrund, als es der gesellschaftlichen Wirklichkeit entspricht, wird aber von vielen gleichwohl für die Wirklichkeit genommen und verändert seinerseits wieder Einstellungen und Verhaltensweisen.

Das wirkt sich vor allem auf die Rahmenbedingungen für Grundrechte aus. Phasen der Orientierungsschwierigkeiten schaffen fast immer ein erhöhtes Bedürfnis nach Sicherheit. Manche Freiheiten, insbesondere die kommunikativen, werden unter diesen Umständen nicht mehr so sehr als Chance, sondern stärker als Risiko empfunden. Wer es versteht, die wirklichen oder vermeintlichen Gefahren nur bedrohlich genug erscheinen zu lassen, schafft damit Bereitwilligkeit zum Tausch von Freiheit gegen Sicherheit. Konsensverluste, Wertzweifel sollen durch Begrenzung des Artikulationsrahmens kompensiert werden, während umgekehrt die sozialen Bindungen ökonomischer Freiheit im globalen Wettbewerb als störend empfunden werden. Die Kritik am Bundesverfassungsgericht dürfte hier ihren tieferen Grund haben. Weder seine Urteile noch seine Richter sind schlechter als früher. Vielmehr hält es an einer Grundrechtskultur und einem Grundrechtsstandard fest, die Teilen der Gesellschaft inzwischen weniger wert sind.

IV. Die gefährdete Errungenschaft

In solchen Situationen besteht die Gefahr, daß die Ursachen der Desintegration an der falschen Stelle gesucht werden. So scheint es im Augenblick der Verfassung und den zu ihrer Durchsetzung berufenen Organen zu gehen. Besonders bekommen dies die Grundrechte zu spüren, die bei manchen in den Verdacht geraten sind, durch überzogenen Individualismus der Desintegration Vorschub zu leisten. Es bietet sich dann an, individuelle Entfaltungsräume zu verengen und eine Senkung des Grundrechtsstandards zu verlangen, um der Gesellschaft wieder etwas von der verlorengegangenen Homogenität zurückzugeben. Indessen stehen hinter der Desintegration Kräfte, die anderen Antrieben gehorchen als den Grundrechten. Allen voran ist die unvermindert voranschreitende Differenzierung der Gesellschaft zu nennen, die traditionelle soziale Zusammenhänge auflöst, den Einzelnen immer stärker auf sich stellt und durch die Fortschritte der Telekommunikation gerade zum nächsten Sprung ansetzt.

Die Grundrechte haben damit nur insofern zu tun, als sie die verschiedenen gesellschaftlichen Funktionsbereiche: die Wirtschaft, die Wissenschaft, die Medien, die Kunst, den Sport usw., vor einer durchgängigen Politisierung bewahren, die sie an der Entfaltung ihrer je eigenen Entwicklungslogik hindert. Indem die Grundrechte dem Staat Garantenpflichten für die Freiheit auferlegen, bewahren sie diese aber auch vor durchgängiger Indienstnahme für andere Zwecke, vor allem der Kommerzialisierung, die ihre Autonomie nicht weniger bedroht als die Ausrichtung an politischen Zielen. Zu allererst verteidigen sie aber das Individuum und seine freiwilligen Zusammenschlüsse gegen staatliche und gesellschaftliche Vereinnahmung. In dieser Funktion sind sie heute nicht weniger wichtig als früher. Sie sorgen vielmehr dafür, daß es in der auseinanderstrebenden Gesellschaft noch einen außerhalb der technischen Rationalität gelegenen Bezugspunkt gibt, von dem aus die Entwicklung der Kritik unterzogen und in Grenzen gehalten werden kann.

Die Verfassung besitzt die Fähigkeit dazu, weil sie jenseits aller Gegensätze einen Grundkonsens über Zweck und Gestalt des Gemeinwesens formuliert und diesen dem tagespolitischen Kampf entzieht. Damit schafft sie Beständigkeit im Wandel, erlaubt den zivilisierten Austrag der politischen und sozialen Konflikte und macht Mehrheitsherrschaft erst erträglich. Nach allen Erfahrungen der Vergangenheit ist es höchst unwahrscheinlich, daß der Verfassung dies auch ohne eigene Durchsetzungsinstanzen gelänge. Verfassungen sind wegen ihrer Konsensfunktion oft breit und vage formuliert und werden wegen ihrer Bindungsfunktion der Politik oft lästig. Daher bleibt es nicht aus, daß über die Anforderungen, die sie an politisches Handeln richten, Streit entsteht. Gibt es in diesem Fall keine neutrale Schlichtungsinstanz, die den Sinn der Verfassung frei von politischem Handlungsdruck und ohne Rücksicht auf Wahlen ermitteln kann, dann setzen sich stets die stärkeren Kräfte durch. Vom Konsens bleibt dann nicht mehr viel übrig.

Verfassungen und Verfassungsgerichte können daher als Stabilisatoren demokratischer Systeme gar nicht hoch genug eingeschätzt werden. Davon profitiert nicht zuletzt die Politik selbst. Das Bewußtsein der Bürger, gegenüber politischen Akten rechtlich nicht schutzlos zu sein, und die Möglichkeit, politische Entscheidungen auf ihre Übereinstimmung mit den Prinzipien überprüfen zu lassen, auf die sich die Gesellschaft geeinigt hat, besitzen einen hohen Entlastungseffekt für die

Politik. Ohne dieses Ventil und ohne das neutrale Korrektiv der Parteipolitik, wie es ein Verfassungsgericht darstellt, würde sich vermehrter Druck auf die politischen Instanzen selbst richten. Nachlässigkeit gegenüber der Verfassung und ihrem Hüter ist also Nachlässigkeit gegenüber der eigenen Legitimationsbasis, die das politische Geschäft trägt.

Auch wenn sich die außerjuristischen Voraussetzungen für das Gelingen des Verfassungsstaats nach der Wiedervereinigung verschlechtert haben, ist damit doch keine unumkehrbare Entwicklung in Gang gesetzt. Sie kann vielmehr verstärkt oder aufgefangen werden, und ob das eine oder das andere geschieht, haben in erster Linie die Politiker, in zweiter Linie die Medien in der Hand, die Gegenstände und Stil der öffentlichen Auseinandersetzung bestimmen. Wer in dem Bestreben, den Desintegrationsprozeß aufzuhalten, Verfassungsnormen und Verfassungsgerichte zum Störfaktor stempelt, verstärkt die Entwicklung, die er bremsen will. Wenn weiterhin wegen kleiner Augenblicksvorteile im politischen oder kommerziellen Wettbewerb die noch intakt gebliebenen Integrationsfaktoren aufs Spiel gesetzt werden, zahlen am Ende alle den Preis. Wir hätten dann gerade diejenige Errungenschaft geopfert, der Deutschland sein größtes Kapital im Ausland verdankt.

8. Wieviel Toleranz verlangt das Grundgesetz?

Die deutsche Öffentlichkeit bewegt seit einiger Zeit die Frage, ob an den staatlichen Schulen neben evangelischem und katholischem auch islamischer Religionsunterricht erteilt werden soll. Vor kurzem war es das islamische Kopftuch einer türkischen Lehrerin, das einen heftigen Disput auslöste. Frankreich ließ sich von dem Problem gefangennehmen, ob muslimische Schülerinnen den Schleier tragen dürfen. Die Schweizer Öffentlichkeit entzweite sich über die Frage, ob islamische Schülerinnen vom obligatorischen Schwimmunterricht befreit werden müßten, weil ihre Religion es verbietet, sich anderen entblößt zu zeigen. In Israel tobte ein Kampf darüber, ob eine vielbefahrene Durchgangsstraße in einem Stadtviertel Jerusalems, das überwiegend von ultraorthodoxen, aus dem Osten zugewanderten Juden bewohnt wird, am Sabbat gesperrt werden müsse.

In den meisten Fällen war der Streit so erbittert, daß er am Ende vor den Gerichten, mitunter bis zur obersten Instanz, ausgetragen wurde. Die Entscheidungen fielen uneinheitlich aus, sowohl von Land zu Land als auch innerhalb eines Landes von Gericht zu Gericht. Ein Konsens hat sich noch nicht herausgebildet. Das Problem ist für die Alte Welt zu neu. Anders als in den klassischen Einwanderungsländern wie den USA tritt es hier erst die infolge der weltweiten Migration auf. Fremden Kulturen mit ihren Eigenarten begegnet man seitdem nicht mehr nur zeitweilig als Tourist, sondern dauerhaft im eigenen Land. Offenbar spitzen sich die Konflikte, die daraus entstehen, besonders stark zu, wenn es um religiös motiviertes Verhalten geht, und offenbar ist die Schule als wichtigste Institution der Tradierung von Kultur und der sozialen Integration ein besonders anfälliger Austragungsort.

Die Konflikte werden uns vorerst nicht wieder loslassen. Multikulturalität ist das Schicksal aller wohlhabenden modernen Länder. Das gilt unabhängig davon, ob das Staatsbürgerschaftsrecht, das Asylrecht, das Ausländerrecht verschärft oder gemildert werden. Gesetze können zwar die Multikulturalität eindämmen, aber nicht mehr beseitigen. Das anscheinend gelöste Toleranzproblem stellt sich dadurch neu. Die Gesellschaft steht vor der Frage, ob und wie weit die Angehörigen fremder Kulturkreise hier nach ihren Überzeugungen und Gewohnheiten leben dürfen und ob und wie weit sie sich an die einheimische Kultur anpassen müssen. In der Beantwortung schwankt die Gesellschaft derzeit zwischen der Furcht, fremde Identitäten imperialistisch zu unterdrücken, und der Furcht, der eigenen Identität beraubt zu werden. Klare Maßstäbe fehlen.

Diese Unsicherheit setzt sich in der Rechtsprechung fort. Im selben Jahr entschied das Oberverwaltungsgericht Münster die Frage nach der Befreiung islamischer Schülerinnen vom koedukativen Sportunterricht im Sinn des Anpassungszwangs, das Oberverwaltungsgericht Bremen im Sinn der Identitätswahrung. Es werden also Prinzipien benötigt, an denen sich die Lösung orientieren kann. Deswegen liegt es nahe, dasjenige Dokument zu befragen, in dem sich die Gesellschaft auf die Grundsätze einer gerechten Ordnung des Zusammenlebens geeinigt hat: die Verfassung. Dabei muß man freilich bedenken, daß sich das Problem der Multikulturalität bei Erlaß des Grundgesetzes noch nicht stellte. Ausdrückliche Antworten sind folglich nicht zu erwarten. Selbst die beiden einschlägigen Stichworte «Toleranz» und «Kultur» sucht man vergeblich.

Dennoch ist das Grundgesetz eine Verfassung, die sich zu Toleranz, auch zu Toleranz in bezug auf kulturelle Differenzen, verhält. Wenn zu den maßgeblichen Prinzipien einer Verfassung die in der Menschenwürde wurzelnde Gleichheit aller, die Glaubens- und Gewissensfreiheit, die Freiheit der Meinung und der Kunst, die Freiheit, sich zu versammeln und Vereinigungen zu bilden, zählt, macht sie damit auch Aussagen zur Toleranz. Meinungsunterschiede, Pluralität von Religionen und Weltanschauungen, kulturelle Vielfalt sind dann als legitim anerkannt. Andersartigkeit muß im Prinzip ertragen werden. Jeder kann seine Lebensform wählen und seine Auffassung vertreten. Jeder kann auch andere Auffassungen und Lebensformen ablehnen, nicht aber ihr Existenzrecht verletzen. Der Staat hat die Freiheit aller zu garantieren und darf für keinen Partei ergreifen.

Das Grundgesetz hat diese Festlegungen zwar nicht im Blick auf interkulturelle Konflikte, mit denen 1949 noch nicht zu rechnen war, sondern im Licht intrakultureller Konflikte getroffen: der konfessionellen Konflikte, die aus den unterschiedlichen Deutungen der christlichen Tradition folgten, oder der politischen Konflikte, die sich aus unterschiedlichen Deutungen des Gemeinwohls ergaben und – im Zeichen der Wahrheit ausgetragen – in Bürgerkrieg oder Unterdrückung mündeten. Es hat seine Antwort aber generell und abstrakt formuliert und beansprucht deswegen auch für den ausgeweiteten Konfliktrahmen Geltung. Damit steht jedenfalls die pure Anpassungsoption nicht mehr zur Verfügung. Die entsprechenden Rechte sind Menschenrechte, und wer als Angehöriger einer fremden Kultur hier lebt, kann sich darauf berufen und nicht ohne weiteres zur Preisgabe seiner Gewohnheiten und Überzeugungen gezwungen werden.

Damit ist freilich nicht gesagt, daß er umgekehrt der einheimischen Bevölkerung seine kulturellen Bedingungen aufnötigen dürfte. Ebensowenig heißt dies, daß er ohne Rücksicht auf die Überzeugungen und Gewohnheiten der einheimischen Bevölkerung hier leben dürfte. Das Grundgesetz ist nicht wertneutral, sondern auf den Wert der Menschenwürde und die daraus folgenden Grundsätze individueller Selbstbestimmung und gleicher Freiheit gegründet. Vermittelt dadurch schützt es auch die Autonomie der verschiedenen gesellschaftlichen Subsysteme wie Politik, Wirtschaft, Wissenschaft, Kunst, Recht usw. Endlich ist es auf die pluralistische Demokratie als die diesen Grundsätzen am besten entsprechende Herrschaftsform festgelegt. Nach den Erfahrungen der Vergangenheit hat man diesen Prinzipien sogar einen so hohen Wert beigemessen, daß sie unabänderlich gelten sollen.

Daraus ergibt sich die Antwort auf das Problem des Fundamentalismus. Unter Fundamentalismus wird der Anspruch verstanden, eine bestimmte kulturell begründete Gruppenethik unter Ausschaltung aller konkurrierenden Verhaltensanforderungen und unter Unterdrückung aller andersartigen kulturellen Traditionen zum einzig verbindlichen Prinzip der Sozialordnung zu machen. Seit dem Untergang der kulturübergreifenden politischen Ideologien des 20. Jahrhunderts treten derartige Bestrebungen wieder vermehrt in Erscheinung. Man muß sich freilich hüten, Multikulturalität und Fundamentalismus in einen Topf zu werden. In jeder Kultur finden sich fundamentalistische Lesarten. Das gilt für den abendländischen Kulturkreis ebenso wie für den Islam, der heute im besonderen Maß unter Fundamentalismusverdacht gestellt wird.

Jede Art von Fundamentalismus in diesem imperialistischen Sinn, nicht im Sinn individueller Prinzipientreue, ist mit der Verfassungsordnung unvereinbar. Er negiert nicht nur die individuelle Entfaltungsfreiheit, sondern hebt auch die relative Autonomie der gesellschaftlichen Subsysteme auf und unterwirft sie seinen meist religiösen Maximen; er läßt folglich auch keine pluralistisch verstandene Demokratie zu. Fundamentalismus ist das Gegenteil von Toleranz. Die Abwehrmechanismen des Grundgesetzes gegen Fundamentalismen, die Möglichkeit des Partei- und des Vereinsverbots sowie der Grundrechtsverwirkung, gelten daher auch dann, wenn der Kampf gegen die freiheitliche demokratische Grundordnung unter Berufung auf kulturelle Imperative geführt wird. Fundamentalistischer Religionsunterricht in öffentlichen Schulen ist ausgeschlossen.

Mit der Ablehnung der Extreme – Anpassungszwang einerseits und Fundamentalismus andererseits – steht aber noch nicht fest, in welchem Umfang Einzelne oder Gruppen ihren kulturellen Anforderungen und Traditionen entsprechend leben dürfen, solange sie anderen dieselbe Freiheit zugestehen. Das Grundgesetz geht davon aus, daß sich die Freiheit aller nur garantieren läßt, wenn keine einzelne Freiheit unbegrenzt ist. Da jede Freiheit, auch die religiöse, in Konflikt mit anderen Freiheiten oder derselben Freiheit anderer geraten kann, sind Beschränkungen zur Verhütung von Freiheitsmißbrauch und zur Wahrung wichtiger Gemeinschaftsgüter zulässig. Das Grundgesetz trifft aber Vorkehrungen, damit die Freiheit nicht unter ihren gesetzlichen Beschränkungen verkümmert. Insbesondere ist es das vom Bundesverfassungsgericht entwickelte Prinzip der Verhältnismäßigkeit, welches übermäßige Beschränkungen verhindert.

Solche Beschränkungen, die im Interesse der Herstellung gleicher Freiheit oder der Wahrung wichtiger Gemeinschaftsbelange gesetzlich festgelegt werden, sind Teil der allgemeinen Rechtsordnung und gelten folglich für alle, die sich auf das Territorium der Bundesrepublik begeben, ungeachtet ihrer kulturellen Herkunft. Die Frage ist nur, ob bei einem Konflikt zwischen den kulturell, meist religiös, motivierten Verhaltensanforderungen von Angehörigen fremder Kulturen und der deutschen Rechtsordnung die Verfassung Ausnahmen zuläßt oder gar gebietet. Es geht also um das Verhältnis von Einheit und Differenz, Gleichheit und Dispens, das bei jedem Zusammentreffen unterschiedlicher Kulturen nach Klärung verlangt. In diesem Bereich wird das Problem der Multikulturalität auch meistens praktisch. Hier spielen sich die gerichtlichen Auseinandersetzungen ab.

Dürfen, entgegen dem Schächtungsverbot, Tiere ohne Betäubung geschlachtet werden, wenn die Religion dies verlangt? Muß ein motorradfahrender Sikh einen Schutzhelm aufsetzen, obwohl seine Religion ihm das Tragen eines Turbans vorschreibt? Darf ein Arbeiter entlassen werden, weil er während der Arbeitszeit die vorgeschriebenen Gebete verrichtet oder an einem religiösen Feiertag dem Arbeitsplatz fernbleibt? Muß ein mosaischer Häftling die allgemeine Gefängniskost essen, auch wenn sie verbotene Speisen enthält? Darf ein Familienvater seinen Angehörigen die medizinisch gebotene Heilbehandlung aus religiösen Gründen verweigern? Dürfen Eltern ihre Töchter vom Besuch weiterführender Schulen abhalten, weil die eigene Kultur die höhere Bildung den Söhnen vorbehält? Muß einem hier ansässigen Fremden die Vielweiberei gestattet werden, wenn sie in seiner Kultur zulässig ist?

Eine pauschale Antwort auf diese Fragen gibt es nicht. Zu unterschiedlich ist das Gewicht der berührten Rechtsgüter und rechtlich geschützten Interessen auf beiden Seiten. Vom Gewicht hängt aber die Lösung ab. Einerseits kommt es darauf an, welche Bedeutung die Erfüllung einer religiösen Pflicht oder die Beibehaltung einer kulturellen Gewohnheit für den Betroffenen hat. Andererseits kommt es darauf an, welchen Rang das entgegenstehende Rechtsgut einnimmt und wie sehr es durch das Verhalten geschädigt würde. Dabei kann es einen Unterschied machen, ob die Ausnahme vom allgemein geltenden Recht in einer Erweiterung des Freiheitsrahmens besteht: man möchte etwas tun dürfen, was allen anderen untersagt ist, oder ob es um eine Verengung des Freiheitsrahmens geht: innerhalb der kulturell definierten Gruppe soll etwas verboten sein, was sonst allgemein erlaubt ist.

Im Bereich der Ausnahmen von allgemein geltenden und an sich wohl begründeten Regelungen zugunsten kultureller Minderheiten ist der Toleranzspielraum größer als gewöhnlich angenommen. Niemand sollte an der Erfüllung religiöser Pflichten nur deswegen gehindert werden, weil sich die einheimische Bevölkerung durch die Fremdartigkeit des Verhaltens irritiert zeigt oder allein an dem Vorhandensein von Ausnahmen Anstoß nimmt. Die Helmpflicht für Sikhs ließe sich dann wohl zugunsten der Religionsfreiheit lösen. Dort wo mit dem religiös bestimmten Verhalten zwar Nachteile für Dritte einhergehen, aber den Interessen beider Seiten angemessen Rechnung getragen werden kann, spricht ebenfalls nichts gegen Ausnahmen vom allgemein geltenden Recht. Das Gebet während der Arbeitszeit dürfte dann nicht zur Kündigung führen, wenn die Arbeitsabläufe es gestatten und Kompensationen möglich sind.

Solche Ausnahmen sind auch keineswegs eine Neuigkeit. Die Rechtsordnung ist vielmehr voll von Ausnahmen zugunsten bestimmter Gruppen. Jugendliche sind vom allgemeinen Strafrecht ausgenommen. Arbeitnehmer, die zugleich dem Betriebsrat angehören, unterfallen nicht dem allgemeinen Kündigungsrecht. Beamte werden von der gesetzlichen Altersversicherung für Arbeiter und Angestellte ausgenommen. Arme Menschen sind von der Bezahlung der Rundfunkgebühr befreit, Priester von der Wehrpflicht. Es ist nicht erkennbar, daß darunter der gesellschaftliche Zusammenhalt oder die Rechtstreue der Bevölkerung gelitten hätten. Kulturelle Unterschiede können ebenso gute Gründe für derartige Befreiungen sein. Bisweilen sehen die Gesetze solche Dispense bereits vor, wie zum Beispiel beim Schächten. Manchmal haben die Gerichte mit einschränkenden Interpretationen der Gesetze geholfen.

Im Bereich der Ausnahmen von allgemein geltenden Erlaubnissen ist der Spielraum für Toleranz dagegen geringer. Jede Begrenzung der allgemeinen Freiheitssphäre im Interesse der kulturellen Identität einer Minderheit kann für das einzelne Gruppenmitglied einen erheblichen Freiheitspreis haben. In den USA stellte sich die Frage, ob die Amish von der gesetzlichen Pflicht zu entbinden seien, ihre Kinder in den beiden letzten Jahre der Schulpflicht in eine öffentliche Schule zu schicken. Nach ihrer Ansicht wurden diese dort zu Werthaltungen und Lebensweisen erzogen, die den eigenen kraß widersprächen. Der Supreme Court erkannte das an, weil die Durchsetzung der allgemeinen Schulpflicht für die Gruppe identitätsvernichtendes Gewicht hätte. In Deutschland sind Schulpflichtfälle anders entschieden worden. Auch der Supreme Court hätte aber wohl anders entschieden, wenn nicht die Eltern gegen, sondern ein Amish-Schüler für die Ausbildung in einer öffentlichen Schule gestritten hätte.

Das gilt erst recht, wenn eine Minderheit zur Wahrung ihrer kulturellen Identität gruppenintern Verhaltensweisen verbieten oder erzwingen will, die gerade den fundamentalen Freiheits- und Gleichheitsverbürgungen der einheimischen Rechtsordnung entgegenstehen. Die Gesellschaft ist nicht gezwungen, zur Anerkennung fremder kultureller Identität die eigene aufzugeben. Im Bereich der Gleichberechtigung der Geschlechter werden sich dafür besonders viele Beispiele finden. Die Zwangsheirat von Mädchen, rituelle Verstümmelungen, Ausschluß des weiblichen Geschlechts von höherer Bildung, aber auch entehrende Strafen oder Meinungs- und Informationsverbote müssen daher selbst dann nicht toleriert werden, wenn sie religiöse oder sonst kulturelle Wurzeln haben. Nicht alle Kulturkonflikte lassen sich harmonisch lösen. In bestimmten Kernbereichen bleibt nur die Alternative von Anpassung oder Wegzug.

9. Wie man eine Verfassung verderben kann

Keine deutsche Verfassung hat länger gegolten als das Grundgesetz. Keine ist aber auch so oft geändert worden wie dieses. Die Verfassungsänderung, mit der kürzlich der polizeiliche Lauschangriff auf private Wohnungen zugelassen wurde, war die 45. in 49 Jahren. Mittlerweile hat sich die Zahl auf 46 erhöht. Die amerikanische Verfassung ist dagegen in den mehr als 200 Jahren ihres Bestehens nur 15 Mal geändert worden. Die Menge der Änderungsgesetze sagt freilich noch wenig über ihren Umfang. Viele Grundgesetz-Änderungen beschränkten sich nicht auf einen Artikel, sondern erfaßten mehrere zugleich. So wird es erklärlich, daß heute nur noch 85 der anfänglich 146 Artikel ihren ursprünglichen Wortlaut haben. Da im Lauf der Jahre aber auch vierzig neue Artikel hinzugetreten sind, war insgesamt die Mehrzahl aller Bestimmungen Änderungen unterworfen.

Allerdings blieben die Grundrechte von diesen Änderungen weitgehend verschont. Bis zur Wiedervereinigung hatte nur die nachgeholte Einfügung der Wehrverfassung (1956) und der Notstandsverfassung (1968) ins Grundgesetz einige Anpassungen im Grundrechtskatalog zur Folge. Neuerdings gerät aber auch er stärker in den Änderungssog. Von den elf Verfassungsänderungen, die seit der Wiedervereinigung vorgenommen worden sind, betreffen drei die Grundrechte. Teils haben sie den Grundrechtsschutz ausgeweitet, teils eingeschränkt. Ausweitungen finden sich beim Gleichheitsgrundsatz. Einerseits ist neben die Gleichberechtigung von Mann und Frau eine Verpflichtung des Staates getreten, auf die Beseitigung bestehender Nachteile

hinzuwirken. Andererseits sind die von Anfang an geltenden Diskriminierungsverbote um ein Benachteili-
gungsverbot Behinderter ergänzt worden.

Die Einschränkungen betreffen zum einen das Asylrecht, zum anderen die Unverletzlichkeit der Wohnung.
Das Asylrecht in Artikel 16 Absatz 2 Satz 2 war ursprünglich ein vorbehaltlos gewährleistetes Grundrecht: «Politisch Verfolgte genießen Asylrecht.» Fraglich konnte angesichts dieser Formulierung nur sein,
wann jemand als politisch verfolgt galt. Lag die Voraussetzung vor, gab es aber keine Möglichkeit, das
Asyl zu verweigern. Das schien angesichts des 1949
noch unvorstellbaren Zustroms von Flüchtlingen aus
aller Welt nach Deutschland nicht mehr aufrechterhalt-
bar. Deswegen wurde das Asylrecht in ein beschränktes
Grundrecht umgewandelt, das seinen Platz nunmehr in
dem neuen Artikel 16 a findet. Danach haben politisch
Verfolgte grundsätzlich zwar weiterhin einen Anspruch
auf Asyl. Er läßt sich aber nur noch unter sehr restrik-
tiven Bedingungen verwirklichen.

Im Unterschied zum Asylrecht war die Unverletzlichkeit der Wohnung in Artikel 13 von vornherein nicht
vorbehaltlos gewährleistet. Das Grundgesetz ließ hier
vielmehr schon in seiner ursprünglichen Fassung Beschränkungen zu. Die Unverletzlichkeit der Wohnung
durfte zur Abwehr bestimmter Gefahren für hochran-
gige Rechtsgüter, etwa zur Verhütung drohender Ver-
brechen in Wohnräumen, durchbrochen werden. Die
Einschränkungserlaubnis deckte aber nicht die akustische Überwachung von Wohnungen. Lediglich Telefon-
gespräche konnten im Einklang mit Artikel 10 unter
bestimmten Bedingungen abgehört werden. Angesichts
des neuen Phänomens der organisierten Kriminalität
schien das jedoch nicht mehr ausreichend. Mit der
Grundgesetz-Änderung vom März 1998 ist daher auch
für die akustische Überwachung von Wohnräumen eine
verfassungsrechtliche Grundlage geschaffen worden.

Während zahlreiche Verfassungsänderungen ohne öffentliche Anteilnahme erfolgten, riefen die Einschränkungen des Asylrechts und der Unverletzlichkeit der Wohnung heftige Diskussionen hervor. Sie kreisten um die Fragen, ob überhaupt eine Notwendigkeit zur Änderung des Grundgesetzes bestünde und wie weit sie bejahendenfalls gehen sollte. Das sind in der Tat Fragen von großem Gewicht, die am Ende politisch beantwortet werden müssen. Dagegen hat die Frage, ob der politische Wille auch in eine Form gebracht wurde, die der Aufgabe von Grundrechten entspricht, in der Öffentlichkeit keinerlei Aufmerksamkeit gefunden. Sie ist deswegen aber nicht minder wichtig, denn von ihrer Beantwortung hängt es ab, ob die Verfassung ihre Funktion weiterhin erfüllen kann oder nicht. Um diese Frage, nicht darum ob die Änderung der Artikel 13 und 16 inhaltlich lobens- oder tadelnswert ist, geht es hier.

Aufgabe der Grundrechte ist es, die Staatsgewalt auf die Achtung und den Schutz persönlicher Freiheit zu verpflichten. Insofern bilden sie die Grundprinzipien der politischen und sozialen Ordnung. Da Freiheiten aber nicht vor Mißbrauch oder Kollisionen gefeit sind, kann der Grundrechtsschutz kein absoluter sein. Die Grundrechte müssen Beschränkungen zulassen, wo dies zur Aufrechterhaltung gleicher Freiheit oder im Interesse hochrangiger Gemeinschaftsgüter notwendig ist. Dem entspricht ihre Struktur. Regelmäßig legen sie in einem ersten Schritt fest, welches individuelle oder kollektive Verhalten und welche gesellschaftlichen Funktionsbereiche prinzipiell frei, also nicht von politischen Bedürfnissen, sondern vom Willen des Einzelnen oder der Sachlogik der verschiedenen Funktionsbereiche bestimmt sein sollen. In einem zweiten Schritt ermöglichen sie sodann Einschränkungen der Freiheit.

Die Grundrechte nehmen die Einschränkungen aber nicht selber vor. Da diese nach Art und Zahl von den wandelbaren Freiheitsgefahren und ihrer Einschätzung durch die Gesellschaft abhängen, können sie selber nicht auf der Ebene der Prinzipien normiert werden. Deswegen begnügt sich die Verfassung insoweit mit einer Ermächtigung des Staates zur Begrenzung der Grundrechte. Damit die Freiheit unter den Begrenzungen aber nicht verschwindet, werden diese dem Belieben der Exekutive entzogen und an die Existenz einer gesetzlichen Grundlage gebunden, die in keinem Fall den Wesensgehalt eines Grundrechts antasten darf. Bei einzelnen Grundrechten treten zu diesen allgemeinen noch spezielle Sicherungen hinzu. Der Gesetzgeber darf dann von der Ermächtigung nur zu bestimmten Zwecken Gebrauch machen oder nur bestimmte Mittel einsetzen und andere, wie etwa die Zensur, nicht verwenden.

Da die Grundrechte auf diese Weise der Staatstätigkeit nur einen Rahmen ziehen und Leitlinien vorgeben, die Konkretisierung aber dem Gesetzgeber überlassen, kommen sie in der Regel mit ein oder zwei Sätzen aus. Nur so gewinnen sie auch jene Knappheit, die sie ins Bewußtsein der Bevölkerung einprägt. Selbst ein so fundamentales Grundrecht wie das auf Leben und körperliche Unversehrtheit begnügt sich mit einem einfachen Gesetzesvorbehalt: «In diese Rechte darf nur aufgrund eines Gesetzes eingegriffen werden.» Ein Eingriff in das Leben ist immerhin Tötung, und gleichwohl errichtet die Verfassung keine zusätzlichen Schranken, wenn man von dem Verbot der Todesstrafe in Artikel 102 absieht, während bei der Beschränkung minder existentieller Grundrechte wie beispielsweise der Freizügigkeit im Bundesgebiet dem Gesetzgeber erheblich engere Bindungen auferlegt sind.

Dessen ungeachtet sind gravierende Freiheitsgefahren bisher nicht zu beobachten gewesen. Auch Grundrechte, die beschränkt werden dürfen, ohne daß der Gesetzgeber dabei engen Fesseln unterliegt, haben ihre politiksteuernde Kraft nicht eingebüßt. Das ist vor allem der Rechtsprechung des Bundesverfassungsgerichts zu verdanken. Schon frühzeitig hat es nämlich aus dem Vorrang der Grundrechte vor dem Gesetz abgeleitet, daß dem Gesetzgeber auch beim Fehlen besonderer Bindungen kein beliebiger Zugriff auf die grundrechtliche Freiheit erlaubt ist. Vielmehr sind Grundrechtsbeschränkungen nur zulässig, wenn sie zur Sicherung eines legitimen Zwecks tauglich und erforderlich erscheinen und Sicherungsbedürfnis und Beschränkungsausmaß in einem angemessenen Verhältnis stehen. Die freiheitssichernde Kraft der Grundrechte hat sich durch diese als Verhältnismäßigkeitsprinzip bekannte Regel außerordentlich verstärkt.

Man konnte also erwarten, daß der Verfassungsgesetzgeber auch bei der Änderung des Asylrechts und der Unverletzlichkeit der Wohnung dem bewährten Muster der Grundrechtsformulierung folgen und es bei der Einfügung oder Erweiterung des Gesetzesvorbehalts belassen, im übrigen aber auf die freiheitssichernde Kraft des Verhältnismäßigkeitsprinzips und die Wachsamkeit des Bundesverfassungsgerichts vertrauen würde. Ein Blick auf die geänderten Grundrechtsgarantien beweist jedoch das Gegenteil. Wo den traditionellen Freiheitsverbürgungen ein oder zwei Sätze genügen, besteht der neue Asylartikel 16 a aus neun Sätzen, der erweiterte Artikel 13 nunmehr aus dreizehn Sätzen. Verglichen mit den ursprünglichen Regelungen ist Artikel 13 nach der Änderung vom März 1998 viermal so lang wie zuvor, Artikel 16 a gar vierzigmal so lang wie sein Vorgänger.

Zu einer derartigen Aufblähung kann es nur kommen, wenn sich der verfassungsändernde Gesetzgeber nicht mit der Erlaubnis zur gesetzlichen Beschränkung eines Grundrechts oder der Erweiterung einer bislang enger gefaßten Erlaubnis begnügt, sondern die Gesetze bereits auf der Verfassungsebene vorwegnimmt. In der

Tat sind die Grundrechte in beiden Fällen mit Regelungen angefüllt worden, die man nicht in der Verfassung, sondern in einem Gesetz oder gar in einer Durchführungsverordnung suchen würde. So setzt Artikel 13 beispielsweise fest, wieviel Richter zur Genehmigung eines Lauschangriffs nötig sind, und Artikel 16 a enthält Regeln über Beweislast und verspätetes Vorbringen von Asylbewerbern, wie man sie gewöhnlich in Verwaltungsverfahrensgesetzen oder Prozeßordnungen findet. Aus dem Grundrecht wird auf diese Weise ein Gesetzbuch im Kleinformat.

Auf die Frage nach den Gründen gibt der Unterschied zwischen der Schaffung einer Verfassung und ihrer Änderung eine erste Auskunft. Muß nach einer Revolution oder einem Zusammenbruch eine neue Ordnung errichtet werden, herrscht unter den Beteiligten meist ein verhältnismäßig großer Konsens im Prinzipiellen, jedenfalls was die Abkehr von dem alten System angeht. Aber auch dort, wo Konflikte bestehen, scheint es bei der Erarbeitung einer neuen Verfassung leichter zu sein, sich auf wenige Grundprinzipien zu beschränken und die Ausformung und Lückenfüllung wie auch die Lösung unüberbrückbarer Differenzen den späteren Mehrheiten zu überlassen. Dabei trägt die Ungewißheit aller Beteiligten über ihre künftige Position im politischen Spektrum zu Beschränkung und Rücksichtnahme ebenso bei wie das Bewußtsein, daß Mehrheitsentscheidungen bei Mehrheitswechseln auch rückgängig gemacht werden können.

Bei punktuellen Verfassungsänderungen nach fünfzig Jahren Parteienzwist in einer mehr und mehr professionalisierten – das heißt auf die Technik von Machterwerb und Machterhalt spezialisierten – Politik herrschen andere Bedingungen. Das Verhältnis von Zweck: Verwirklichung eines Gemeinwohlkonzepts, und Mittel: Machtbesitz, droht sich umzukehren. Den Machtinteressen der Parteien wird alles andere untergeordnet.

Diese Instrumentalisierung macht auch vor der Verfassung nicht halt. Sie wird dazu benutzt, dem Gegner so wenig Spielraum und Erfolg wie möglich zu lassen und von den eigenen Positionen so viel wie möglich unverrückbar zu befestigen. Die Verfassungsmaschen werden dann eng geknüpft, weil alles einmal in der Verfassung Verankerte sich nur noch im Einvernehmen von Mehrheit und Minderheit ändern läßt und man auf diese Weise auch als Minderheit die Hand im Spiel behält.

Das Arrangement, das das Grundgesetz für Verfassungsänderungen trifft, verstärkt diese Tendenz. Sie verlangen eine Zweidrittelmehrheit in Bundestag und Bundesrat. Damit unterliegen sie aber, was Beteiligte und Prozeduren angeht, denselben Bedingungen wie der Bonner Routinebetrieb der politischen Entscheidungsfindung. Zwar genügt für diese gewöhnlich die einfache Mehrheit. Doch haben wir uns aufgrund der immer weiter ausgedehnten Zustimmungsrechte des Bundesrats längst daran gewöhnt, daß – jedenfalls bei unterschiedlichen Mehrheiten in Bundestag und Bundesrat – politische Entscheidungen größerer Tragweite nur noch im Einvernehmen von Regierung und Opposition getroffen werden können. Die Einigungschancen sind unter diesen Umständen am größten, wenn jede Seite einen Teil ihrer Vorstellungen im Gesetz unterbringen kann, auch wenn das Ergebnis in der Sache niemand befriedigt.

Je wichtiger die Entscheidung ist, die ansteht, desto mehr verlagern sich in solchen Situationen die Verhandlungen aus den parlamentarischen Gremien in Spitzengespräche der Parteiführungen oder, falls diesen eine Konfliktregelung im Vorfeld nicht gelungen ist, in den Vermittlungsausschuß von Bundestag und Bundesrat. Hier fehlt es aber nicht nur an der Transparenz und Partizipation, die die offene Debatte vermittelt. Oft bewirkt der von den Parteien selbst erzeugte Erfolgsdruck vielmehr auch, daß das Zustandekommen eines Kompromisses, der jeder Seite Erfolgsmeldungen erlaubt, wichtiger wird als sein Inhalt. Dieses eingespielte Muster der parteipolitisch beherrschten Aushandlung ist inzwischen auf die Änderung der Verfassung übertragen worden. Verfassungsänderungen vollziehen sich in umstrittenen Bereichen nach dem Beispiel des Vermittlungsausschusses.

Die jüngsten Änderungen bestätigen das. Nachdem über die Notwendigkeit der Grundrechtsbeschränkungen mühsam genug Konsens erzielt worden war, verlagerte sich der Streit auf Art und Umfang. Das ist alles andere als illegitim, denn die Frage, welche Freiheitsbeschränkungen eine Gesellschaft für erforderlich oder erträglich hält, verdient ernsthafte Auseinandersetzung. Neu ist allerdings, daß dieser Streit nicht in dem die verfassungsrechtliche Ermächtigung ausfüllenden Gesetz, sondern in der Verfassung selbst entschieden wird. Getrieben von Eigennutz und Gegnerargwohn versucht dabei jede Seite, kleine Punktsiege zu verbuchen, bis sich schließlich die Verfassung immer mehr mit Details anfüllt und jedes zusätzliche Detail unter dem Beifall der Parteibasis und des Publikums als großer Verhandlungserfolg und unschätzbarer Beitrag zur Freiheitssicherung ausgegeben wird.

Der neue Stil wäre kaum des Aufhebens wert, wenn es dabei nur um Verfassungsästhetik ginge. Indessen steht nicht allein der Wohlklang der Verfassung, sondern auch ihre Funktion auf dem Spiel. Verfassungen bilden die Antwort auf absolute Herrschaft, die für sich in Anspruch nahm, die Untertanen nach politischem Gutdünken rechtlich zu binden, ohne dabei selber rechtlich gebunden zu sein. Was Systemen dieser Art fehlt, ist eine Gewähr der Gerechtigkeit politischer Herrschaft. Deswegen sollte die Politik wieder an Gerechtigkeitsprinzipien gebunden werden, die nicht zu ihrer Disposition standen. Eine derartige Bindung konnte nach der Ablösung des Rechts von einem ewiggültigen göttlichen Willen aber nicht mehr überpositiv befestigt werden. Vielmehr ließ sich die Begrenzung der politischen Verfügung über Recht selbst wieder nur mittels Recht erreichen.

Dieses Recht mußte dann freilich dem staatlich gesetzten Recht überlegen sein. Aus dieser Einsicht erwuchs die Verfassung. Sie wurde auf das Volk als Quelle der Staatsgewalt zurückgeführt, brachte diese erst hervor und legte zugleich die Grundbedingungen ihrer Ausübung fest. Das Recht zerfiel damit in zwei unterschiedliche Normenkomplexe, von denen der erste die Entstehungs- und Geltungsbedingungen des zweiten regelte. Die Normsetzung war auf diese Weise ihrerseits normiert. Die Politik behielt zwar die Befugnis, die Sozialordnung rechtlich zu gestalten, genoß dabei aber nicht mehr die Freiheit der absoluten Monarchen oder absoluten Parlamente, sondern unterlag selbst rechtlichen Bindungen, die die Gerechtigkeit des staatlich erzeugten Rechts verbürgen sollten. Dagegen war es nicht Sinn der Verfassung, Gesetzgebung zu erübrigen oder auf bloßen Vollzug ihrer Weisungen zu reduzieren.

Die Verfassung lebt also von der Differenz zum Gesetz. Da sie die rechtlichen Grundsätze für politische Entscheidungen enthält, kann sie nicht mit diesen Entscheidungen zusammenfallen. Mit Grundsätzen allein läßt sich die Gesellschaft freilich nicht ordnen. Sie bedürfen der Ausgestaltung und Konkretisierung. Diese bleibt in demokratischen Systemen aber offen für wechselnde Anforderungen und konkurrierende Gemeinwohlkonzepte, über deren Vorzugswürdigkeit generell in der Wahl, speziell in Parlament und Regierung sowie neuerdings in allerlei Verhandlungsgremien entschieden wird. Die Verfassung reguliert diese Konkurrenz. Deswegen verlangt sie einen höheren Konsens als die laufenden politischen Entscheidungen, die auf ihrer Grundlage fallen. Sie setzt solche Entscheidungen folglich voraus, strukturiert und dirigiert sie, will sie aber nicht ersetzen.

Aus dieser Ebenendifferenzierung erwachsen unschätzbare Vorteile. Indem die Grundsätze für politische Entscheidungen in der Verfassung vorgängig und gegnerübergreifend festgelegt sind, wird die Politik der Notwendigkeit enthoben, den Basiskonsens von Fall zu Fall herzustellen und vor jeder Entscheidung erneut über die Entscheidungsprämissen und das Entscheidungsverfahren zu entscheiden. Das wäre unter den Bedingungen permanenten Entscheidungsbedarfs bei konkurrierenden Entscheidungsvorschlägen und in Abwesenheit einer diktatorischen Gewalt mit unerträglichen Kosten verbunden. Der politische Entscheidungsprozeß komplexer Gesellschaften ist auf Entlastung angewiesen. Die Verfassung verschafft sie ihm durch die Prinzipien und Strukturen, die sie ihm vorgibt. Was in der Verfassung steht, ist für die Politik nicht mehr Thema, sondern Prämisse der Entscheidungen.

Indem mit Hilfe der Verfassung die breit konsentierten Grundsätze für politische Entscheidungen und die kontroversen Einzelentscheidungen auseinandergezogen werden, kann zudem die Minderheit die von ihr bekämpften Entscheidungen leichter hinnehmen. Der Basiskonsens wird durch eine Niederlage nicht aufgekündigt, und sie behält die Chance, ihre eigenen Vorstellungen zu verwirklichen, sobald es ihr gelungen ist, eine Mehrheit zu erringen. Die Verfassung sichert die Voraussetzungen dafür, indem sie Chancengleichheit verbürgt und eine Ausnutzung momentaner Mehrheiten zur Ausschaltung oder Behinderung des politischen Gegners verbietet. Die Ebenendifferenzierung reduziert so das Konfliktpotential und erhöht die Integrationschancen. Die politische Auseinandersetzung wird entschärft und begrenzt. Gegner müssen nicht zu Feinden werden. Man kann sich zugleich streiten und einig sein.

Schließlich sorgt die Ebenendifferenzierung auch für eine Kontrolle des sozialen Wandels. In modernen Gesellschaften ist zwar nahezu alles wandelbar, aber nur ein bestimmtes Quantum an gleichzeitigem oder abruptem Wandel erträglich. Die Verfassung reguliert das Verhältnis von Kontinuität und Wandel, indem sie auf der Prinzipien- und Verfahrensebene höhere Kontinuität gewährleistet als auf der Entscheidungsebene. Politikänderungen werden in die Schranken der änderungsresistenteren Verfassung verwiesen. Diese erinnert die vom Wahlrhythmus beherrschte Politik dadurch an ihre längerfristigen Ziele und erzwingt im kurzatmigpunktuellen Entscheidungsgeschäft ein gewisses Maß an Konsistenz und Rücksichtnahme auf das Vertrauen in den Bestand früher getroffener Regelungen. Mittels verschiedener Zeithorizonte verordnet sie der Gesellschaft so einen Selbstschutz vor Übereilung und Überforderung von Minderheiten.

Diese Leistungen stehen und fallen aber mit der Ebenendifferenzierung. Wer sie aufgibt, verspielt die Vorteile wieder, die sich der Verfassung verdanken. Zwar existiert kein Verbot, Verfassungen mit Detailregelungen anzufüllen. Wohl aber steht auf Überfrachtung ein Preis. Je mehr durch die Verfassung vorentschieden ist, desto schmaler wird der Raum für Mehrheitsentscheidungen. Deswegen muß sich der verfassungsrechtliche Konsens aufs Grundsätzliche beschränken, wenn demokratische Politik möglich bleiben soll. Verengen sich die verfassungsrechtlichen Maschen, büßt die Politik im selben Maß ihre Fähigkeit ein, Alternativen zu entwickeln und auf wechselnde Bedingungen zu reagieren. Es gibt dann keinen Politikwechsel mehr ohne vorgängige Verfassungsänderung, und selbst Detailänderungen bedürfen des aufwendigen Verfahrens, das aus gutem Grund Prinzipienänderungen vorbehalten ist.

Scheitert die Verfassungsänderung, so steht man vor der Wahl, entweder auf fällige Reformen zu verzichten oder sie ohne Rücksicht auf die Verfassung durchzuführen. Beides ist gleich schädlich. Im ersten Fall kommt es zur Blockade des politischen Systems mit den bekannten wechselseitigen Schuldzuweisungen der Parteien und Frustrationserscheinungen im Publikum. Im zweiten Fall kommt es zur Entwertung der Verfassung, die nur noch einen schönen Schein verbreitet, aber ihre Bindungskraft verliert. Man kann daraus ersehen, daß Verfassungen, die die Verrechtlichung der Politik zu weit treiben, die Umgehungsgefahr selbst heraufbeschwören. Verfassungsperfektionismus schlägt in Verfassungsirrelevanz um. Ein Charakteristikum, dem die Bundesrepublik einen Großteil ihrer Legitimität im Innern und ihres Ansehens in der Welt verdankt: die Wertschätzung der Verfassung, wird damit verspielt.

Schließlich leidet auch das Demokratieprinzip. Demokratie lebt ja von der Zulassung konkurrierender Gemeinwohlkonzepte und der Rückbindung der Regierenden an die Gesellschaft durch die wiederkehrende Entscheidung des Wählers über ihre Vorzugswürdigkeit. Ohne die Möglichkeit des Mehrheitswechsels gibt es keine Demokratie. Im verfassungsrechtlich geregelten Bereich sind Mehrheitswechsel aber folgenlos. Je weiter sich die Verfassung vom Grundsätzlichen entfernt und mit Detailbestimmungen anfüllt, desto mehr verliert die Wahl an Bedeutung. Ziel der Verfassung ist aber die Bindung der Mehrheit an allseits geteilte Grundsätze, nicht die Folgenlosigkeit der Mehrheitsentscheidung. Aus der gegenwärtigen Änderungspraxis spricht daher auch ein tiefes demokratisches Mißtrauen gegenüber dem politischen Gegner und der Rationalität demokratischer Entscheidungsprozesse.

Es trifft freilich zu, daß der Schaden nicht das größte denkbare Ausmaß annimmt, wenn bei zwei Grundrechten gesündigt worden ist. Das ist aber kein Grund, von Warnungen abzusehen. Denn es gibt keine Anzeichen dafür, daß sich bei abermaligem Änderungsbedarf des Grundgesetzes der Fehler nicht wiederholen würde. Da er durch die Art, unter der bei uns Verfassungsänderungen zustande kommen, bedingt ist und den politischen Parteien Kurzfristvorteile verspricht, die sie für die Langfristgefahren unempfindlich machen, muß man darauf gefaßt sein, daß er bei jeder für notwendig erachteten Verfassungsänderung im Grundrechtsbereich erneut passiert. Ergäbe sich heute ein Bedarf nach Änderung etwa der Rundfunkfreiheit in Artikel 5 des Grundgesetzes, die jetzt aus acht Worten besteht, müßte man befürchten, daß der halbe Rundfunkstaatsvertrag in die Verfassung aufgenommen würde.

Das Grundgesetz ist eine geglückte Verfassung, wie wir oft gehört haben. Im Wiedervereinigungsprozeß haben die politischen Akteure davor gewarnt, es durch eine breite Diskussion unter Einschluß der DDR-Bevölkerung und anschließende Volksabstimmung aufs Spiel zu setzen. Der Grund war freilich ein anderer, wie die Fülle der nachfolgenden Änderungen zeigt. Sie wollten Verfassungsänderungen lieber selbst in der Hand behalten. Jetzt sind sie es, die die Qualität des Grundgesetzes viel nachhaltiger aufs Spiel setzen, und zwar im parteipolitischen Interesse, das den Schaden für das politische System insgesamt nicht aufwiegen kann. Ist er erst einmal eingetreten, kommt die Reue zu spät. Heute muß sich die Politik bewußt werden, worin der Sinn einer Verfassung liegt und wie weit ihre eigene Legitimation und Leistungskraft davon abhängt, daß die Verfassung funktionstüchtig erhalten wird.

10. Die bundesstaatliches Verfassung – eine Politikblockade?

I.

Verfassungen können Politik blockieren. Das steht außer Frage. Sie würden sogar ihren Zweck verfehlen, wenn sie es nicht täten. Für die Grundrechte liegt das auf der Hand. Nach leidvollen Erfahrungen mit unbeschränkter Herrschaft sollten sie verhindern, daß die Politik den Einzelnen ihren Glauben oder ihre Meinung vorschreibt, ihr Hab und Gut wegnimmt, das Reisen verbietet oder einen bestimmten Beruf aufzwingt. Aber auch der Föderalismus, der heute vielfach Zielscheibe von Blockadevorwürfen ist, *soll* blockieren. Er soll eine Politik blockieren, die alles einheitlich regeln kann und auf regionale Eigenheiten keine Rücksicht nehmen muß. Er soll überdies verhindern, daß eine einzige politische Richtung im gesamten Land den Ton angibt und alle anderen von der politischen Verantwortung ausschließt. Er soll endlich eine Politik verhindern, die sich keinem Vergleich stellen muß, weil sie das Feld allein beherrscht.

Die Blockade ist freilich kein Selbstzweck. Verfassungen sollen diejenige Politik blockieren, die eine Gesellschaft aufgrund ihrer historischen Erfahrungen und ihrer herrschenden Wertvorstellungen für illegitim oder schädlich hält. Dagegen sollen sie diejenige Politik, die nach Ziel und Methode erwünscht ist, durch inhaltliche Direktiven und organisatorische Strukturen begünstigen. Allerdings können Verfassungsbestimmungen durch Überziehung eines Prinzips oder durch einen Wandel der Verhältnisse, auf die sie sich beziehen, ihren ursprünglichen Sinn verfehlen und nicht mehr eine unerwünschte Politik blockieren, sondern umgekehrt eine willkommene oder sogar notwendige. Die Frage ist, ob das bundesstaatliche System, wie es sich im Lauf von bald fünfzig Jahren entwickelt hat, an einem solchen Punkt angelangt ist. Die Antwort setzt einen kurzen Blick auf die Entwicklung voraus.

II.

Anders als etwa der amerikanische oder der schweizerische Föderalismus hat der deutsche von vornherein stärker auf Verbindung als auf Trennung gesetzt. Es gehört zum Bauplan des Grundgesetzes, daß das Schwergewicht der Gesetzgebung beim Bund liegt, und zwar auch in Fragen, die Länderinteressen berühren. So können sich die Länder seit jeher nur in bescheidenem Umfang eigene Finanzquellen erschließen, weil die Steuergesetzgebung größtenteils Bundesangelegenheit ist. Dagegen liegt das Schwergewicht der Verwaltung bei den Ländern, auch wenn es um die Ausführung von Bundesgesetzen geht. Die Justiz ist ebenfalls nicht doppelgleisig ausgestaltet wie in den USA. Es gibt jeweils nur einen Rechtszug, in dem die unteren Gerichte durchweg Ländergerichte sind, aber gleichwohl auch in bundesrechtlich geregelten Fällen entscheiden.

Diese Aufgabenverschränkung spiegelt sich auch organisatorisch wider: Einerseits darf der Bund den Ländern, soweit es um die Ausführung seiner Gesetze geht, Vorschriften machen. Andererseits wirken die Länder an der Bundesgesetzgebung mit. Der wichtigste Ort dieser Verschränkung ist der Bundesrat. Obwohl Bundesorgan, wird er von den Ländern beschickt, und zwar nicht wie der amerikanische Senat mit länderweise gewählten Abgeordneten, sondern mit Mitgliedern der Landesregierungen. Unter seinen Kompetenzen ragt die Mitwirkung an der Gesetzgebung hervor. Normalerweise erschöpft sich diese in einem Einspruchsrecht, das der Bundestag durch neuerlichen Beschluß überwinden kann. In einer Reihe von Fällen hängen Bundesgesetze aber von der Zustimmung des Bundesrats ab.

Die Verschränkung von Bund und Ländern hat sich im Lauf der Zeit immer weiter verstärkt. Den Anstoß gaben in der Regel Probleme, die im engen Rahmen der Länder nicht effektiv gelöst werden konnten, weil sie sich nicht an Landesgrenzen hielten wie beispielsweise die Umweltbelastung. Der Bund reagierte darauf, indem er zunächst die konkurrierenden Gesetzgebungskompetenzen, die für Länderregelungen nur so lange offen stehen, wie der Bund nicht zugegriffen hat, voll ausschöpfte. Zwar hatte das Grundgesetz den Zugriff des Bundes von einem «Bedürfnis» nach bundeseinheitlicher Regelung abhängig gemacht. Diese Klausel verlor aber früh ihre zügelnde Kraft, weil das Bundesverfassungsgericht sie für nicht justiziabel erklärte.

Nachdem die Beanspruchung der konkurrierenden Zuständigkeiten nicht mehr ausreichte, der grenzüberschreitenden Probleme Herr zu werden, begann der Bund seine Hand nach Gesetzgebungskompetenzen auszustrecken, die bisher den Ländern allein zugestanden hatten. Das ging freilich nur im Wege der Verfassungsänderung, verlangte also nicht nur im Bundestag, sondern auch im Bundesrat eine Zweidrittelmehrheit und hing folglich vom Jawort der Länder ab. Die Länder waren in den meisten Fällen bereit, dieses Jawort zu geben. Für die Gestalt des deutschen Föderalismus ist es aber prägend geworden, daß sie sich ihr Entgegenkommen honorieren ließen, und zwar durch eine Ausweitung der Zustimmungsrechte des Bundesrats.

Ein weiterer Schritt folgte mit der großen Verfassungsänderung von 1969, die auf die erste empfindliche Wirtschaftskrise der Bundesrepublik reagierte. Eine effektive Krisensteuerung sah man damals durch die unabhängige Konjunkturpolitik und Haushaltspolitik von Bund und Ländern behindert. Der Bund erhielt daher die Befugnis, die Länder auf gemeinsame Grundsätze in diesen Politikbereichen zu verpflichten, freilich wiederum nur mit Zustimmung des Bundesrats. Zustimmungspflichtig wurden außerdem sämtliche Leistungsgesetze des Bundes, von deren Kosten die Länder ein Viertel oder mehr zu tragen hatten. Schließlich wurden Gemeinschaftsaufgaben von Bund und Ländern zugelassen, deren nähere Bestimmung aber ebenfalls von der Zustimmung des Bundesrats abhing.

Insgesamt ist nichts am Grundgesetz so häufig geändert worden wie die bundesstaatliche Ordnung, und mit jeder dieser Verfassungsänderungen wuchs der Bereich, in dem der Bund seine Ziele nicht ohne Einverständnis der Länder erreichen konnte. Sah das Grundgesetz ursprünglich in 13 Fällen die Zustimmung des Bundesrats vor, so hatte sich diese Zahl 1980 schon mehr als verdreifacht und ist inzwischen noch weiter gestiegen. Das Bundesverfassungsgericht hat zu dieser Entwicklung das Seine beigetragen, indem es feststellte, daß eine einzige zustimmungspflichtige Vorschrift in einem Gesetzeswerk genüge, um das gesamte Gesetz zustimmungspflichtig zu machen. Bedingt durch diese Rechtsprechung und die Verfassungsänderungen dürften mittlerweile fast zwei Drittel aller vom Bundestag verabschiedeten Gesetze der Zustimmung des Bundesrats bedürfen und scheitern folglich, wenn er sie verweigert.

III.

Diese Veränderungen sind oft als Stärkung des Föderalismus gedeutet worden. Das ist aber nur bedingt richtig. Der Föderalismus lebt von der Wahrung und Ermöglichung regionaler Vielfalt. Dafür benötigen die Länder eigene Gestaltungsbefugnisse. Die an den Bund abgetretenen Kompetenzen standen ursprünglich jedem einzelnen Land zu, konnten also auch von Land zu Land verschieden genutzt werden. Die Zustimmungsrechte des Bundesrates kommen nicht den einzelnen Ländern, sondern der Ländergesamtheit zugute. Ihr Ergebnis ist nicht vermehrte Eigenständigkeit der Länder, sondern vermehrter Ländereinfluß auf die Bundespolitik. Soweit das Zustimmungsrecht des Bundesrats reicht, haben die Länder eine Vetoposition. Die Bundesratsmehrheit kann die Politik der Bundestagsmehrheit blockieren.

Diese Macht blieb freilich latent, solange in beiden Organen dieselben Parteien die Mehrheit hatten. Sie wurde aber fühlbar, sobald die Übereinstimmung verloren ging wie zur Zeit der sozial-liberalen Koalition und jetzt wieder. Darin kommt eine Besonderheit des deutschen Föderalismus im Vergleich mit dem schweizerischen oder dem amerikanischen zum Vorschein. Tendenziell überlagern hierzulande Parteiloyalitäten Länderinteressen. Die Minderheitspartei im Bund nützt ihre Mehrheit in den Ländern, um ihre Ziele, für die sie in der Bundestagswahl keine ausreichende Unterstützung erlangt hat, mit Hilfe der Zustimmungsrechte des Bundesrates doch noch durchzusetzen. Von bestimmten Parteien ist dies unabhängig. Wie heute die SPD ihre Mehrheit in den Ländern für bundespolitische Zwecke einsetzt, schlug früher die CDU/CSU aus der ihren bundespolitisches Kapital.

Unterderhand hat sich dadurch das Zustimmungsrecht in seiner Natur verändert. Angelegt war es als ein gesteigertes Partizipationsrecht der Ländervertretung an der Bundesgesetzgebung zur Wahrung der föderalen Funktionenteilung. Im Unterschied zum bloßen Einspruch, der für den Normalfall bundespolitischer Maßnahmen gilt und den Bundestag nur zum nochmaligen

Nachdenken zwingt, aber nicht blockieren kann, sollte das Zustimmungsrecht sich auf Bundesgesetze beziehen, die die Sphäre der Länder berühren, und verhindern, daß eine Verschiebung der bundesstaatlichen Balance gegen deren Willen stattfindet. Diese Funktion erfüllt es im Einzelfall nach wie vor. Insgesamt hat es sich aber – jedenfalls bei unterschiedlichen Mehrheitsverhältnissen – in ein bundespolitisches Blockadeinstrument in der Hand der jeweiligen Opposition verwandelt.

Dem Bund bleibt dann nichts anderes übrig, als Verhandlungen aufzunehmen. Bei Licht besehen sind dies aber keine Verhandlungen zwischen Bund und Ländern, sondern zwischen Regierungsparteien und Oppositionsparteien quer durch Bund und Länder. Da die Handlungsfähigkeit der Bundesregierung vom Verhandlungserfolg abhängt, muß sie Konzessionen an die Opposition machen, wie umgekehrt auch diese nicht auf eine ungeschmälerte Durchsetzung ihrer Ziele hoffen kann. Das Ergebnis ist ein Gemeinschaftswerk. Das System nimmt Züge einer großen Koalition an. Anders ausgedrückt: Für die Verwirklichung stark umstrittener politischer Maßnahmen auf Bundesebene genügt nicht die einfache Mehrheit der gewählten Abgeordneten. De facto ist eine Zweidrittelmehrheit in beiden Organen nötig, wie sie sonst nur für Verfassungsänderungen gefordert wird.

Nun hat es einen guten Sinn, Änderungen der Verfassung an breite Zustimmung zu binden. Die Verfassung verleiht den Vorstellungen einer Gesellschaft über die Grundlagen ihrer politischen und sozialen Ordnung juristisch-verbindlichen Ausdruck. Sie schafft damit jenen Vorrat an Gemeinsamkeit, der es den Anhängern unterschiedlicher Auffassungen und Interessen erlaubt, ihre Gegensätze friedlich auszutragen und sich dem Mehrheitsentscheid zu unterwerfen. Indem sie die Grundprinzipien der Ordnung dem politischen Tageskampf entzieht, gibt sie zugleich dem wechselnden Geschäft der Politik Halt und ermöglicht Beständigkeit im Wandel. Sie kann diese Funktionen aber nur erfüllen, wenn die Bedingungen nicht einseitig von der momentanen Mehrheit zu Lasten der momentanen Minderheit, sondern nur im Einverständnis mit ihr verändert werden dürfen.

Dagegen hat es keinen ebenso guten Sinn, daß die laufenden politischen Entscheidungen, die im Rahmen der Verfassung fallen, gleichfalls von einer Zweidrittelmehrheit abhängig gemacht werden. Gerade weil sie sich in dem auch von der Minderheit getragenen verfassungsmäßigen Rahmen halten müssen, ist es erträglich, daß sie mit einfacher Mehrheit beschlossen werden können. Nur dadurch wird auch die Chance des demokratischen Wechsels real, und nur dadurch kann die Politik auf die Anforderungen der Stunde flexibel genug reagieren. Damit ist natürlich nichts dagegen gesagt, daß Gesetzesvorlagen eine Zweidrittelmehrheit finden oder gar einstimmig verabschiedet werden. Es geht nur darum, daß dies nicht zur Voraussetzung ihres Zustandekommens gemacht werden kann.

IV.

Allerdings sichert ein Aushandlungssystem, in dem politische Entscheidungen zwischen Mehrheit und Minderheit abgesprochen werden, den Ergebnissen einen vergleichsweise hohen Konsens. Im politischen Bereich reduziert sich die Gegnerschaft auf die von den Verhandlungen ausgeschlossenen Parteien, während innerparteilicher Protest in der Regel absorbiert wird. Bei den Interessenverbänden und den von ihnen vertretenen Bevölkerungskreisen mindert sich das Protestpotential, wenn schmerzliche Einbußen nicht nur der Klientel einer Gruppe abverlangt werden. Jede kann sich als Sieger fühlen oder ausgeben. Das kommt der Stabilität der Ordnung zugute. Darüber darf man jedoch die Kosten nicht vergessen, die Aushandlungssysteme verursachen. Sie fallen bei der Effizienz und Akzeptanz von Politik sowie beim Demokratieprinzip an.

Aushandlungsprozesse sind zeitaufwendig und intransparent. Weisungsstrukturen versagen hier, Überzeugung zählt. Wenn sich die Regierung auf ein Gesetzgebungsvorhaben geeinigt und dieses mit den auf ihrer Seite stehenden politischen Kräften abgestimmt hat, kann sie nicht sogleich an die Umsetzung im Parlament gehen. Im Zustimmungsbereich ist vorher vielmehr die Vergewisserung nötig, ob die Opposition für die Maßnahme zu gewinnen ist und gegebenenfalls durch welche Zugeständnisse. Soweit sich das schon im Vorfeld der parlamentarischen Entscheidung klären läßt, bleiben die Verhandlungen informell und der Öffentlichkeit weitgehend entzogen. Das Parlament fällt dann als Forum der öffentlichen Rechtfertigung und Kritik der unterschiedlichen Standpunkte und Problemlösungen aus. Es stellt den anderwärts gefundenen Kompromiß nicht mehr in Frage, sondern ratifiziert ihn.

Soweit es die Mehrheit auf das Veto der Opposition im Bundesrat ankommt läßt, tritt der Vermittlungsausschuß in Aktion. Er wird zu gleichen Teilen und nach dem Parteienproporz aus Bundestag und Bundesrat gebildet und versucht Kompromisse auszuhandeln, die in beiden Gremien mehrheitsfähig sind. Dieses Verfahren ist zwar in der Verfassung ausdrücklich vorgesehen. Es sorgt deswegen aber nicht für mehr Transparenz als das informelle Zusammenwirken. Die Erfolgschancen der Vermittlung wären minimal, wenn die Diskussion unter denselben Öffentlichkeitsbedingungen wie im Parlament stattfinden müßte. Das Publikum erfährt also nicht mehr als das Ergebnis, und wenn dieses beide Seiten zufriedenstellt, ist mit einer kontroversen Parlamentsdebatte nicht mehr zu rechnen.

Die demokratischen Kosten dieser institutionell erzwungenen Kooperation von Mehrheit und Minderheit sind hoch. Der Aushandlungsprozeß verwischt die Verantwortlichkeiten für politische Entscheidungen. Jede Seite kann unüberprüfbar Erfolge für sich reklamieren und Mißerfolge auf den Gegner abwälzen. Der demokratische Fundamentalakt der Wahl wird dadurch entwertet. Retrospektiv gesehen erscheint ein begründetes Urteil des Wählers über erbrachte Regierungsleistungen schwer. Prospektiv betrachtet klärt die Wahl noch weniger als ohnehin möglich, welche der konkurrierenden Kräfte künftig mit welchem Programm regieren soll. Die Konkurrenz rivalisierender Gruppen um die Betrauung mit der Staatsführung durch das Wahlvolk, die die wichtigste Vorkehrung für eine Rückbindung der Herrschenden an das Volk darstellt, wird so gelockert. Die Wahlunlust wächst.

Diese Nachteile werden in dualistischer gestalteten Bundesstaaten vermieden. Dort opponiert die Opposition und verspricht, es besser zu machen, wenn sie an die Macht gelangt. Sie kann aber die Mehrheit nicht zwingen, von ihren Absichten zu lassen und sich statt dessen mit der Minderheit zu arrangieren. Wo dagegen Einigungszwänge herrschen, wird das Publikum auf eine harte Geduldsprobe gestellt. Die Parteien selber haben es durch die ständige Beschwörung von «Handlungsbedarf» in Erwartung versetzt und können diesen dann wegen der hohen Konsensschwellen nicht schnell genug decken. In Reaktion auf den wachsenden Unmut überbieten sie einander an Blockadevorwürfen, die sich schließlich für keine Seite mehr rentieren, sondern nur noch die Verstimmung im Publikum steigern. Diese schlägt dann nicht mehr bestimmten Parteien oder Politikern entgegen. Sie erfaßt vielmehr «die Politik» insgesamt.

Das gilt erst recht in Umbruchzeiten wie der jetzigen, die bewährten Problemlösungen den Boden entziehen und in der Bevölkerung Zukunftsängste erzeugen. Mehr als sonst ist dann ideenreiche und entschlossene Politik notwendig, doch weniger als sonst kann man mit ihr rechnen. Während an Rezepten Mangel herrscht, wächst das Konfliktpotential. Welche Reform die richtige ist, pflegt zwischen den Parteien in derartigen Zeiten besonders umkämpft zu sein. Zwingt dann das institutionelle Arrangement beide Seiten zur Verständigung, kommt entweder keine Einigung oder nur eine verwässerte Lösung zustande, der gerade die Tauglichkeit zur Bewältigung außergewöhnlicher Lagen fehlt. Was geschieht, wirkt angesichts der Größe der Herausforderung zu klein und erfolgt meist so spät, daß der Eindruck des Immobilismus bestehenbleibt.

V.

Es ist also kaum zu leugnen, daß der deutsche Föderalismus, so wie er sich im Lauf der Zeit entwickelt hat, eine Ursache von Politikblockaden bildet. Deswegen versprechen auch Appelle an Politiker, Parteiinteressen zurückzustellen, keine Lösung. Parteien werden gegründet, um bestimmten Auffassungen vom Gemeinwohl, die sich von anderen Gemeinwohlkonzepten unterscheiden, Geltung zu verschaffen. Soweit ihnen das verfassungsrechtliche Arrangement dazu Möglichkeiten bietet, werden sie diese nutzen. Wo die Opposition die von ihr bekämpfte Politik der Regierung nicht nur kritisieren, sondern auch durchkreuzen kann, nimmt sie die Gelegenheit wahr. Das ist vom Parteienstandpunkt aus betrachtet rational und also nicht nur bei bestimmten Parteien anzutreffen. Lediglich die Rollen von Mehrheit und Minderheit wechseln gelegentlich.

Wenn also das Politikerverhalten selbst sich nicht durchgreifend ändern läßt, muß man bei den Rahmenbedingungen für dieses Verhalten ansetzen. Das bedeutet freilich nicht die Abschaffung des Föderalismus. Er hat unersetzliche Verdienste bei der Mäßigung politischer Macht, der Bewahrung regionaler Vielfalt und der Bindung der Einwohner an ihr engeres Gemeinwesen. Angesichts der europäischen Integration und der fortschreitenden Globalisierung ist das Bedürfnis nach kleinräumigeren Einheiten mit Selbstgestaltungsrechten sogar im Wachsen begriffen. Der deutsche Föderalismus wird deswegen neuerdings für viele Staaten interessant, die traditionell zentralistisch eingestellt waren. Ebensowenig ist es nötig, ausländische Föderalismusmodelle, die kompetitiver angelegt sind, zu kopieren.

Der deutsche Föderalismus müßte aber wieder stärker dem ursprünglichen Konzept angenähert werden. Das setzt eine schärfere Trennung der Einflußsphären von Bund und Ländern voraus. Der Ländereinfluß auf den Bund mittels des Bundesrats ist nur insoweit gerechtfertigt, als Bundesgesetze tatsächlich Länderbelange berühren. Er ist dagegen nicht sinnvoll, soweit die Opposition mit seiner Hilfe in eine Mitregierung verwandelt wird. Deswegen fällt es nicht schwer anzugeben, was nötig wäre. Da es das Zustimmungsrecht des Bundesrates bei Bundesgesetzen ist, das man durch Überdehnung zweckentfremdet hat, besteht die wirksamste Abhilfe in seiner Rückführung auf solche Bundesmaßnahmen, die in Länderbelange eingreifen. Dadurch würde die Zone, in der unerwünschte Politikblockaden möglich sind, verkleinert, Regierung und Opposition ließen sich wieder genauer unterscheiden.

Der Vorschlag ist freilich leichter unterbreitet als verwirklicht. Er bedarf einer Verfassungsänderung, und Verfassungsänderungen verlangen nicht nur eine Zweidrittelmehrheit im Bundestag, sondern eine ebensolche im Bundesrat. Die Nutznießer des Systems müßten also der Beschneidung ihres eigenen Einflusses zustimmen. Das kann nur gelingen, wenn die Bereitschaft wächst, neben dem Kurzfristnutzen auch an den Mittelfrist-

und den Langfristnutzen zu denken. Kurzfristig ist es fraglos ein Gewinn für die jeweilige Opposition, wenn sie Regierungsprogramme hemmen oder im eigenen Sinne abändern oder die Regierung gar als bewegungsunfähig hinstellen kann. Mittelfristig droht ihr aber dasselbe Schicksal, falls sie die Mehrheit errungen hat. Langfristig zahlt das gesamte politische System den Preis. Der Vertrauensverlust unterscheidet dann nicht mehr zwischen Regierung und Opposition.

11. Normenflut – eindämmbar?

Wenn heute eine Forderung des allgemeinen Beifalls sicher sein kann, dann diejenige nach weniger Gesetzen. Die Normenflut ist Gegenstand allgemeiner Klage. Dennoch ändert sich wenig. Offenbar ist der Beifall billiger zu haben als ein Wechsel der Verhältnisse. Die Schwierigkeiten kann man bereits an dem Umstand ablesen, daß sich niemand durch seine Klage über zu viele Gesetze im allgemeinen daran gehindert fühlt, dieses oder jenes Gesetz im besonderen zu verlangen, wenn er sich Vorteile davon verspricht. Ja, es ist geradezu gang und gäbe geworden, auf jeden Skandal und jede Krise mit dem Ruf nach neuen oder verschärften Gesetzen zu antworten. Eine Bedingung des Beifalls, den die Forderung nach weniger Gesetzen findet, ist also ihre Pauschalität. Zwar fallen jedem schnell Gesetze ein, die er für überflüssig hält. Doch sind es keineswegs bei allen dieselben. Das hängt damit zusammen, daß von den meisten Gesetzen nicht nur Handlungsbeschränkungen, sondern auch Schutzwirkungen ausgehen, und oft liegt in der Beschränkung des einen der Schutz für den anderen.

Ob Aussicht besteht, die unstreitig vorhandene Normenflut einzudämmen, läßt sich erst sagen, wenn man ihre Ursachen kennt. Man muß dann bei jenem grandiosen Deregulierungsprozeß einsetzen, der der stetigen Zunahme von Gesetzen in den letzten hundert Jahren voranging und den Übergang von der ständisch-feudalen zur bürgerlichen Gesellschaft begleitete. Hinter dieser Deregulierung stand die Annahme, daß Wohlstand und Gerechtigkeit über den Markt zuverlässiger erreichbar wären als mittels staatlicher Steuerung. Ganze

Rechtsgebiete wie das Feudalrecht, das Zunftrecht, das Polizeirecht im älteren, die gesamte Wohlfahrt umfassenden Sinn wurden damit obsolet, andere wie das Privatrecht von einer objektiven Pflichtenordnung auf subjektive Rechte mit Eigentumsfreiheit und Vertragsfreiheit im Zentrum und Selbstkoordinierung umgestellt. Der Staat verlor dadurch nicht seine Daseinsberechtigung, konnte sich aber auf die Gewährleistung der Voraussetzungen gesellschaftlicher Selbststeuerung zurückziehen. Auch diese begrenzte Aufgabe verlangte Machtvollkommenheit, aber die Macht sollte nur noch rechtsstaatlich, das heißt auf der Grundlage und im Rahmen von Gesetzen, ausgeübt werden dürfen.

Es trat freilich bald zutage, daß das Leistungsvermögen des Marktes überschätzt worden war. Er funktionierte dort in der vorausgesetzten Weise, wo annähernd gleichstarke Privatrechtssubjekte einander begegneten und im frei ausgehandelten Vertrag einen für beide Seiten befriedigenden Interessenausgleich fanden. Er versagte, wo bei ungleichen Kräfteverhältnissen und existentieller Angewiesenheit des einen auf die Leistung des anderen die Selbststeuerung mittels Verträgen nicht zu einem vernünftigen Interessenausgleich, sondern zur Durchsetzung eines Interesses auf Kosten des anderen führte. Dieser Effekt machte sich besonders auf dem Arbeitsmarkt bemerkbar, der als Kehrseite der Vertragsfreiheit die soziale Frage hervorbrachte. Er ging aber auch mit anderen Freiheitsausnutzungen zum Nachteil der wirtschaftlich Schwächeren oder weniger Gebildeten einher, die der Marktmechanismus nicht zuverlässig genug ausschloß.

Was der Markt nicht leistete, wurde nun wieder vom Staat erwartet, nämlich der gerechte soziale Ausgleich und die Vorsorge gegen den Mißbrauch vor allem wirtschaftlicher Machtpositionen. Der Staat rückte auf diese Weise nach und nach aus der Rolle des bloßen Garanten einer vorausgesetzten gesellschaftlichen Ordnung in diejenige des aktiven Gestalters der Ordnung ein. Da er aber zugleich Rechtsstaat bleiben, also nur im gesetzlichen Rahmen und nicht nach Belieben tätig werden sollte, mündete die vermehrte staatliche Verantwortung in mehr Gesetze. Die Formel ist einfach: Unter der Bedingung des Rechtsstaatsprinzips führt wachsende Staatstätigkeit zu stärkerer Verrechtlichung. Daran ändert sich auch dadurch nichts, daß diejenigen Probleme, welche den Verrechtlichungsprozeß ursprünglich in Gang gesetzt hatten, mittlerweile als gelöst gelten können. Da die Lösung gerade auf gesetzlichen Regelungen beruht, würde deren Abschaffung auch das Problem wieder hervorbringen.

Dasselbe gilt für diejenigen Gesetze, die entstanden, um die wirtschaftlich Schwächeren oder schlecht Informierten in ihrer Rolle als Konsumenten von Waren und Dienstleistungen zu schützen. Auch hier ist das Problem durch die inzwischen ergangenen gesetzlichen Regelungen nicht entfallen, sondern mehr oder weniger gut gelöst. Ohne ein Gesetz wie beispielsweise das über die allgemeinen Geschäftsbedingungen könnten Handels- und Dienstleistungsunternehmen Verträge weitgehend an ihrem Interesse ausrichten. Die Abschaffung von Gesetzen dieses Typs würde daher die Kluft, welche sie überbrücken sollten, wieder aufreißen. Es läßt sich auch nicht feststellen, daß das Problem im Lauf der Zeit an Gewicht verloren hätte. Im Gegenteil wird es durch die Konzentrations- und Globalisierungsprozesse, die seit einiger Zeit im Gang sind, eher vergrößert. Das Bedürfnis nach Regulierung wächst daher, statt abzunehmen, kann allerdings wegen der übernationalen Aktionsräume der Wirtschaft vielfach nicht mehr auf der staatlichen Ebene, sondern nur noch im supranationalen Rahmen gedeckt werden.

Soziale Benachteiligungen sind allerdings heute nicht mehr die Hauptquelle der Gesetzesflut. Ihre Stelle hat vielmehr der wissenschaftlich-technische Fortschritt sowie die kommerzielle Nutzung seiner Ergebnisse eingenommen. Dieser Fortschritt besteht stets aus einem Gemisch von Segnungen und Risiken. Für beide gelten aber unterschiedliche Bedingungen. Während sich die Segnungen wegen der Nachfrage regelmäßig von allein durchsetzen, grenzen sich die Risiken nicht von selbst ein. Sicherheitsvorkehrungen für riskante Techniken sind teuer und mindern den Ertrag ihrer kommerziellen Verwertung. Denselben Effekt haben Verwertungsbeschränkungen im Gemeinwohlinteresse. Nichts anderes gilt für die Gemeinkosten, die etwa die Umweltbelastung durch Großtechnik oder Ressourcenausbeutung hervorruft. Da die Verursacher der Risiken und Kosten kein Eigeninteresse an ihrer Vermeidung haben, kann die Rücksicht auf Drittbetroffene oder Gemeinwohlbelange nur staatlich auferlegt werden. Das geht im Rechtsstaat aber wiederum nicht ohne Gesetze.

Die kürzlich als unmittelbar bevorstehend angekündigte vollständige Entschlüsselung des menschlichen Genoms ist dafür nur das jüngste Beispiel. Es läßt sich absehen, daß mit Hilfe der Gentechnik bislang unheilbare Krankheiten bekämpft, ja Krankheitsdispositionen bereits im Keim erstickt werden können. Das Interesse an der Nutzung dieser Technik wird aber keineswegs auf die Gesundheitsvorsorge beschränkt bleiben. Arbeitgeber und Versicherungsunternehmer sind nicht weniger daran interessiert, weil sie ihre wirtschaftlichen Risiken auf diese Weise erheblich senken können. Damit steht aber noch nicht fest, daß eine solche Nutzung auch im Interesse derjenigen liegt, die Arbeit suchen oder sich gegen Krankheit versichern möchten. Da sowohl Betroffenheiten als auch Kräfteverhältnisse ungleich verteilt sind, stellt sich der Interessenausgleich nicht marktvermittelt ein, sondern kann nur von einer Instanz, die beiden Interessen verpflichtet ist und sie unter Gemeinwohlgesichtspunkten ausgleicht, herbeigeführt werden.

Gerade wegen solcher Freiheitsbedrohungen, die nicht vom Staat, sondern von gesellschaftlichen Kräften und Entwicklungen ausgehen, werden die Grundrechte heute nicht mehr allein als Schranken für die Staatsgewalt, sondern überdies als Schutzpflichten verstanden, die der Staat gegenüber denjenigen hat, deren grundrechtlich verbürgte Güter wie etwa Leben und Gesundheit durch das Verhalten Dritter gefährdet sind. Während die Grundrechte in ihrer Eigenschaft als Schranken durch Unterlassen bestimmter staatlicher Handlungen erfüllt werden, verlangen sie in ihrer Eigenschaft als Schutzpflichten ein aktives Handeln des Staates im Interesse der gefährdeten Freiheit. In der Regel wird es in Beschränkungen von einzelnen Freiheiten oder Freiheiten Einzelner oder der Auferlegung bestimmter Sorgfaltspflichten bestehen. Da sich dies für die Betroffenen als Eingriff in ihre Grundrechte auswirkt, sind dafür wiederum Gesetze erforderlich. Wer staatliche Schutzpflichten gegenüber gesellschaftlichen Freiheitsgefahren befürwortet, kann daher nicht konsistent gegen die Vermehrung von Gesetzen protestieren.

So wie sich schon vor längerer Zeit als Antwort auf die sozialen Probleme das Sozialrecht gebildet und das Arbeitsrecht aus dem bürgerlichen Recht verselbständigt hat, sind die meisten neuen Rechtsgebiete als Antwort auf die Risiken des wissenschaftlich-technischen Fortschritts entstanden: das Atomrecht, das Immissionsschutzrecht, das Gentechnikrecht, das Datenschutzrecht usw. Auch insoweit ist ein Ende des Verrechtlichungsprozesses nicht abzusehen. Im Gegenteil wächst derjenige Bereich immer schneller, in dem die Entwicklung nicht mehr naturwüchsig verläuft, sondern vom Menschen beeinflußt oder gar gesteuert werden kann. Im selben Maß, wie das Gebiet des Machbaren sich ausweitet, entstehen aber auch Konflikte darüber, wie das technisch Mögliche sozial verträglich gehalten werden kann. Entscheidungen dieser Art müssen im

Rechtsstaat gesetzlich getroffen werden. Schon jetzt steht fest: Sollte es demnächst gelingen, das Wetter zu beeinflussen oder gar zu machen, würden die Interessengegensätze über die Nutzung dieser Möglichkeit so scharf und vielfältig sein, daß ein Wetterrecht die unausweichliche Folge wäre.

So überraschend es auf den ersten Blick erscheinen mag, ist auch die in Gang befindliche Privatisierung bislang öffentlicher Einrichtungen und Aufgaben nicht gleichbedeutend mit Deregulierung. Durch die Privatisierung wurden sie aus öffentlicher Regie in private Verfügungsbefugnis überführt. Damit kommen aber auch Anforderungen grundrechtlicher und sozialstaatlicher Art, denen der Staat verfassungsrechtlich unterworfen ist, nicht mehr unmittelbar zur Geltung. Vielmehr wirken die Grundrechte gegenüber dem privaten Eigentümer gerade als Schutz seiner Dispositionsfreiheit. Das kann zu Machtpositionen führen, etwa bei dem Eigentum an Übertragungsnetzen für die elektronischen Medien, die Einflußnahme auf Programme erlauben, oder Entscheidungsspielräume schaffen, in denen weder Gleichbehandlungsgebote noch soziale Rücksichten gelten. Sollen Freiheitssicherung und Sozialstaatlichkeit gleichwohl gewahrt bleiben, so geht das wiederum nur durch Gesetze, mit denen der Staat die Schutzlücke, die die Privatisierung reißt, füllt. Dementsprechend haben alle Privatisierungen zu mehr, nicht zu weniger Regulierung geführt.

Daß es niemandem möglich sei, die Fülle der Regelungen zu überschauen, und das Recht damit seinem eigenen Geltungsanspruch entgegenstünde, ist kein schlüssiges Gegenargument. Denn niemand muß sämtliche Gesetze kennen. Der weitaus größte Teil der Regelungen richtet sich an begrenzte Adressatenkreise: die Kraftwerksbetreiber, die Abfallbeseitiger, die Zahnärzte, die Luftfahrt, die pharmazeutische Industrie usw. Diese kennen die sie betreffenden Gesetze, und sei es auch nur über die Informationstätigkeit ihrer Verbände, ebenso wie die Verwaltungsbehörden sie kennen, die mit ihrer Durchführung betraut sind, und die Gerichte, die im Konfliktfall entscheiden. Für andere sind sie ohne verhaltenssteuernde Bedeutung, selbst wenn sie ihrem Schutz dienen. Soweit sich auch für sie Rechte aus diesen Gesetzen ergeben, etwa Anhörungsrechte für Nachbarn großtechnischer Anlagen oder für Betroffene von Planungsvorhaben, scheitert die Wahrnehmung selten an Unkenntnis. Interesse macht findig.

Mit diesen Überlegungen soll nicht geleugnet werden, daß es überflüssige und vor allem übermäßige Regulierungen gibt. Es ist alle Anstrengung wert, sie ausfindig zu machen und zu revidieren, damit der Raum wieder größer wird, in dem sich Eigeninitiative ohne Einbußen am Gemeinwohl ungehinderter und schneller als bisher entfalten kann. Doch wäre die Erwartung, daß auf diese Weise die Normenflut beseitigt oder wesentlich eingedämmt werden könnte, vergeblich. Derartige Hoffnungen ließen sich nur befriedigen, wenn die Gesellschaft bereit wäre, den Standard an Rechtsstaatlichkeit, Sozialstaatlichkeit und Grundrechtsschutz, der sie bisher auszeichnete, merklich zu senken. Dagegen wird die Frage immer drängender, ob die Durchsetzungsschwäche zahlreicher Gesetze nicht darauf hindeutet, daß der überkommene Regelungstypus an seine Grenzen stößt und Überlegungen nach anderen, freilich ebenfalls rechtlichen Steuerungsformen nötig macht. Weit mehr als bei der Normenflut ist hier Einfallsreichtum und politischer Wille vonnöten.

12. Nach der Spendenaffäre:
Die Aussichten,
den Parteienstaat rechtlich einzugrenzen

I. Der Expansionsdrang der Parteien

Die Parteispendenaffäre verliert an Interesse, aber die Konsequenzen aus ihr sind noch nicht gezogen. Zwar hat die CDU ihre Führung ausgewechselt und ihr Finanzwesen neu geordnet. Die Unklarheiten und Schlupflöcher des Parteiengesetzes existieren jedoch nach wie vor. Vor allem aber ist eine Frage noch unbeantwortet, die nach der Aufdeckung der illegalen Praktiken verstärkt gestellt wurde: ob die Ausbreitung der politischen Parteien in Staat und Gesellschaft nicht ein Ausmaß erreicht hat, welches nach Eindämmung verlangt. Daß die Fragestellung dahin ausgeweitet wird, erscheint durchaus sinnvoll, denn die Bereitschaft, um des Geldes und des damit verbundenen Einflusses willen geltendes Recht zu verletzen, ist nur Ausdruck eines tieferliegenden Problems der Parteienherrschaft, nämlich ihrer Tendenz zur Überschreitung von Grenzen, die ihr im demokratischen Interesse gezogen sind.

Das Grundgesetz hat die demokratische Ordnung pluralistisch und repräsentativ ausgestaltet. Es geht von der Prämisse aus, daß es in der Gesellschaft legitimerweise unterschiedliche Vorstellungen vom Gemeinwohl gibt und folglich keine den Anspruch auf alleinige Geltung erheben kann. Die verschiedenen Konzeptionen müssen vielmehr um Anerkennung konkurrieren, und die Konkurrenz wird vom Volk in periodischen Wahlen mit Mehrheit entschieden. Auf die Wahl sind die Entscheidungsbefugnisse des Volkes allerdings beschränkt. In den Wahlen bestimmt es, welche Personen die Chance erhalten, ihre Vorstellung von Gemeinwohl auf Zeit für die Gesamtheit maßgeblich zu machen, indem sie als Repräsentanten der Allgemeinheit handeln und über die staatlichen Zwangsmittel verfügen dürfen, wobei die Verfassung Grundprinzipien, Grenzen und Verfahren vorschreibt, denen alle Konkurrenten unterworfen sind.

In einem solchen System sind politische Parteien unausweichlich, gleich, ob die Verfassung sie ausdrücklich vorsieht oder nicht. Als Zusammenschlüsse gleichgesinnter Personen mit dem Ziel, ihren Vorstellungen Geltung zu verschaffen, nehmen sie die gesellschaftliche Meinungs- und Interessenvielfalt auf, bündeln und harmonisieren verwandte Vorstellungen und setzen sie in wenige entscheidungsfähige Alternativen um, die das Volk erst dazu befähigen, seine Wahlentscheidung zu treffen. Ebenso unausweichlich ist es freilich in dieser Form der Demokratie, daß die Tätigkeit der politischen Parteien nicht mit der Wahl endet, sondern sich in den gewählten Staatsorganen fortsetzt. Wenn die Demokratie bewirken soll, daß der Staat ein Staat des Volkes ist, dann gelingt das nur dadurch, daß die Parteien die Präferenzen der Wähler nicht bloß an den Staat herantragen, sondern im Staat und unter Nutzung seiner Machtbefugnisse zur Geltung bringen.

Voraussetzung für die Verwirklichung des Gemeinwohlkonzepts einer Partei ist unter diesen Umständen freilich der Besitz der Staatsmacht. Vom Standpunkt der politischen Parteien aus betrachtet, erscheint daher alles nützlich, was den Machtgewinn und den Machterhalt fördert, und alles schädlich, was dem im Weg steht. Machtgewinn und Machterhalt bilden gewissermaßen den Code, auf den das politische System und seine Hauptakteure, die politischen Parteien, programmiert sind. An diesem Code richtet sich das Handeln im politischen System aus. Nur auf Umweltsignale, die so codiert sind, reagiert das politische System. An dem Code bemißt sich schließlich Erfolg und Mißerfolg im politischen System. Darin liegt auch der Grund dafür, daß im politischen System regelmäßig diejenigen höhere Durchsetzungschancen haben, die auf die Einhaltung des Code pochen, weniger diejenigen, welche die Politik in erster Linie an Prinzipien orientieren wollen.

Den Besitz der Staatsmacht vermittelt in der Demokratie allein die Wahl. Auf sie konzentriert sich daher das Bemühen der Parteien. Von ihr empfängt die Politik auch ihren spezifischen Zeitrhythmus. Wahltermine richten sich freilich nicht nach Problemlagen. Sie folgen der Idee, daß die Machthaber in relativ kurzen Abständen dem Votum des Auftraggebers unterworfen werden sollen, damit sie sich nicht zu weit von dessen Erwartungen und Bedürfnissen entfernen. Politische Priorität genießt unter diesen Umständen, was innerhalb einer Wahlperiode als Erfolg verbucht werden kann und so die Chancen der Wiederwahl erhöht. Daß Spätfolgen von Versäumnissen, Vernachlässigung von Langfristproblemen, Belastung künftiger Generationen irgendwann auf die Parteien zurückfallen, ist diesen keineswegs unbekannt, angesichts der stets drohenden nächsten Wahl aber regelmäßig nicht durchschlagskräftig.

Das gebieterische Wirken des Codes bleibt auch nicht etwa auf die Wahl beschränkt. Es treibt die Parteien vielmehr dazu, überall dort Fuß zu fassen, wo nach ihrer Auffassung Machtpositionen gefestigt oder gefährdet werden können. Ihr Einflußstreben erfaßt deswegen auch solche Bereiche, die nicht auf den Code des politischen Systems eingestellt sind, sondern im Interesse der Erfüllung ihrer spezifischen gesellschaftlichen Funktion anderen Rationalitätskriterien folgen und gerade dadurch ihren Beitrag zum Gemeinwohl leisten. Jede Einschleusung eines funktionsfremden Codes schwächt daher ihre Leistungskraft. Für die Parteien tritt dieser Gesichtspunkt jedoch hinter ihr Eigeninteresse zurück, dem sie versucht sind nachzugeben, wo immer sich Möglichkeiten bieten. Dazu eignet sich besonders die Personalpolitik in allen Bereichen des öffentlichen Dienstes. Hier wird der Einfluß der Parteien daher auch am stärksten sichtbar.

Das gilt zunächst für die Verwaltung. Sie ist das Instrument der Regierung zur Verwirklichung der Politikziele. Da die Demokratie sich über die Parteienkonkurrenz steuert und Richtungswechsel einkalkuliert, muß der staatliche Apparat, der die Richtungsentscheidungen ausführt, aber seinerseits parteipolitisch neutral sein. Andernfalls würde die Wahlentscheidung des Volkes auf der administrativen Ebene folgenlos gemacht. So einleuchtend das ist, so vorteilhaft erscheint es den politischen Parteien doch, auch in der Verwaltung eine Machtbasis zu besitzen. Sind sie an der Macht, verspricht das einen besonders engagierten Einsatz. Verlieren sie die Macht, können sie sich immer noch Informationen und Einfluß schaffen, die ihnen im politischen Wettbewerb nützen. In jedem Fall haben sie die Möglichkeit, ihren Anhängern berufliche Positionen in Aussicht zu stellen und ein Auffangnetz für abgewählte Politiker auszuspannen, das die Folgen politischen Scheiterns mildert.

Parteieneinfluß ist aber nicht weniger bei denjenigen staatlichen Institutionen zu beobachten, die im Interesse der Politikkontrolle anhand nicht politischer Maßstäbe dem unmittelbaren Einfluß der Politik entzogen sind und ihre Aufgabe aus einer Position der Unabhängigkeit wahrnehmen sollen. Dazu zählt in erster Linie die Justiz. Die Richterstellen bei dem obersten Gericht, dem Bundesverfassungsgericht, haben die politischen Parteien indes dergestalt untereinander aufgeteilt, daß im Fall einer Vakanz feststeht, welche Partei den Vorschlag zur Neubesetzung machen darf. Wegen des Erfordernisses der Zweidrittelmehrheit muß der Kandidat freilich die Zustimmung der jeweils anderen Partei finden. Auch bei der Besetzung der obersten Bundesgerichte spielen die Parteien eine wichtige Rolle. Andere unabhängige Kontrollinstitutionen wie die Rechnungshöfe, Landesmedienanstalten, Datenschutzbeauftragten werden ebenfalls von Gremien, gewöhnlich mit einfacher Mehrheit, besetzt, in denen die Parteien den Ton angeben.

Ähnlich verhält es sich bei den nichtstaatlichen Kontrollinstitutionen der Politik, soweit sie öffentlichrechtlich organisiert sind, also den Rundfunkanstalten, namentlich dem Leitmedium Fernsehen. Das Fernsehen erfüllt unter anderem die Funktion, das Publikum über die Leistungen der Politik und die Politik über Erwartungen des Publikums ins Bild zu setzen. Es dient damit der Meinungsbildung, die Voraussetzung von politischer Partizipation und kompetenter Wahlentscheidungen ist und die Verbindung zwischen Wählern und Politikern auch zwischen den Wahlen aufrechterhält. Die Medien müssen zu diesem Zweck allerdings Distanz zur Politik wahren können. Sie haben den ihnen eigenen publizistischen Rationalitätskriterien zu folgen und würden ihre Funktion verfehlen, wenn sie sich politischen Interessen dienstbar machten. Gleichwohl versuchen die Parteien aufgrund ihrer Überzeugung, daß im Fernsehen über Wahlausgänge entschieden wird, Einfluß auf Personal und Programme der Sender zu gewinnen, um auf diese Weise beim Publikum in günstigem Licht zu erscheinen.

Schließlich läßt sich die Einflußnahme der Parteien auf Personalentscheidungen dort beobachten, wo die öffentliche Hand Wirtschaftsunternehmen entweder selbst betreibt oder an ihnen beteiligt ist, sei es in Form von (meist kommunalen) Eigenbetrieben, sei es als Eigentümer oder Anteilseigner von Firmen. Verkehrsbetriebe, Energieversorger, Banken und Sparkassen, Spielbanken und Wetteinrichtungen, Wohnungsbaugesellschaften etc. gehören dazu. Allen ist gemeinsam, daß sie nicht nach den Kriterien der Politik, sondern denen des wirtschaftlichen Wettbewerbs oder der optimalen Versorgung der Bevölkerung mit öffentlichen (meritorischen) Gütern zu funktionieren haben. Dennoch wird ihr Führungspersonal politisch rekrutiert und oft genug nach politischen Einfluß- oder Versorgungskriterien ausgewählt. Es fehlt daher auch nicht an Beispielen dafür, daß Schwierigkeiten, in die solche Unternehmen geraten, mit der politischen Führungsauswahl zusammenhängen.

II. Die Schwäche parteibegrenzender Regelungen

Die Praxis, die im Licht von Parteiinteressen erklärlich ist, liegt deswegen freilich noch nicht im Gesamtinteresse. Parteizugehörigkeit oder Parteinähe haben ihre Berechtigung dort, wo nach politischen Kriterien entschieden wird. In Funktionsbereichen, die anderen Kriterien folgen: rechtlichen, publizistischen, ökonomischen, künstlerischen, pädagogischen etc., wirken parteipolitische Maßstäbe der Personalrekrutierung dagegen disfunktional. Deswegen muß ihre Verwendung bekämpft werden. Allerdings darf man nicht auf Radikallösungen setzen, die die Parteien von der Personalrekrutierung im öffentlichen Dienst völlig ausschlössen. Das wäre mit dem demokratischen Prinzip unvereinbar. Jede öffentliche Funktion, insbesondere jede Funktion, die mit der Ausübung von Herrschaft verbunden ist, bedarf demokratischer Legitimation. Sie muß also unmittelbar oder mittelbar auf das Volk zurückführbar sein.

In der repräsentativen Demokratie beginnt die Legitimationskette zwar beim Volk. Das Volk ist aber auf die Wahl des Parlaments beschränkt, das seinerseits wieder die Regierung wählt. Von diesen beiden verzweigt sich die Legitimationskette. Der Form nach Staatsorgane, werden sie in der Sache doch von denjenigen Parteien bestimmt, die in der Wahl erfolgreich waren. Es sind daher im Endeffekt stets Vertreter politischer Parteien in staatlichen Organen, die die wesentlichen Personalentscheidungen für alle weiteren öffentlichen Stellen treffen. Insofern haben die Parteien ihr Werk immer schon verrichtet, ehe die Gewaltenteilung zugreift und die Organunabhängigkeit ins Spiel kommt. Die Personalpolitik ist die offene Flanke der Gewaltenteilung. Hinter allen öffentlichen Stellen kommen Parteien zum Vorschein und erwecken so den Eindruck der wuchernden Allgegenwärtigkeit, der die Parteiendemokratie so sehr in Mißkredit bringt.

Indes sind demokratische Legitimation der Inhaber öffentlicher Gewalt und Parteienferne der Ernennungsverfahren unter diesen Umständen nicht gleichzeitig zu haben. Wo diejenigen Staatsorgane, von denen die politischen Parteien legitimerweise Besitz ergreifen, aus den Personalentscheidungen im öffentlichen Bereich herausgehalten würden, kämen Rekrutierungsverfahren zum Tragen, die die demokratischen Grundbedingungen nicht erfüllten. So verhielte es sich etwa mit Kooptationsverfahren, bei denen sich die demokratische Legitimation mit wachsender Entfernung von der Kreation des Organs immer weiter verdünnen würde. Um so mehr gilt das für Ernennungen allein durch Fachleute. Wo die demokratischen Grundbedingungen aber durch Mitwirkung der Parteien erfüllt werden, entsteht die Gefahr, daß deren eigene Interessen und also sachferne Kriterien die Entscheidung bestimmen. Dabei handelt es sich um ein Dilemma, das sich nicht ohne Rest auflösen läßt.

Versuche, die gemeinschädlichen Nebeneffekte der Code-Orientierung der politischen Parteien einzugrenzen, müssen vielmehr von vornherein von der Voraussetzung ausgehen, daß die Parteien hier ihren legitimen

Platz haben. Solche Begrenzungen können sich zum einen unmittelbar auf die Auswahlkriterien beziehen. Man hat dann die Möglichkeit zu verbieten, daß parteipolitische Gesichtspunkte eine Rolle spielen, oder vorzuschreiben, welche anderen Kriterien der Personalauswahl zugrundezulegen sind. Ein Beispiel dafür bietet Art. 33 GG, der den Zugang zum öffentlichen Dienst regelt. Zum anderen steht der indirekte Weg von Struktur- oder Verfahrensvorschriften zur Verfügung, um den Parteieinfluß zu minimieren. Dafür gibt es zahlreiche Varianten, zum Beispiel die Verteilung des Wahlrechts auf mehrere voneinander unabhängige Organe und das Erfordernis einer qualifizierten Mehrheit wie bei der Besetzung des Bundesverfassungsgerichts oder die Zwischenschaltung neutraler Wahlgremien wie beim öffentlich-rechtlichen Rundfunk.

Häufig erweisen sich diese Vorkehrungen jedoch als eigentümlich wirkungsarm. Ein wichtiger Grund rührt daher, daß die Kriterienwahl im Bereich des Motivationellen liegt und gewöhnlich nach außen nicht in Erscheinung tritt. Auch wenn parteipolitische statt funktionsadäquater Kriterien bestimmend waren, ist den Entscheidungen die Rechtswidrigkeit selten anzusehen. Form und Verfahren werden eingehalten. In den Begründungen, sofern sie gegeben werden müssen, können die unerlaubten Motive verborgen werden. Am Beispiel der Einstellung oder Beförderung im öffentlichen Dienst, bei der Parteizugehörigkeit oder -nähe mit Ausnahme der kleinen Gruppe politischer Beamter keine Rolle spielen darf, zeigt sich das besonders deutlich. Empirische Studien über die Mitgliedschaft von Angehörigen des öffentlichen Dienstes in den Regierungsparteien, namentlich in Ländern mit lang dauernder Vorherrschaft ein und derselben Partei, bestätigen das Phänomen, ermöglichen aber nicht die Feststellung konkreter Mißbräuche.

Das Problem liegt hier folglich nicht im Fehlen rechtlicher Regelungen, sondern in den Schwierigkeiten der

Implementation. Lange Zeit mangelte es bereits an der Möglichkeit, die Rechtmäßigkeit von Ernennungen und Beförderungen im öffentlichen Dienst gerichtlich überprüfen zu lassen. Der objektivrechtlichen Bindung der Entscheidungsbefugten entsprach keine subjektive Berechtigung der Leidtragenden. Heute steht diese Möglichkeit in Form der sogenannten Konkurrentenklage eines Anwärters offen, der sich aus unsachlichen Gründen übergangen fühlt. Doch ist die Erfolgsquote weit geringer als die Zahl der Verstöße, weil der Nachweis der Unsachlichkeit schwer zu führen ist. Nur dort, wo das wahre Motiv der Entscheidung ausnahmsweise offenkundig wird oder die Indizien für die Unsachlichkeit der Entscheidung so stark sind, daß sie Zweifel ausschließen, lassen sich die bestehenden rechtlichen Ge- und Verbote auch durchsetzen.

Bei der Besetzung unabhängiger Kontrollgremien stellt sich das Problem wiederum anders dar. Was etwa das Bundesverfassungsgericht angeht, so trifft die Rechtsordnung Vorsorge gegen illegitime Parteieinflüsse durch zwei Verfahrensregeln: die Verteilung des Wahlrechts für Verfassungsrichter auf zwei voneinander unabhängige Gremien sowie das Erfordernis einer Zweidrittelmehrheit. Die erste Vorkehrung ist durch die politischen Parteien, die in beiden Gremien die beherrschende Rolle spielen, indessen unterlaufen worden. Da in der Praxis Parteiloyalitäten die föderale Gewaltenteilung überlagern, führt die geteilte Wahlberechtigung von Bundestag und Bundesrat nur dazu, daß an der Bestimmung der Kandidaten Bundes- und Landespolitiker beteiligt werden. Die Entscheidungen fallen aber in Parteiverhandlungen außerhalb der Wahlorgane, und ob das eine oder das andere Organ wahlberechtigt ist, bleibt für das Ergebnis bedeutungslos.

Dagegen bildet das Erfordernis der Zweidrittelmehrheit in der Praxis einen wirksamen Schutz vor einseitiger parteipolitischer Einflußnahme. Es zwingt die großen Parteien zur Verständigung. Diese wird durch die informelle Aufteilung der Vorschlagsrechte erleichtert. Die Verständigung erfolgt bisher nicht in der Weise, daß jede Seite die Kandidaten der anderen ungefragt hinnimmt. Die Vorschläge werden vielmehr geprüft und unter Umständen abgelehnt. Das ist nicht, wie gern behauptet, ein „Kuhhandel". Vielmehr lassen sich auf diese Weise extreme Parteigänger vom Gericht fernhalten, die geneigt sein könnten, ihre Kontrollfunktion einseitig wahrzunehmen. Zwar kann die Notwendigkeit des Parteienkonsenses im Einzelfall geeignete Kandidaten verhindern. Regelmäßig begünstigt sie aber denjenigen Typus von Personen, den man sich gerade für dieses Amt wünscht.

Insoweit läßt sich daher schon an einem Bedarf für zusätzliche oder andersartige Regelungen zweifeln. Das wird noch deutlicher, wenn man nach den Alternativen fragt. Da die Aufteilung auf zwei unabhängige Wahlorgane weitgehend wirkungslos geblieben ist, wird am häufigsten eine stärkere Differenzierung des Wahlrechts erwogen. Beispiele dafür gibt es bereits in mehreren Ländern, teils in sehr komplizierten Varianten. Für gewöhnlich ist es aber nicht gelungen, den Parteieinfluß dadurch auszuschließen. Entweder wählen die wahlberechtigten Organe Kandidaten, die der jeweiligen Mehrheit angehören oder nahe stehen, oder sie legen ihrerseits einen Parteienproporz zugrunde, der die politischen Machtverhältnisse auch im Verfassungsgericht widerspiegelt. Damit soll nicht die Suche nach besseren Lösungen unterbunden, sondern nur die Hoffnung auf ein völlig parteineutrales Verfahren gedämpft werden.

Bei den öffentlich-rechtlichen Rundfunkanstalten stößt man abermals auf ein anderes Muster. Sie verdanken ihre Existenz dem verfassungsrechtlichen Erfordernis gegenständlicher Breite und meinungsmäßiger Vielfalt des Programms, das die kommerziellen Veranstalter

nicht gewährleisten, dürfen im demokratischen Interesse aber nicht der staatlichen Kontrolle unterstehen.
Deswegen erfolgt die Kontrolle hier durch die von den
sogenannten gesellschaftlich relevanten Gruppen gebildeten Rundfunk- oder Fernsehräte. Manche Landes-
rundfunkgesetze zählen auch die politischen Parteien zu
diesen Gruppen. Doch bilden die von ihnen entsandten
Mitglieder durchweg eine Minderheit, die numerisch
nicht in der Lage ist, die Entscheidungen zu beherrschen. Gleichwohl kann man beobachten, daß sich die
Angehörigen der anderen Gruppen freiwillig hinter den
Parteilinien einordnen und damit in freier Entscheidung
den Parteien de facto ein Gewicht verleihen, das ihnen
die rechtliche Konstruktion gerade vorenthalten wollte.

III. Die Bedeutung der Funktionsebene

Berücksichtigt man all das, so muß man die Erwartungen, die zur Eindämmung von Parteieinflüssen an das
Recht gerichtet werden, dämpfen. Obwohl die demokratischen und rechtsstaatlichen Kosten, die diese Praxis verursacht, nicht gering ausfallen (immerhin aber
weit geringer als in Ländern, die nach dem „Beutesy-
stem" verfahren), sind die Steuerungsmöglichkeiten des
Rechts auf der Ebene der personellen Besetzung öffentlicher Positionen gering. Es wäre allerdings ein Fehler,
schon deswegen das Recht als Mittel der Begrenzung
des Parteienstaats abzuschreiben. Freilich empfiehlt es
sich dann, nicht allein auf die Personalauswahl zu
schauen, sondern auch die nachgelagerte Ebene der
Funktionsausübung zu betreten. Wenn Personen ihre
Ämter und Funktionen den politischen Parteien zu verdanken haben, so heißt dies ja noch nicht automatisch,
daß sie ihrer Tätigkeit auch parteipolitische Kriterien
zugrunde legen, obwohl dafür andere Standards maßgeblich sind.

Je begrenzter die Möglichkeiten des Rechts sind, auf der Ebene der Personalrekrutierung gegen die Auswüchse des Parteienstaats vorzugehen, desto wichtiger wird es, die Ebene der Funktionserfüllung gegen parteipolitische Einflußnahmen abzuschirmen. Das Recht hat Vorsorge zu treffen, daß ungeachtet der Parteiendominanz bei der Personalauswahl im Verhalten der so ausgewählten Funktionsträger nicht Parteiloyalität über die Sachlogik der jeweiligen Funktionsbereiche siegt. Das Verhalten des Einzelnen in Verwaltung und Justiz muß sich an rechtlichen, das von Schuldirektoren an pädagogischen, das von Klinikchefs an medizinischen, das von Rundfunkjournalisten an publizistischen Kriterien orientieren. Andernfalls werden die Vorzüge des gewaltenteilenden und autonomiesichernden Verfassungsstaats zum Nachteil aller verspielt.

Im Recht mangelt es auch nicht etwa an entsprechenden Vorkehrungen. Sein Beitrag besteht vor allem darin, daß es den parteipolitischen Durchgriff auf die Inhaber öffentlicher Ämter und besonders die Ausnutzung staatlicher Weisungsketten für Parteizwecke untersagt. Rechtlich wird das durch die Unverbindlichkeit solcher Versuche erreicht. Beschlüsse von Parteien oder Parteigliederungen, die das Verhalten ihrer Mitglieder in öffentlichen Positionen betreffen, entfalten nirgends rechtliche Bindung. Das gilt auch für diejenigen Staatsorgane, in denen die politischen Parteien legitimerweise wirken. Für das Parlament ist dies in Art. 38 Abs. 1 Satz 2 GG ausdrücklich festgelegt, der sich ursprünglich zwar nicht gegen die Parteien, sondern gegen das imperative Mandat seitens der Wählerschaft richtete, heute seine Bedeutung aber gerade aus dem Bestreben der politischen Parteien zieht, das Verhalten ihrer Mandatsträger zu bestimmen.

Für die Regierung fehlt es zwar an einer Vorschrift, die Art. 38 GG entspricht. Doch stellt sich die Rechtslage deswegen nicht anders dar. Beschlüsse einer Partei

binden nicht die Regierungsmitglieder, die ihr angehören. Die Regierung ist, obwohl von denjenigen Parteien
gestellt, die in der Wahl eine Mehrheit erlangt haben,
die Regierung aller und hat sich für ihre Amtsführung
vor allen zu verantworten. Dieser Verantwortungszusammenhang wird verfassungsrechtlich durch die Differenz zwischen Staatsorgan und Regierungspartei sta-
bilisiert. Die Unabhängigkeit von Parteidirektiven setzt
sich gegenüber der Verwaltung fort. Sie ist zwar regelmäßig weisungsabhängig, aber im Rahmen ihres hier-
archischen Aufbaus nur an die Weisungen übergeordneter Träger der Staatsgewalt gebunden, nicht an solche der hinter diesen stehenden politischen Parteien.

Für diejenigen Organe und öffentlichen Einrichtungen, die nicht den politischen Parteien offen stehen, gilt
das erst recht. Die Unabhängigkeit der Justiz gehört zu
den Grundbedingungen des Rechtsstaats und ist im
Grundgesetz ausdrücklich in Art. 97 verbürgt. In den
Genuß der richterlichen Unabhängigkeit kommen
ebenfalls die Mitglieder des Bundesrechnungshofs
(Art. 114 Abs. 2 GG). Für andere Kontrollinstitutionen
ergibt sich die Unabhängigkeit aus den Gesetzen, so
für die Kommission, die Überwachungsmaßnahmen
aufgrund des Gesetzes zu Art. 10 GG kontrolliert, für
den Bundesdatenschutzbeauftragten etc. Für den öffentlich-rechtlichen Rundfunk legen die Rundfunkgesetze, angeleitet durch Art. 5 Abs. 1 Satz 2 GG, die
Unabhängigkeit der Rundfunk- und Fernsehräte fest
und binden die einzelnen Journalisten nur an die Weisungen des Intendanten, der wiederum allein den Rä-
ten, nicht der Partei, die ihm zum Amt verholfen hat,
verantwortlich ist.

Das lückenlose Verbot des Durchgriffs von Parteien
auf sämtliche Bereiche des öffentlichen Dienstes gibt
denjenigen, die sich funktionsgerecht verhalten und
einem etwaigen Druck standhalten wollen, eine starke
Position. Sie wird zusätzlich dadurch abgesichert, daß

Amtsenthebungen nur unter engen Voraussetzungen zulässig sind und ausreichende wirtschaftliche Alimentierung sowie Alterssicherung gewährleistet ist. Überdies wird vielfach die Verwendung sachwidriger Kriterien strafbar gemacht, so etwa bei Korruption oder Rechtsbeugung, freilich ohne spezifischen Bezug zum Parteieneinfluß. All das trägt dazu bei, daß die Wahrung der Unabhängigkeit gegenüber den politischen Parteien nicht von einer besonderen moralischen Leistung des Einzelnen abhängt, sondern im System institutionell verbürgt ist. Darin liegt auch eine Legitimation des Berufsbeamtentums, das seinerseits verfassungsrechtlich in Art. 33 Abs. 5 GG garantiert ist.

Allerdings helfen diese Vorkehrungen nicht gegen Selbstunterwerfungen von Amtsträgern unter parteipolitische Erwartungen. Bei denjenigen Staatsorganen, die ausdrücklich nach parteipolitischen Kriterien entscheiden dürfen, ist eine solche Selbstbindung auch einkalkuliert. Sie steht nicht im Widerspruch zu der Gemeinwohlverpflichtung aller Staatsorgane. Parlament und Regierung dürfen das Gemeinwohl legitimerweise auf der Grundlage der Parteiprogramme erfüllen, die in der Wahl Zustimmung gefunden haben. Ebenso wenig steht die Selbstbindung im Widerspruch zum freien Mandat des Art. 38 GG. Da die Vorschrift dem Fraktionszwang die rechtliche Bindung abspricht, erfüllt sie ihren Zweck auch unter den Bedingungen des Parteienstaats. Fügt sich der Abgeordnete einem Fraktionsbeschluß, so ist das nicht weniger seine gewissenhaft getroffene Präferenzentscheidung als der Entschluß, gegenüber der Fraktion auf dem eigenen Standpunkt zu beharren.

In den übrigen Bereichen sind Selbstunterwerfungen dagegen illegitim und rechtlich untersagt. Auch wenn man berücksichtigt, daß das Recht funktionsgerechtes Verhalten meist nur ermöglichen, nicht erzwingen kann, sollte man seinen Beitrag nicht gering einschätzen. Es macht diejenigen unangreifbar, welche ihre Unabhängigkeit nützen wollen. Dabei steht es auch nicht von vornherein auf verlorenem Posten. Je klarer es die Handlungsziele vorgibt, die in den verschiedenen Funktionsbereichen gelten, desto eher fällt abweichendes Verhalten auf. Rechenschafts- und Begründungspflichten stützen die Autonomie. Schließlich entfalten institutionelle Eigeninteressen ihre Wirkung. In den parteiunabhängigen Bereichen gilt ja ebenfalls ein Code, an dem sich Erfolg und Mißerfolg bemessen. Dieser Code ist aber gerade kein parteipolitischer. Leistung, die wiederum Anerkennung einträgt, bemißt sich in den parteifern ausgestalteten Bereichen daran, ob diese dem ihnen eigenen Code gefolgt sind.

Daneben muß man auf das Eigeninteresse der politischen Parteien setzen. Das erscheint trotz der eingangs geschilderten Codierung keineswegs aussichtslos. Der Code, der ihr Verhalten bestimmt, ist zwar gebieterisch, aber auch interpretationsbedürftig. Er kann in kürzer oder länger dimensionierter Perspektive interpretiert werden: nur auf den Augenblicksnutzen beschränkt oder die Langfristfolgen der kurzfristigen Nutzenorientierung mitbedenkend. Diese Alternative gibt auch dem Recht eine Chance. Die Politik ist zur Durchsetzung ihrer Zwecke auf die Rechtstreue der Bevölkerung angewiesen. Rechtstreue ist eine Errungenschaft, die über lange Zeiträume kulturell eingewurzelt wird, aber schnell verspielt werden kann. Politiker, die von den Bürgern Rechtsgehorsam einfordern, ohne ihn selber zu üben, tragen zur Erosion des Rechts bei und untergraben auf diese Weise langfristig die Bedingungen ihrer eigenen Wirksamkeit.

Skandale wie die jüngste Parteifinanzierungsaffare können das wieder einschärfen. Der Langfristschaden, den Kohls und anderer Politiker Umgang mit Parteispenden verursacht hat, ist ungleich größer als der kurzfristige Nutzen, den ihre Partei davon gehabt haben mag. Ob die politischen Parteien daraus die notwendigen Folgerungen ziehen, hängt aber wiederum wesentlich vom Publikum und seinen Reaktionen auf den Rechtsbruch ab. Deswegen haben diejenigen der rechtsstaatlichen Demokratie den allerschlechtesten Dienst erwiesen, die uns in jener Situation einreden wollten, es sei alles gar nicht so verwerflich und vielleicht nicht einmal rechtswidrig gewesen. Glücklicherweise haben sie nicht die Oberhand gewonnen. Jedenfalls insofern scheint der Skandal noch ein vergleichsweise gutes Ende zu nehmen: Für diesmal hat er nicht zur Erosion der Normen, sondern eher zu ihrer Bekräftigung beigetragen. Im Parteiengesetz müssen daraus nun die Konsequenzen gezogen werden.

13. Über den Umgang mit Parteiverboten

Im Oktober 1932 sah sich das Preußische Oberverwaltungsgericht vor die Frage gestellt, ob die NSDAP eine verfassungsfeindliche Partei sei. Anlaß war nicht ein Verbotsantrag, dessen es nach der damaligen Rechtslage nicht bedurft hätte, sondern ein Dienststrafverfahren gegen einen Beamten wegen seiner Mitgliedschaft in der Partei. Das Gericht machte die Antwort davon abhängig, ob die Regierung den Nachweis erbracht habe, «daß die NSDAP auf den *gewaltsamen* Umsturz der bestehenden Staatsordnung hinarbeite, d. h. die Abänderung der Staatsform, wie ihre sonstigen Parteiziele, *mit illegalen Mitteln oder auf der Verfassung zuwiderlaufenden Wegen* zu erreichen suche».[1]

Das Gericht wandte sich zunächst dem Programm der Partei zu, fand dort aber keinen Anhalt dafür, daß dieses «mit Hilfe eines gewaltsamen Umsturzes» verwirklicht werden sollte. Daß die Partei die verfassungsrechtlichen Zustände, wie sie durch die Weimarer Verfassung geschaffen worden seien, ändern wolle, sei ihr verfassungsmäßig gewährleistetes Recht und könne ihr so lange nicht verwehrt werden, als sie sich «bei dem Hinarbeiten auf das von ihr erstrebte ‹Dritte Reich›» im Rahmen der für Verfassungsänderungen vorgesehenen Formen bewege. Entsprechende Erklärungen habe Hitler mehrfach abgegeben und bisher eingehalten. Die Ernsthaftigkeit gehe auch daraus hervor, daß Parteimitglieder, die sich dem Willen des Führers nach legalem

---

1 Hervorhebung im Original; Entscheidungen des Preußischen Oberverwaltungsgerichts, Bd. 89, S. 391 ff.

Vorgehen bei der Verwirklichung der Parteiziele nicht fügten, aus der Partei ausgeschlossen worden seien.

Zwar hatte das Reichsgericht im Jahr zuvor das Verbot einer nationalsozialistischen Wochenzeitung aufrechterhalten, weil ungeachtet der Beteuerungen Hitlers zumindest Teile der NSDAP der Überzeugung seien, daß die erstrebte Änderung der Verfassung nur durch Gewalt erfolgen könne, so daß «die breiten Massen ideologisch auf einen gewaltsamen Umsturz vorbereitet werden müßten». Das Preußische Oberverwaltungsgericht hielt es aber nicht für angängig, diese Feststellungen «zu verallgemeinern und zu Lasten der gesamten NSDAP auszuwerten». Bedeutung könnten sie nur haben, wenn die revolutionären Strömungen «die Haltung der Leitung der NSDAP und die Partei selbst maßgeblich beeinflußten». Das sei nicht erkennbar.

Auch der Umstand, daß sich die NSDAP – «im übrigen ähnlich, wie andere politische Parteien» – gewisse uniformierte und disziplinierte Schutztruppen beigelegt hätte, zwinge nicht zu dem Schluß, sie wolle ihre Ziele mit Gewalt durchsetzen. Die in der ministeriellen Denkschrift «Die NSDAP als staats- und republikfeindliche, hochverräterische Verbindung» zusammengetragenen Belege aus Reden und Schriften prominenter NSDAP-Mitglieder begründeten zwar den Verdacht, daß die Partei bei günstiger Gelegenheit vor einer illegalen Durchsetzung ihrer Ziele nicht zurückschrecken werde. Angesichts der klaren und bislang eingehaltenen Versicherung des Parteiführers reiche dieser Verdacht aber zur Feststellung der Verfassungsfeindlichkeit der Nationalsozialisten nicht aus.

Nun ist bekannt, daß sich weder die grundgesetzliche Demokratie des Jahres 2000 in einer ähnlichen Lage befindet wie die Weimarer 1932 noch die NPD von 2000 die NSDAP von 1932 ist, ebensowenig wie das Grundgesetz die Weimarer Verfassung und das

Bundesverfassungsgericht das Preußische Oberverwaltungsgericht ist. Es scheint aber nicht im gleichen Maß bekannt, daß das Grundgesetz den Schutz der politischen Parteien, und zwar aller ungeachtet ihrer Ziele, vor staatlichen Verboten verglichen mit der Weimarer Rechtslage nicht vermindert, sondern verstärkt hat. Die Weimarer Verfassung hatte den politischen Parteien keinerlei Sonderstellung eingeräumt. Sie wurden wie andere Vereinigungen behandelt, konnten also beim Vorliegen gesetzlicher Voraussetzungen von der Exekutive aufgelöst werden.

Den Autoren des Grundgesetzes war klar, daß ein Parteiverbot ein außerordentlich schwerer Eingriff in das demokratische System ist, das sie gerade wiederherstellen wollten. Ihnen stand ja nicht nur der Aufstieg extremistischer Parteien in der Endphase der Weimarer Republik vor Augen, die schon vor 1932 die Demokratie lahmgelegt hatten und unter dem sie schließlich ohne hinreichende Abwehrbereitschaft zerbrochen war. Sie hatten, vielfach selbst Mitglieder Weimarer Parteien, auch erlebt, was es bedeutete, wenn die Regierung konkurrierende Parteien kurzerhand aus dem politischen Wettbewerb ausschalten und der eigenen Partei ein Vertretungsmonopol sichern konnte.

Aus dieser doppelten Erfahrung wuchs einerseits die Bereitschaft, an der Möglichkeit eines Parteiverbots im Interesse der Demokratie festzuhalten, andererseits aber der Wille, dieses Instrument, ebenfalls im Interesse der Demokratie, gegen Mißbrauch abzuschirmen. Das Ergebnis war, daß die einzige Rechtfertigung der Beschränkung demokratischer Freiheit, die in jedem Parteiverbot liegt, der Erhalt der Demokratie ist. Parteien sind daher nur verfassungswidrig und können verboten werden, wenn sie – so Artikel 21 Absatz 2 des Grundgesetzes – «nach ihren Zielen oder nach dem Verhalten ihrer Anhänger darauf ausgehen, die freiheitliche demokratische Grundordnung zu beeinträchtigen oder zu beseitigen oder den Bestand der Bundesrepublik Deutschland zu gefährden».

Verglichen mit der Weimarer Rechtslage gibt es also nurmehr diesen einen, in der Tat einzigen demokratisch legitimierbaren Verbotsgrund. Auch der Gesetzgeber dürfte dem keine weiteren hinzufügen. Unbeachtlich ist jedoch das vom Preußischen Oberverwaltungsgericht hervorgehobene Mittel der Gewaltanwendung. Angesichts der Erfahrung mit der Machtergreifung Hitlers, die in derselben Form vor sich gegangen war wie zahlreiche Regierungswechsel vorher, kommt es nur noch auf das Ziel, die freiheitliche demokratische Ordnung abzuschaffen, nicht mehr auf das Mittel der Gewalt an. Desgleichen wäre eine so einseitige Gewichtung der Beteuerungen der Parteiführung, wie sie das Oberverwaltungsgericht vorgenommen hatte, aufgrund der Bestimmung, daß auch das Verhalten der Anhänger als Indikator für die Absichten der Partei heranzuziehen ist, nicht mehr möglich.

Endlich ist die Entscheidung über das Vorliegen der rechtlichen Voraussetzungen eines Verbots der Regierung aus der Hand genommen. Dabei spielt eine Rolle, daß demokratische Regierungen Parteiregierungen sind, ein Parteiverbot also stets die Ausschaltung politischer Konkurrenten bedeutet. Deswegen hat das Grundgesetz die Entscheidung einem vom Parteienwettbewerb distanzierten, aufgrund rechtlicher, nicht politischer Kriterien entscheidenden Organ übertragen, nämlich dem Bundesverfassungsgericht. Seine Aufgabe besteht nicht darin, die Regierungsentscheidung nachträglich auf ihre Verfassungsmäßigkeit zu überprüfen. Es trifft diese Entscheidung selbst, und diese wirkt konstitutiv. Vor einem Verbot, heißt das, können einer Partei aus ihren Zielen oder Absichten keine Nachteile erwachsen – keine Versammlungsverbote, keine Verweigerung kommunaler Säle, kein Entzug der staatlichen Parteienfinanzierung.

Vor diesem Hintergrund ist es also berechtigt, Artikel 21 Absatz 2 des Grundgesetzes, wie in der Rechtswissenschaft üblich, als Parteien*privileg* zu bezeichnen. Ebenso berechtigt ist es, wenn das Bundesverfassungsgericht die Voraussetzungen für ein Parteiverbot nicht weit, sondern eng auslegt. Das Grundgesetz wollte jeden leichtfertigen Umgang mit dem demokratisch riskanten Instrument des Parteiverbots verhindern. Der Schutz bezieht sich auf die Grundordnung, und diese ist weder mit der (im übrigen ja häufig geänderten) Verfassung insgesamt noch gar mit den Vorstellungen der etablierten Parteien über das Gemeinwohl identisch. Der Schutz richtet sich gegen Beeinträchtigung und Beseitigung, nicht gegen Kritik dieser oder Anpreisung einer anderen Grundordnung.

Zur Frage, worin die «freiheitliche demokratische Grundordnung» besteht, heißt es deswegen in den Urteilen zum Parteiverbot[2], daß nur die «obersten Grundsätze der freiheitlichen Demokratie» gemeint seien. Das Bundesverfassungsgericht zählt dazu die Achtung vor den Menschenrechten, die Volkssouveränität, die Gewaltenteilung, die Verantwortlichkeit der Regierung, die Gesetzmäßigkeit der Verwaltung, die Unabhängigkeit der Gerichte, das Mehrparteienprinzip und die Chancengleichheit für alle politischen Parteien mit dem Recht auf Bildung und Ausübung einer Opposition – nicht, beispielsweise, den in Artikel 79 Absatz 3 des Grundgesetzes festgeschriebenen Föderalismus. Der Versuch einer Partei, ihn zu beseitigen, wäre demnach kein Verbotsgrund.

Da das Grundgesetz von einer freiheitlichen demokratischen *Ordnung* spricht und die Aufzählung des Bundesverfassungsgerichts diejenigen Elemente enthält, aus denen sie sich zusammensetzt, genügt es auch

---

2 Entscheidungen des Bundesverfassungsgerichts, Bd. 2, S. 1 (SRP), Bd. 5, S. 85 (KPD).

nicht, daß ein einzelner Bestandteil bekämpft wird (was wegen des inneren Zusammenhangs der Teile freilich kaum vorkommen dürfte). Eine Partei ist nicht schon dann verfassungswidrig, wenn sie «einzelne Bestimmungen, ja ganze Institutionen des Grundgesetzes ablehnt». Sie muß gerade die genannten obersten Werte verwerfen. Freilich bedeutet das nicht zwingend, daß diese allesamt ausdrücklich genannt werden. Wer zum Beispiel das Mehrparteiensystem abschaffen möchte, wendet sich damit auch gegen die Existenzberechtigung einer Opposition, selbst wenn das nicht eigens erwähnt wird.

Eine Partei geht nach der Auslegung von Artikel 21 Absatz 2 durch das Bundesverfassungsgericht darauf aus, diese Ordnung zu beeinträchtigen oder zu beseitigen, wenn sie ihr gegenüber eine «aktiv kämpferische, aggressive Haltung» einnimmt. «Sie muß planvoll das Funktionieren dieser Ordnung beeinträchtigen, im weiteren Verlauf diese Ordnung selbst beseitigen wollen». Zwischen Meinen und Verwirklichenwollen wird also unterschieden. Es reicht nicht, daß die Prinzipien einer freiheitlichen Ordnung verworfen und andere ihnen vorgezogen werden. Die Diskussion über die beste politische Ordnung bleibt frei. Erst «Angriffe auf seine Grundordnung» darf der Staat mit dem Mittel des Parteiverbots abwehren, nicht schon die Herabsetzung dieser oder die Propagierung einer andersartigen Ordnung.

Schwierig und noch genauer klärungsbedürftig ist, was es bedeutet, daß nicht nur das Verhalten der Partei selbst, sondern auch das ihrer «Anhänger» zu dem Schluß berechtigt, sie wolle die Grundordnung beeinträchtigen oder beseitigen. Einerseits steht damit fest, daß sich die Partei nicht allein durch einen Verweis auf das fehlende Parteibuch immunisieren kann. Andererseits hat es die Partei nicht in der Hand, wer sich als ihr Anhänger ausgibt. Da nach dem Wortlaut des Grundgesetzes Subjekt des Beseitigungsunterfangens und Objekt des Verbots aber die Partei bleibt, muß ihr das Verhalten der Anhänger zurechenbar sein, was wiederum nicht ohne jedes Zutun der Partei geht. Die ernstgemeinte Distanzierung von Anhängern verlangt daher Beachtung.

Eines bleibt freilich ungeachtet aller Änderungen der Rechtslage so, wie es das Preußische Oberverwaltungsgericht 1932 gesehen hatte: Es muß der *Nachweis* geführt werden, daß die Voraussetzungen, die das Grundgesetz für ein Parteiverbot aufstellt, vorliegen. Das ist Sache des Antragstellers, also von Bundestag oder Bundesrat oder Bundesregierung. Wer den Antrag stellt, hat die Gründe, auf die sich die Einschätzung der Verfassungswidrigkeit stützt, beizubringen. Das folgt aus § 45 des Bundesverfassungsgerichtsgesetzes. Danach gibt das Bundesverfassungsgericht der betroffenen Partei Gelegenheit, sich zu dem Nachweis zu äußern, »und beschließt dann, ob der Antrag als unzulässig oder als nicht hinreichend begründet zurückzuweisen oder aber die Verhandlung durchzuführen ist«.

Von der Stichhaltigkeit des Nachweises hängt also alles ab. Kann er nicht geführt werden, erübrigt sich jede weitere Erwägung zum Verbotsantrag. Kann er geführt werden, stellt sich die Frage, ob es politisch gesehen ratsam ist, den Verbotsweg zu beschreiten oder der Partei mit argumentativen Mitteln entgegenzutreten. Das Grundgesetz zwingt die Antragsberechtigten, auch wenn nach ihrer Auffassung die verfassungsrechtlichen Verbotsgründe vorliegen, nicht, den Antrag beim Bundesverfassungsgericht zu stellen. Für die Entscheidung können vielmehr allerlei Zweckmäßigkeitserwägungen eine Rolle spielen, die die Wirkungen dieses Schritts, auch die symbolischen, betreffen. Solche Erwägungen sind angesichts des Ermessens, das den Antragsberechtigten eingeräumt ist, legitim, aber nachrangig.

Desto bemerkenswerter ist es, daß in der politischen Diskussion über die sekundäre Frage viel, über die primäre dagegen nur wenig gesprochen wird. Wenn die Berichterstattung in den Medien zutrifft, dann taucht die vorrangige Frage nur in Gestalt der Sorge auf, ob das vorhandene, aber noch nicht offengelegte Material dem Bundesverfassungsgericht für ein Verbot ausreichen werde. Ausschlaggebend scheint dagegen die mit dem Antrag verbundene Symbolwirkung zu sein. Je weniger gegen das gesellschaftliche Phänomen rechtsextremistisch motivierter Gewalt unmittelbar und mit raschem Erfolg getan werden kann, desto mehr Wert legt der Staat auf Gesten der Entschlossenheit, organisiert den gesellschaftlichen Abscheu, indem er seinen Bürgern eine große Demonstration ausrichtet, und greift zur scharfen Waffe des Verbotsantrags.

Der günstige Eindruck auf das Ausland spielt dabei keine geringe Rolle. Doch so wenig dieser Effekt die Hauptfrage nach den Verbotsgründen überflüssig machen kann, so unsicher ist es auch, in welchem Umfang er überhaupt eintritt. In einigen Ländern würde ein Antrag wahrscheinlich die erhoffte Wirkung haben. Gerade die traditionellen Demokratien, auf deren öffentliche Meinung es der deutschen Politik besonders ankommt, kennen selber aber kein Parteiverbot. Nicht selten begegnet man dort sogar der Frage, wie demokratisch denn ein Land sei, in dem politische Parteien verboten werden dürfen.

Noch weiter entfernt vom eigentlichen Problem ist es, wenn in die Entscheidung über die Antragstellung Wahlkampfrücksichten der Parteien einfließen, die weder mit der Primärfrage etwas zu tun haben, ob die NPD darauf ausgeht, die freiheitliche demokratische Grundordnung zu beseitigen, noch mit der Sekundärfrage, ob es in diesem Fall zweckmäßig ist, den Verbotsantrag zu stellen, oder ob die Wahl anderer Mittel mehr Erfolg verspricht. Die CDU will sich im nächsten Wahlkampf nicht der Nachsicht gegenüber dem Rechtsextremismus bezichtigen lassen. Die SPD möchte in Fragen der inneren Sicherheit keine Schwäche zeigen. Auch ihr Bestreben, den Antrag von allen drei berechtigten Organen gemeinsam stellen zu lassen, hat seinen tieferen Grund nicht in der Beeindruckung des Bundesverfassungsgerichts, die im übrigen nicht von der Zahl der Antragsteller abhängt, sondern in der Hinderung der Opposition, bei einem etwaigen Scheitern des Antrags daraus politisches Kapital zu schlagen.

So wird sich wohl wiederholen, was in Deutschland schon öfter zu erleben war: daß die Debatte, die der politischen Entscheidung vorangehen müßte, erst im Zusammenhang mit dem verfassungsgerichtlichen Verfahren geführt wird. Denn dort geht es allein darum, ob die NPD eine verfassungswidrige Partei ist, und das Bundesverfassungsgericht wird diese Frage nicht weniger ernst nehmen als seinerzeit das Preußische Oberverwaltungsgericht. Sollte sich herausstellen, daß die Antragsteller mit den Verbotsgründen leichtfertig umgegangen sind, und würde der Antrag infolgedessen abgelehnt, wäre der langfristige Schaden im In- und Ausland freilich größer als der Wahlkampfvorteil und der Augenblicksgewinn, der in dem flüchtigen Eindruck liegt, die Politik «zeige Gesicht» und sei zum Handeln entschlossen.

14. Politikdistanz
als Voraussetzung von Politikkontrolle
Über die Unabhängigkeit des Verfassungsgerichts im Parteienstaat

Daß Macht der Kontrolle bedarf, ist eine alte Einsicht. Offenbar muß diese Einsicht aber von Zeit zu Zeit aktualisiert werden, damit sie nicht nur als abstrakter Lehrsatz in Erinnerung bleibt, sondern wieder als konkretes Bedürfnis erlebt wird. Verfassungsgerichte haben sich als besonders effektives Instrument einer solchen Machtkontrolle erwiesen und sind deswegen mittlerweile weltweit anerkannt. Über dem Siegeszug der Verfassungsgerichtsbarkeit in der zweiten Hälfte des 20. Jahrhunderts sollte jedoch nicht vergessen werden, daß gerichtliche Machtkontrolle alles andere als selbstverständlich ist, wie ja auch aus der weltweiten Verbreitung von Verfassungsgerichten noch nicht auf ihre weltweite Wirksamkeit geschlossen werden darf. Verfassungsgerichtsbarkeit ist vielmehr eine späte Errungenschaft, die zudem stets gefährdet bleibt, weil die Machthaber die Existenz einer solchen Einrichtung – selbst wenn sie diese im allgemeinen bejahen – im besonderen doch als äußerst hinderlich empfinden können und deswegen immer wieder in Versuchung geraten werden, die Institution oder deren Entscheidungen in ihrem Sinn zu beeinflussen oder über sie hinwegzugehen.

Gerade deswegen muß Klarheit darüber herrschen, daß Verfassungsgerichte ihre Kontrollaufgabe nur aus einer Position der Distanz zur Politik erfüllen können. Die Verfassungsbindung, der die Politik im demokratischen Staat unterliegt, ist eine rechtliche Bindung. Welche Anforderungen sie in der konkreten Handlungssituation oder im konkreten Konfliktfall an die Politik richtet, läßt sich nur mit rechtlichen, nicht mit politischen Mitteln feststellen. Darum müssen Verfassungsfragen letztlich professionell und autonom entschieden werden, wenn die Verfassungsbindung zur Geltung kommen soll. An juristischer Professionalität fehlt es zwar auch im Staatsapparat nicht. Sie genießt dort aber keine Autonomie, sondern ist in die politische Weisungskette eingebunden. Politikinterne Rechtskontrollen sind deswegen nicht wertlos. Sie laufen aber immer Gefahr, relativiert zu werden, weil die Politik am längeren Hebel sitzt und dazu neigt, die verfassungsrechtlichen Bindungen durch die Brille ihrer politischen Absichten zu betrachten oder gar hinter ihre Eigeninteressen zurückzusetzen, selbst wenn sie damit zur Rechtserosion beiträgt, die in der Folge wieder auf sie zurückschlägt.

Das gilt um so mehr in einer Zeit, in der Politik immer professioneller gehandhabt wird. Damit ist gemeint, daß sich politisches Handeln primär am Imperativ des Machterwerbs und Machterhalts ausrichtet und diesem Ziel alles andere unterzuordnen bereit ist. Auch die Rechtsbindungen, selbst die höchstrangigen, bleiben von einer derartigen Instrumentalisierung für die Eigeninteressen der Politik nicht ausgenommen. Wirksame Rechtmäßigkeitskontrolle ist unter diesen Umständen noch mehr als ohnehin schon externe Kontrolle. Erst die Existenz einer unabhängigen Kontrollinstanz zwingt die Politik dazu, ihre rechtlichen Bindungen schon im politischen Entscheidungsprozeß relativ ernst zu nehmen, und verhindert, daß sich im Konflikt über den Inhalt verfassungsrechtlicher Bindungen stets die Auffassung der Mehrheit durchsetzt. Die große Frage lautet allerdings, wie die externe Kontrolle als eine selbständige gewährleistet werden kann, wenn zum einen die Politik sich ihren Kontrolleur selbst bestellen darf und wenn zum anderen dieser nicht im politisch luftleeren Raum agiert. Das erste ist die Frage nach der Rekrutierung der Verfassungsrichter, das zweite die Frage nach der Autonomie der Rechtsprechung.

Da Verfassungsrichter in einer Demokratie demokratisch ins Amt gelangen müssen, bleibt – wenn man sie nicht vom Volk direkt wählen läßt – nur die Bestellung durch andere ihrerseits gewählte Staatsorgane. Indes wirken in diesen Organen allesamt die politischen Parteien, und zwar legitimerweise. Deswegen fällt es schwer, sich ein Verfahren auszudenken, das zugleich demokratisch und parteifern ist. Daran muß man erinnern, wenn unter dem Eindruck der gegenwärtigen Krise Politiker in lobenswerter Zerknirschung den Rückzug der Parteien aus der Richterwahl erwägen. Neben einer Volkswahl, die die Politisierung eher verstärken als abschwächen würde, käme als parteiferne Alternative lediglich die Kooptation durch das Gericht selbst in Betracht. Aber abgesehen davon, daß die demokratische Legitimation sich mit zunehmendem Abstand von der Erstbesetzung immer weiter verdünnen würde, sind Kooptationsverfahren auch deswegen bedenklich, weil sie eine Perpetuierung von Denkrichtungen und eine Versteinerung der Rechtsprechung begünstigen, die angesichts der schweren Korrigierbarkeit verfassungsgerichtlicher Entscheidungen gerade in Zeiten beschleunigten Wandels nicht ratsam wäre.

Das Grundgesetz und das Bundesverfassungsgerichtsgesetz versuchen der Gefahr der Politisierung, die der Richterwahl durch parteipolitisch besetzte Staatsorgane innewohnt, vor allem dadurch zu begegnen, daß sie die Wahl auf zwei voneinander unabhängige Organe, Bundestag und Bundesrat, verteilen und überdies an eine Zweidrittelmehrheit in dem wahlberechtigten Organ knüpfen. In der Praxis wird die Aufteilung auf zwei Wahlorgane allerdings dadurch überspielt, daß die politischen Parteien sich über die Organgrenzen hinweg auf die Kandidaten verständigen, wobei die Organtrennung nur bewirkt, daß an dem Nominierungsprozeß sowohl Bundes- wie Landespolitiker beteiligt werden. Diese Schwäche der Gewaltenteilung in Parteienstaaten muß man im Sinn behalten, wenn man den Parteieinfluß durch eine noch weitergehende Aufteilung des Wahlrechts zu brechen versucht. In Italien und Frankreich beispielsweise sind es drei voneinander unabhängige Organe, die je ein Drittel der Verfassungsrichter bestimmen oder wählen. Die Praxis zeigt jedoch, daß auch dort die Parteien im Hintergrund wirken und die Aufteilung des Wahlrechts weithin unterlaufen.

Wichtiger als die Aufteilung des Wahlrechts ist unter diesen Umständen das Erfordernis einer Zweidrittelmehrheit geworden. Es erzwingt eine Einigung zwischen Regierung und Opposition und verhindert so die Gleichschaltung des Gerichts mit der Mehrheit, die die Wirksamkeit der Kontrolle überhaupt und namentlich den Minderheitenschutz ernstlich gefährden würde. Da die Parteien die Kandidaten der jeweils anderen Seite aber nicht ohne weiteres hinnehmen, sondern sich ein Vetorecht vorbehalten haben und dieses auch ausüben, kann die Einigung nur im Verhandlungsweg zustande kommen. Dem mögen gelegentlich geeignete Kandidaten zum Opfer fallen. Es wird aber auch vermieden, daß extreme Parteigänger in das Verfassungsgericht einrücken und dann womöglich versuchen, seine Politikdistanz von innen aufzuheben. Dieses System als «Kuhhandel» zu bezeichnen, wie es in Berichten über Verfassungsrichterwahlen oft geschieht, scheint mir wenig passend, weil es die unmittelbare Folge des institutionellen Arrangements ist und überdies nützliche Effekte für die Funktionstüchtigkeit des Verfassungsgerichts hat, die man nicht ohne Not preisgeben sollte.

Qualitätsgarantien für Verfassungsrichter sind dagegen in das Verfahren nicht eingelassen. Sie wären auch nur schwer in einer Weise zu formulieren, die im Zweifelsfall eine rechtliche Beurteilung und gegebenenfalls die Ablehnung eines Kandidaten erlauben würde. Wenn die parteipolitisch dominierten Verfassungsrichterwahlen gleichwohl über die Jahre hinweg insgesamt zu qualitätvollen Ergebnissen geführt haben, ohne die das Bundesverfassungsgericht nicht zu einem Leitgericht in Sachen Verfassungsrechtsprechung und insbesondere Grundrechtsschutz in der Welt hätte werden können, so liegt das wohl zum einen an der Reputation, die das Gericht sich erworben hat, zum anderen an der Furcht der politischen Parteien, durch die Benennung schwacher Kandidaten Einfluß zu verschenken. Insgesamt ist die Bundesrepublik mit dem bestehenden Verfahren nicht schlecht gefahren, und bevor man sich zu einer grundlegenden Änderung entschlösse, sollte man fragen, wie es mit der Bereitschaft der Politik bestellt wäre, auch mißliebige Entscheidungen hinzunehmen, wenn sie auf die Besetzung des Organs keinerlei Einfluß mehr hätte.

Die Antwort auf die Frage nach der Autonomie der Verfassungsrechtsprechung gegenüber der Politik gibt der Grundsatz der richterlichen Unabhängigkeit. Er verweist alle Versuche, die Auslegung und Anwendung des geltenden Rechts politisch zu beeinflussen, in den Bereich der Illegalität und verbietet es, Richter wegen ihrer Rechtsprechung mit Sanktionen zu belegen, sofern sie sich nicht der Rechtsbeugung schuldig machen. Auch darüber können aber wiederum nur Gerichte befinden. Der Grundsatz, so wichtig er ist, wie jeder Vergleich mit Diktaturen lehrt, die auch die Rechtsprechung für politische Zwecke nutzen, darf freilich nicht überschätzt werden. Er bildet lediglich eine Voraussetzung, aber keine Garantie für juristische Autonomie in der Rechtsanwendung. Er schützt ein Gericht, das willens ist, sich etwaigen Einflußnahmen der Politik auf seine Rechtsprechung nicht zu beugen. Er schützt aber nicht vor einer Selbstpolitisierung von Verfassungsgerichten, deren Mitglieder sich freiwillig nach Parteilinien formieren, wie man das aus manchen durchaus parteifern und pluralistisch zusammengesetzten Kontrollgremien, etwa den Rundfunkräten der öffentlich-rechtlichen Rundfunkanstalten, kennt.

Dem Verdacht, es ginge auch in Karlsruhe parteipolitisch zu, ist das Bundesverfassungsgericht nicht selten ausgesetzt. Die Medien schüren ihn vielfach, indem sie die Richter gern den verschiedenen Parteien zuordnen oder die Entscheidungen vorrangig unter dem Gesichtspunkt der Parteinähe oder des Parteinutzens analysieren. Es finden sich allerdings auch Entscheidungen, mit denen das Gericht dieser Vermutung durch den Verlauf der Abstimmungsfronten selbst Nahrung gegeben hat. Dennoch wäre das Bild eines nach parteipolitischen Rücksichten entscheidenden Gerichts falsch. Darauf deutet schon die außerordentlich hohe Zahl einstimmiger Entscheidungen hin, die keineswegs nur politisch unkontroverse Fragen betreffen. Aber auch bei den weit selteneren streitigen Entscheidungen sind es nicht immer dieselben, sondern durchaus wechselnde Mehrheiten, die den Ausschlag geben. Das bleibt dem Publikum allerdings in seinem ganzen Ausmaß verborgen, weil das Gericht das Abstimmungsverhältnis nur selten offenlegt und selbst dann nicht immer zu erkennen gibt, welche Richter auf welcher Seite standen.

Beweisen ließe sich die Aussage daher nur unter Verletzung des Beratungsgeheimnisses. Vielleicht ist aber eine mittelbare Annäherung an die Wahrheit möglich, wenn ich die wichtigste und auch glücklichste Erfahrung mitteile, die ich aus mehr als zwölf Jahren verfassungsrichterlicher Tätigkeit mitnehme: Das Bundesverfassungsgericht ist das einzige mir bekannte Gremium, das Entscheidungen von höchster politischer Tragweite fällt und doch keine Vorklärungen, keine Absprachen, keine Fraktionen kennt. Man kommt vielmehr bei den Sitzungen stets von neuem in eine offene Diskussionssituation, in der jeder ernst genommen werden muß, weil am Ende jeder gleiches Stimmgewicht hat, in der Tricks sich nicht auszahlen, weil man über eine lange Strecke in derselben kleinen Gruppe zusammenarbeiten muß, und in der man mit Argumenten etwas ausrichten kann, weil das Ergebnis am Ende argumentativ begründet werden muß. Damit soll nicht die Begrenztheit des Einsichtsvermögens oder der Diskussionsbereitschaft geleugnet, wohl aber gesagt werden, daß es um eine sachgeprägte Diskussion geht, und die Sache ist hier die rechtlich, nicht die politisch richtige Entscheidung.

Deswegen verläuft die Diskussion auch in den Bahnen der juristischen Argumentationsstandards, die man sich freilich nicht zu festgefügt, nicht zu eng und insbesondere nicht wirklichkeitsblind vorstellen darf. Auch wenn mit Hilfe dieser Standards nicht alle Streitfragen eindeutig zu beantworten sind, sondern Interpretationsspielräume bestehenbleiben, würde doch derjenige, der diese Spielräume mit politischen Argumenten füllen wollte, kein Gehör finden. Die Bindung an einen normativen Text, an die juristische Interpretationsmethode und an die vorausgegangenen Entscheidungen des Gerichts dürfen nicht unterschätzt werden. Sie führen zu einer Brechung der außer- oder vorjuristischen Überzeugungen und Verständnisse, von denen selbstverständlich kein Richter frei ist. Daran müssen all jene vulgär-soziologischen Versuche scheitern, verfassungsgerichtliche Entscheidungen je nach ihrem Gegenstand auf die Parteinähe, die Konfessionszugehörigkeit, das Geschlecht, die Herkunft oder den Familienstand der beteiligten Richter zurückzuführen, die besonders nach hochumstrittenen Entscheidungen des Gerichts gern angestellt werden.

Ziel der Diskussion ist die wechselseitige Überzeugung. Daß dies weniger selbstverständlich ist, als es scheinen mag, zeigt der Vergleich mit dem amerikanischen Supreme Court. Dort werden nach der Gerichtsverhandlung die Ansichten der neun Richter registriert, und ein Vertreter der Mehrheitsmeinung erhält den Auftrag, das Urteil zu entwerfen. Die Auseinandersetzung über die Richtigkeit des Ergebnisses oder der Begründung findet nicht vor der Entscheidung in der Diskussion, sondern nach der Entscheidung in den Sondervoten statt, mit denen die amerikanischen Richter im Unterschied zu den deutschen höchst freigebig umgehen. Im Bundesverfassungsgericht wird dagegen um die Überzeugung wie auch später um die Formulierung intensiv gerungen. Einigkeit steht dabei hoch im Kurs. Deswegen ist der Kompromiß nicht verpönt, wird aber nicht um jeden Preis gesucht. Es ist auch keineswegs so, daß der Berichterstatter sich regelmäßig durchsetzt. Ich habe es mehr als einmal erlebt, daß Berichterstatter am Ende einer Beratung von ihrem eigenen Entscheidungsvorschlag abrückten, weil sie die aus dem Diskussionsprozeß hervorgegangene Lösung für die bessere hielten.

Der akademische Diskurs mag bisweilen sprühender, gebildeter, kühner und genußreicher sein. Dennoch ist er dem gerichtlichen Diskurs unterlegen. Der Zwang, die Erörterung zu einem Ergebnis zu führen, das dann nicht nur als Meinung unter Meinungen in die Welt tritt, sondern für die Gesellschaft gilt, und die Unmöglichkeit, dieser Entscheidung durch Abwesenheit oder Stimmenthaltung auszuweichen, verleiht ihm einen Grad an Verbindlichkeit und Verantwortlichkeit, den so keine akademische Diskussion aufweist. Subjektiv werde ich diesen Diskurs vermissen. Doch kommt darauf nichts an. Wichtig ist, daß von der Aufrechterhaltung der Voraussetzungen, die ihn ermöglichen, objektiv abhängt, ob die Verfassungsgerichtsbarkeit auch in

Zukunft die ihr zugedachte Funktion erfüllt. Diejenige Institution, die die Rechtsbindung der Politik durchsetzen soll, darf nicht die Politik in sich wiederholen, sondern muß gerade die systembedingten Defizite des zunehmend professionalisierten Politikbetriebes ausgleichen, indem sie die überparteilich gültigen Prinzipien der Verfassung hochhält. Kein noch so erwünschter Momentsvorteil wäre es wert, daß das Gericht davon abginge.

15. Probleme einer
eigenständigen Verfassungsgerichtsbarkeit
in Deutschland

I. Fragestellungen

Die Schweiz und Deutschland gehen bei der gerichtlichen Durchsetzung der Verfassung unterschiedliche Wege. Während in der Schweiz verfassungsrechtliche Fragen von der ordentlichen Gerichtsbarkeit mitentschieden werden, besteht in Deutschland eine *eigenständige Verfassungsgerichtsbarkeit* in Gestalt des *Bundesverfassungsgerichts*. Seine Zuständigkeit ist zwar auf Verfassungsrechtsstreitigkeiten beschränkt, innerhalb dieses Rahmens hat es aber außerordentlich weite Kompetenzen, insbesondere auch solche der Normenkontrolle. Dagegen sind die Kompetenzen des schweizerischen Bundesgerichts auf dem Gebiet des Verfassungsrechts wesentlich enger, namentlich fehlt die Befugnis zur Normenkontrolle von Bundesgesetzen.

Mit der Einrichtung einer eigenständigen Verfassungsgerichtsbarkeit in Deutschland sind Verfassungsfragen allerdings den übrigen Gerichten nicht entzogen worden. Jeder Richter ist verpflichtet, die Verfassungsmäßigkeit des Gesetzes, das er in einem Rechtsstreit anwenden will, zu prüfen. Seine Feststellungskompetenz erstreckt sich aber nur auf die Verfassungsmäßigkeit des Gesetzes. Kommt er zu der Auffassung, das anzuwendende Gesetz sei verfassungswidrig, muß er das Verfahren unterbrechen und diese Frage gemäß Art. 100 GG dem Bundesverfassungsgericht zur Entscheidung vorlegen. Dieses besitzt, wie es heißt, das «Verwerfungsmonopol».

Ferner haben sämtliche Gerichte bei Auslegung und Anwendung verfassungsmäßiger Gesetze mit Grundrechtsberührung der grundrechtlichen Einwirkung auf die gesetzlichen Vorschriften Rechnung zu tragen. Auf die Einhaltung dieses Erfordernisses können alle Gerichtsentscheidungen, anders als etwa in Österreich, das auch eine verselbständigte Verfassungsgerichtsbarkeit besitzt, überprüft werden. Es ist diese Rechtsanwendungsprüfung, nicht die Gesetzesprüfung, die den weitaus größten Teil der Tätigkeit des Bundesverfassungsgerichts ausmacht.

Daneben gibt es jedoch einige verfassungsrechtliche Fragen, für die eine ausschließliche Kompetenz des Bundesverfassungsgerichts begründet ist. Es sind die typischen Staatsgerichtshofs-Zuständigkeiten wie die Entscheidung von Konflikten zwischen Staatsorganen, etwa Parlament und Regierung oder Bundestag und Bundesrat, oder die Entscheidung von Konflikten zwischen Bund und Ländern, ferner Parteiverbote, Präsidenten- und Richteranklagen usw. Nach Art. 99 GG ist das Bundesverfassungsgericht ferner Verfassungsgericht für diejenigen Bundesländer, die keine eigene Verfassungsgerichtsbarkeit besitzen.

Ich will die Frage nach den *Vorzügen und Nachteilen integrierter oder spezialisierter Verfassungsgerichtsbarkeit* im folgenden nicht systematisch aufgreifen, sondern einige Erfahrungen mitteilen, die im deutschen System mit spezialisierter Verfassungsgerichtsbarkeit gemacht worden sind. Bei dem Erfahrungsbericht beschränke ich mich überdies auf zwei der insgesamt vierzehn Verfahrensarten, denen die größte praktische Bedeutung zukommt, nämlich auf die Normenkontrolle und die Verfassungsbeschwerde.

Da die schweizerischen Reforminitiativen zum erheblichen Teil durch die Überlastung des Bundesgerichts angestoßen worden sind, erscheint es mir aber nicht unnütz, zuvor noch kurz auf die *Belastung* des

Bundesverfassungsgerichts einzugehen. Im Jahre 1993 sind beim Bundesverfassungsgericht 5440 Verfahren anhängig geworden. Davon waren 5246, also mehr als 95%, Verfassungsbeschwerden. Erledigt wurden im Jahre 1993 5456 Verfahren, von denen wiederum 5211 Verfassungsbeschwerden waren. Unter diesen hatten 270, also etwa 5%, Erfolg. Die Erfolgsquote lag allerdings über dem Durchschnitt der früheren Jahre, der sich zwischen 2 und 3% bewegt.

Die Belastung des Gerichts hat in den mehr als 40 Jahren seiner Existenz kontinuierlich zugenommen. In der ersten Dekade, den fünfziger Jahren, gingen etwa 1000 Fälle jährlich ein. In der zweiten Dekade stieg die Zahl auf 1500, in den siebziger Jahren bewegte sie sich um 2500. In den achtziger Jahren beliefen sich die jährlichen Eingänge auf rund 3500 Fälle. Die 4000er-Grenze wurde 1991 überschritten, die 5000er-Grenze 1993. Dabei wurden bereits die Folgen der Wiedervereinigung sichtbar, die nicht nur die Zahl potentieller Beschwerdeführer, sondern auch die Zahl neuartiger Verfassungsprobleme beträchtlich erhöht hat.

II. Zur Verfassungsbeschwerde

Die Probleme, die die Verfassungsbeschwerde in Deutschland aufwirft, will ich unter drei Gesichtspunkten schildern, der *Zugangsproblematik,* der *Bewältigungsproblematik,* die in der Schweiz ebenfalls von Bedeutung sind, und einer dritten Problematik, die sich nur in einem System spezialisierter Verfassungsgerichtsbarkeit stellt, nämlich der *Abgrenzungsproblematik* zwischen Verfassungsgericht und Fachgerichten.

1. Die eben erwähnten Zahlen haben schon gezeigt, daß die Tore zum Bundesverfassungsgericht weit offen stehen. Verfassungsbeschwerde kann nach

194

Art. 93 Abs. 1 Nr. 4 a Bundesverfassungsgerichtsgesetz (BVerfGG) jedermann mit der Behauptung erheben, daß er durch die öffentliche Gewalt in einem Grundrecht verletzt sei. Prüfungsgegenstand sind also Akte der öffentlichen Gewalt, ohne daß bestimmte Gewalten oder Handlungsformen davon ausgenommen wären. Der angreifbare Akt der öffentlichen Gewalt muß auch nicht notwendig ein aktives Tun sein, es kann sich ebenso um ein staatliches Unterlassen handeln. Prüfungsmaßstab sind die Grundrechte. Andere Verfassungsbestimmungen eröffnen nicht die Möglichkeit der Verfassungsbeschwerde. Ist allerdings ein Grundrechtsverstoß zulässigerweise gerügt worden, muß dieser unter allen verfassungsrechtlichen Gesichtspunkten geprüft werden.

Die Verfassungsbeschwerde ist binnen eines Monats nach Zugang der angegriffenen Entscheidung zu erheben, wenn sie sich nicht – was nur ausnahmsweise zulässig ist – unmittelbar gegen ein Gesetz richtet. In diesem Fall beträgt die Beschwerdefrist ein Jahr. Vor Erhebung der Verfassungsbeschwerde muß der Rechtsweg erschöpft, also Abhilfe vor den Fachgerichten gesucht worden sein. Das führt dazu, daß die Verfassungsbeschwerde, obwohl sie gegen alle Akte der öffentlichen Gewalt gerichtet werden kann, de facto Urteilsverfassungsbeschwerde ist. Nur ausnahmsweise kommen Verfassungsbeschwerden unmittelbar gegen Akte anderer Staatsgewalten in Betracht, wiederum im Unterschied zu Österreich, wo Urteile nur im fachgerichtlichen Rechtszug und Verwaltungsakte nur beim Verwaltungsgerichtshof überprüft werden können, während der Verfassungsgerichtshof auf die Verfassungskontrolle der zugrunde liegenden Normen beschränkt ist.

Die Begründungsanforderungen sind gering. Der Beschwerdeführer muß den Staatsakt bezeichnen, gegen den er sich wendet, und das Grundrecht angeben, das er für verletzt hält. Anwaltliche Vertretung ist nicht erforderlich, Gerichtskosten werden nicht erhoben.

Darin kommt die nach der nationalsozialistischen Diktatur herrschende Überzeugung zum Ausdruck, daß für die Geltendmachung von Grundrechten keine hohen Hürden errichtet werden sollten. Die Frage des Anwaltszwangs oder gar einer besonderen Anwaltszulassung beim Bundesverfassungsgericht, wie sie beim Bundesgerichtshof in Zivilsachen besteht, ist gelegentlich aufgeworfen, aber nie ernstlich verfolgt worden.

Nach meinen eigenen Erfahrungen mit Verfassungsbeschwerden darf man auch keine großen Entlastungshoffnungen in eine solche Maßnahme setzen. Eine Statistik, wie viele Beschwerdeführer sich anwaltlich vertreten lassen und wie viele selbst Verfassungsbeschwerde erheben, wird in Karlsruhe nicht geführt. Nach meiner Schätzung dürften aber zwei Drittel der Beschwerdeführer einen Anwalt mit der Erhebung der Verfassungsbeschwerde beauftragen. Das führt jedoch nicht notwendig zu erheblich besser aufbereiteten Verfassungsbeschwerden. Die Zahl unzulänglicher Beschwerdeschriften ist im Gegenteil recht hoch.

Die Erklärung mag vor allem darin liegen, daß es in Deutschland kaum Anwälte gibt, die auf Verfassungsrecht spezialisiert sind, und es ist fraglich, ob sich im Fall des Anwaltszwangs vor dem Bundesverfassungsgericht eine verfassungsrechtlich ausgerichtete Kanzlei wirtschaftlich trüge. Die Regel ist vielmehr, daß der Beschwerdeführer denjenigen Anwalt, der ihn bereits vor den Fachgerichten vertreten hat, auch mit der Erhebung der Verfassungsbeschwerde beauftragt. Auf die Qualität der Verfassungsbeschwerden wirkt sich das nicht immer günstig aus. In Verfahren von großer Bedeutung kommt es nicht selten vor, daß sich sowohl der Staat als auch die Beschwerdeführer durch Professoren des öffentlichen Rechts vertreten lassen.

2. Wie der kurze Überblick gezeigt hat, gibt es auf der Zugangsebene nur wenig Restriktionen. Anders verhält

es sich auf der *Bewältigungsebene*. Hier empfiehlt sich eine Unterscheidung zwischen den Maßnahmen, die das Gericht im Wege der Interpretation des Bundesverfassungsgerichtsgesetzes ergriffen hat, den Erleichterungen, die der Gesetzgeber dem Gericht im Lauf der Zeit verschafft hat, und der gerichtsinternen Arbeitsorganisationen.

Auf die Interpretation gehe ich nur kurz ein, weil sie in allerjüngster Zeit aufgrund einer Gesetzesnovelle erheblich an Bedeutung verloren hat. Vor dieser Novelle hat sich das Bundesverfassungsgericht durch wachsende interpretatorische Verschärfung der gesetzlichen Zulässigkeitsanforderungen für Verfassungsbeschwerden gegen die steigende Arbeitslast gewehrt. Ansatzpunkt dafür war insbesondere das Erfordernis der Rechtswegerschöpfung in § 90 Abs. 2 BVerfGG. Aus diesem Erfordernis ist der Grundsatz der Subsidiarität der Verfassungsbeschwerde abgeleitet worden und aus diesem Grundsatz wiederum die Regel, daß ein Beschwerdeführer alles ihm Zumutbare tun muß, um dem Verfassungsverstoß schon vor Erhebung der Verfassungsbeschwerde abzuhelfen. Gestützt darauf sind Verfassungsbeschwerden gelegentlich als unzulässig betrachtet worden, weil der Beschwerdeführer nicht schon in der ersten Instanz eines Rechtsstreits die verfassungsrechtlichen Argumente vorgetragen hatte, auf die sich später seine Verfassungsbeschwerde stützte.

Solche auch im Gericht selbst nicht unumstrittenen Überdehnungen der Zulässigkeitsanforderungen haben aber wegen der *Novellierung des Bundesverfassungsgerichtsgesetzes im Jahre 1993* an Bedeutung verloren, auf die das Bundesverfassungsgericht selber gedrungen hatte, weil die Belastung nach der Wiedervereinigung Deutschlands erheblich angestiegen war und mit der Gewöhnung an die Institution der Verfassungsbeschwerde und die Möglichkeit, den Rechtsweg in der früheren DDR zu erschöpfen, weiter zuzunehmen drohte.

Bei dieser Gesetzesnovelle handelte es sich freilich nicht um die erste Entlastung, die vom Gesetzgeber ermöglicht wurde. Schon fünf Jahre nach Errichtung des Bundesverfassungsgerichts wurde ein erleichtertes Verfahren eingeführt, das es erlaubte, nicht jede Verfassungsbeschwerde in dem aus acht Richtern bestehenden Senat zu behandeln. Vielmehr wurden sogenannte Vorprüfungsausschüsse aus drei Verfassungsrichtern gebildet, die beschließen konnten, eine Verfassungsbeschwerde nicht zur Entscheidung anzunehmen, wenn sie unzulässig oder offensichtlich unbegründet war. Der Beschluß erforderte Einstimmigkeit. Der Widerspruch eines einzigen Richters genügte, um die Sache in den Senat zu tragen.

Obwohl der Grundsatz, dem diese Regelung folgte, lautete, daß Verfassungsbeschwerden der Annahme bedürften, handelte es sich nicht um ein echtes Annahmeverfahren, denn in jedem Fall mußte die Zulässigkeit und die Begründetheit der Verfassungsbeschwerde geprüft werden. Das Verfahren ersparte also weder eine Sachprüfung noch eine Sachentscheidung, es verlagerte diese nur in weitem Umfang in die Vorprüfungsausschüsse, und es lockerte sowohl die Prüfungs- als auch die Begründungsanforderung.

Im Jahre 1985 wurden die Vorprüfungsausschüsse in Kammern umbenannt. Das hing mit einer Ausweitung ihrer Kompetenzen zusammen. Konnten sie bis dahin nur Nichtannahmeentscheidungen fällen, so wurde ihnen nun auch die Befugnis eingeräumt, einer Verfassungsbeschwerde stattzugeben, wenn diese offensichtlich begründet und die maßgebliche verfassungsrechtliche Frage bereits vom Senat entschieden worden war. Das hat die Erfolgsquote von Verfassungsbeschwerden leicht erhöht, denn bei der chronischen Verstopfung der Senate kam es vor, daß auch Verfassungsbeschwerden mit gewissen Erfolgsaussichten nicht in den Senat gelangten, weil dessen Kapazitäten ausgeschöpft waren.

Im Zuge der erheblichen Steigerung der Eingangs-
zahl nach der Wiedervereinigung ist 1993 ein echtes
Annahmeverfahren eingeführt worden, das dem Bundesverfassungsgericht allerdings nicht so viel Freiheit
gewährt, wie sie der amerikanische Supreme Court besitzt. Dieser bestimmt die Zahl der anzunehmenden
Verfahren im wesentlichen nach seiner Erledigungska-
pazität. Er kann erfahrungsgemäß ca. 150 Fälle pro
Jahr entscheiden und nimmt eben diese Zahl zur Entscheidung an, erledigt sie aber auch im Laufe des Jahres. Kontroversen über die Annahmewürdigkeit sind
nach Berichten der amerikanischen Richter außerordentlich gering.

Das in Deutschland nunmehr geltende Annahmeverfahren ist demgegenüber kein freies, sondern ein *gebun-
denes* Annahmeverfahren. Nach § 93 a BVerfGG muß
die Verfassungsbeschwerde zur Entscheidung angenommen werden, wenn sie grundsätzliche verfassungsrechtliche Bedeutung hat. Das Gericht versteht darunter –
das zeichnet sich inzwischen ab – neue, bisher nicht
entschiedene Probleme oder Probleme, die zwar schon
Gegenstand einer Entscheidung waren, aber aufgrund
veränderter Umstände, namentlich sozialen Wandels,
erneut entscheidungsbedürftig erscheinen. Ferner muß
die Verfassungsbeschwerde zur Entscheidung angenommen werden, wenn es zur Durchsetzung der Grundrechte angezeigt ist. Diese Formulierung, bei der das
Bundesverfassungsgericht selber Pate gestanden hat,
läßt in ihrer geringen Präzision erkennen, daß sie versucht, unterschiedliche Auffassungen zu überbrücken.
Für eine Richtung erlaubt es das außerordentlich entwickelte deutsche Rechtsschutzsystem, auf der obersten
Ebene der Verfassungsgerichtsbarkeit nicht mehr den
subjektiven Rechtsschutz in den Vordergrund zu stellen,
sondern nur noch das Ziel objektiver Rechtsdurchsetzung zu verfolgen. Für andere ist der Gedanke subjektiven Rechtsschutzes in der deutschen Gerichtstradition

so tief verwurzelt, daß er auch auf der Ebene der Verfassungsgerichtsbarkeit unverzichtbar erscheint.

Unter der gegenwärtigen Formulierung können sowohl objektive wie auch subjektive Gründe zur Annahme einer Verfassungsbeschwerde führen. Objektive Gründe liegen etwa vor, wenn sich die Fachgerichte für ein bestimmtes Grundrecht oder einen bestimmten Grundrechtsaspekt nicht nur im Einzelfall, sondern generell als unsensibel erweisen, aber auch, wenn im Einzelfall ein besonders leichtfertiger Umgang mit einem Grundrecht zu beobachten ist. Subjektive Annahmegründe liegen vor, wenn die behauptete Grundrechtsverletzung die Beschwerdeführer besonders schwer trifft. Was darunter des näheren zu verstehen ist, wird sich erst nach einiger Zeit der Anwendung dieser Norm herausstellen.

Verfassungsbeschwerden von grundsätzlicher Bedeutung sind vom Senat zu entscheiden. Ob eine Verfassungsbeschwerde ohne grundsätzliche Bedeutung zur Entscheidung angenommen werden soll, können die weiterhin bestehenden Kammern entscheiden. Diese lehnen entweder die Annahme ab oder geben der Verfassungsbeschwerde statt. Ablehnungsentscheidungen bedürfen keiner Begründung mehr. Begründungen sind aber nicht unstatthaft und werden vor allem dann gegeben, wenn in der Tat ein Verfassungsverstoß vorgekommen ist, der aber nicht zur Aufhebung der angegriffenen Entscheidung führt, etwa weil diese nicht darauf beruht.

Eine Kammerentscheidung setzt allerdings weiterhin Einstimmigkeit voraus. Schon der Widerspruch eines Kammermitglieds verlagert die Entscheidung in den Senat. Der Senat hat zwei Möglichkeiten: Die erste besteht darin, daß er selbst eine Nichtannahmeentscheidung trifft. Dazu sind mindestens sechs von acht Stimmen erforderlich. Drei Richter können also eine Sachentscheidung erzwingen. Die zweite Möglichkeit besteht darin, daß der Senat in der Sache entscheidet. Dabei kann es sich um Verwerfung der Verfassungsbeschwerde als unzulässig, um Zurückweisung als unbegründet oder um Stattgabe handeln. Im Jahresdurchschnitt werden rund 30 Verfassungsbeschwerden in den beiden Senaten entschieden, der Rest in den Kammern.

Bei der *internen Arbeitsorganisation* bringt zunächst das vorgeschaltete Verfahren einer kursorischen Prüfung der Eingänge durch juristisch qualifizierte Beamte eine beträchtliche Erleichterung. Die Zahl der Eingaben an das Bundesverfassungsgericht ist etwa doppelt so hoch wie die Zahl der Verfassungsbeschwerden. Eine Eingabe wird bei Eingang daraufhin überprüft, ob sie die Grundanforderungen an eine Verfassungsbeschwerde erfüllt und die wesentlichen Zulässigkeitsvoraussetzungen eingehalten hat. Fehlt es daran, werden die Einsender darauf hingewiesen und erhalten die Möglichkeit, ihre Eingabe zurückzuziehen, nachzubessern oder auf der Behandlung als Verfassungsbeschwerde zu bestehen.

Für die Bewältigung der Arbeitslast ist ferner die Hilfe der wissenschaftlichen Mitarbeiter wichtig, von denen jeder Richter heute drei hat, die er selbständig auswählt und einsetzt. Die meisten kommen aus der ersten oder zweiten Instanz der Fachgerichte und werden gewöhnlich auf drei Jahre an das Bundesverfassungsgericht entsandt. Stets sind aber auch andere juristische Berufe vertreten, namentlich Universitätsassistenten und Verwaltungsbeamte. Die gewaltige Zahl der Kammerentscheidungen könnte ohne die Tätigkeit der Mitarbeiter nicht ergehen. Sie werden aber auch bei der außerordentlich aufwendigen Vorbereitung von Senatsentscheidungen eingesetzt.

3. Das *Abgrenzungsproblem,* dem ich mich nun zuwende, kann, wie erwähnt, bei integrierter Verfas-

sungsgerichtsbarkeit nicht auftreten. Es ist ein Sonder-
problem der verselbständigten Verfassungsgerichtsbarkeit. In Deutschland ist es durch ein extensives Grund-
rechtsverständnis noch erheblich verschärft worden.
Zur Erklärung muß ich einen kurzen Blick auf die Entwicklung der Grundrechtsdogmatik werfen.

Im Laufe des 19. Jahrhunderts hatte sich in Deutschland die Auffassung durchgesetzt, daß die Grundrechte
nur für das Verhältnis zwischen Staat und Bürger maßgeblich seien, aber auch hier nur die staatliche Verwaltung erfaßten, nicht den Gesetzgeber. Aus dem Umstand, daß die Grundrechte gesetzlicher Beschränkung
zugänglich waren, wurde vielmehr geschlossen, daß sie
den Gesetzgeber nicht banden, sondern nur im Rahmen der Gesetze galten. An die Gesetzgebung selber
richteten sie keine Anforderungen, und noch weniger
kam die Gesetzesanwendung unter den Einfluß der
Grundrechte. Ihre Bedeutung beschränkte sich unter
diesen Umständen auf die Anforderung, daß Grund-
rechtseingriffe einer gesetzlichen Grundlage bedürften.
Da dies aber bereits der wesentliche Inhalt des Rechtsstaatsprinzips war, kam die herrschende Lehre zu dem
Schluß, daß die Grundrechte im Rechtsstaatsprinzip
aufgingen und als solche «leer liefen».

Mit dieser Auffassung hat das Grundgesetz gebrochen, indem es in Art. 1 Abs. 3 GG feststellte, daß die
Grundrechte sämtliche Staatsgewalten als unmittelbar
geltendes Recht binden. Die Folge dieser Vorschrift
war, daß sich die Gesetzesprüfung nicht mehr in der
Kontrolle der formellen Verfassungsmäßigkeit erschöpfen konnte, sondern auch auf die materielle Übereinstimmung mit der Verfassung, namentlich mit den
Grundrechten, erstreckte. Ungewiß blieb in der Früh-
phase der Bundesrepublik allerdings, was die Geltung
der Grundrechte für die Rechtsprechung bedeutete.

Die Entscheidung dieser Frage erfolgte durch das
Lüth-Urteil des Bundesverfassungsgerichts von 1958

(BVerfGE 7, 198), dessen Bedeutung gar nicht überschätzt werden kann. Ausgangspunkt war ein Privatrechtsstreit zwischen dem Vorsitzenden des Hamburger Filmclubs Lüth und den Produzenten und Verleihern des Veit Harlan-Films «Unsterbliche Geliebte». Lüth hatte zum Boykott dieses Films aufgerufen, weil er es empörend fand, daß ein Exponent des nationalsozialistischen Films wie Veit Harlan in der Bundesrepublik wieder als Regisseur auftrat. Die Zivilgerichte sahen in Lüths Verhalten eine sittenwidrige Schädigung der Kläger und verurteilten ihn zur Unterlassung. Gestützt auf das Grundrecht der Meinungsfreiheit erhob er Verfassungsbeschwerde.

Die Entscheidung ließ sieben Jahre auf sich warten, hat aber dann die Grundrechtsdogmatik auf ein neues Fundament gestellt und die Rechtspflege insgesamt erheblich verändert. Das Bundesverfassungsgericht stellte fest, daß die Grundrechte nicht allein subjektive Abwehrrechte des Einzelnen gegen den Staat, sondern auch objektive Prinzipien seien, die die gesamte Rechtsordnung durchdringen, das Privatrecht nicht ausgenommen. Das Gericht ging deswegen aber nicht zur unmittelbaren Geltung der Grundrechte in Privatrechtsverhältnissen über. Diese richten sich weiterhin nach Privatrecht. Doch war es nicht damit getan, daß die Privatrechtsgesetze selber grundrechtskonform sein mußten. Privatrechtliche Normen, die ein Grundrecht beschränkten oder im konkreten Fall grundrechtsbeschränkende Wirkung hatten, mußten vielmehr auch im Einklang mit dem betreffenden Grundrecht ausgelegt und angewandt werden. Das grundrechtsbeschränkende Gesetz war also selber wieder im Lichte des eingeschränkten Grundrechts zu deuten. Das Gericht sprach in diesem Zusammenhang von «Wechselwirkung» zwischen beiden und von einer «Ausstrahlung» des Grundrechts auf das sogenannte einfache Recht.

Das Urteil wurde zunächst als Aussage zur Drittwirkungsproblematik verstanden, die ja kürzlich auch in der Schweiz nochmals eine Grundsatzdiskussion ausgelöst hat. Die *Ausstrahlungswirkung der Grundrechte* beschränkt sich aber nicht auf das Privatrecht. Sie gilt vielmehr für sämtliche Rechtsgebiete, sobald eine gesetzliche Bestimmung Grundrechtsberührung hat. Die Reichweite der neuen Lehre war bereits ein Jahr früher abgesteckt worden, als das Bundesverfassungsgericht im Elfes-Urteil (BVerfGE 6, 32) das Grundrecht auf freie Entfaltung der Persönlichkeit in Art. 2 Abs. 1 GG als allgemeines Freiheitsrecht interpretierte, das jedes erdenkliche menschliche Verhalten schützt, das nicht im Schutzbereich eines speziellen Freiheitsrechts liegt. Der damit gewährleistete lückenlose Grundrechtsschutz macht auch die Ausstrahlungswirkung der Grundrechte zu einer flächendeckenden, denn es sind wenig Rechtsnormen vorstellbar, die nicht wenigstens die allgemeine Handlungsfreiheit berühren.

Mit der verfassungsrechtlichen Pflicht der Gerichte, bei Auslegung und Anwendung grundrechtsrelevanten einfachen Rechts den interpretationsleitenden Einfluß der Grundrechte zu beachten, war aber auch die Tätigkeit der Gerichte der Kontrolle des Bundesverfassungsgerichts unterworfen. Mit diesem Instrument hat es die Fachgerichtsbarkeit für die Grundrechte sensibel gemacht. Die Tragweite ist am Beispiel Österreichs abzulesen. Da dort der Verfassungsgerichtshof nicht die Rechtsprechung der Fachgerichte auf Verfassungsverstöße überprüfen kann, sind diese auch weit weniger von den grundrechtlichen Anforderungen durchdrungen, als das in Deutschland der Fall ist.

Als Folge dieser Ausweitung des Geltungsumfangs der Grundrechte tritt allerdings das *Abgrenzungsproblem zwischen Verfassungsgericht und Fachgerichten, Verfassungsrecht und einfachem Recht* auf. Eine trennscharfe Grenze zwischen beiden läßt sich nicht ziehen.

Eingriffe in Grundrechte sind nur auf gesetzlicher Grundlage zulässig. Fehler bei der Gesetzesauslegung haben dann aber grundsätzlich dieselbe Wirkung wie eine fehlende Gesetzesgrundlage überhaupt: Der Eingriff steht außerhalb des gesetzlichen Rahmens. So gesehen ist im Eingriffsbereich jeder Rechtsfehler zugleich Verfassungsfehler. In der Konsequenz dieser Einsicht hätte sich das Bundesverfassungsgericht daher zur, wie es gerne genannt wird, Superrevisionsinstanz der Gerichtsbarkeit entwickeln können. Um diese Konsequenz zu vermeiden, hat das Gericht es schon frühzeitig abgelehnt, Entscheidungen der Fachgerichte einer umfassenden Nachprüfung zu unterziehen. *Nachgeprüft wird* vielmehr *nur, ob «spezifisches Verfassungsrecht» verletzt ist.* Damit ist gemeint, daß diejenigen Verfassungsfehler, die lediglich auf fehlerhafter Auslegung und Anwendung des einfachen Rechts beruhen, verfassungsprozessual irrelevant seien und nur im fachgerichtlichen Rechtszug überprüft werden sollen, während das Verfassungsgericht nur diejenigen Fehler korrigiert, die sich gerade aus der Außerachtlassung oder Fehlgewichtung der Grundrechte ergeben. Das ist der Inhalt der sogenannten Heckschen Formel, mit der das Bundesverfassungsgericht seit einer frühen Entscheidung (BVerfGE 18, 85, 92) das Abgrenzungsproblem zu lösen sucht.

Allerdings läßt die Formel beträchtlichen Spielraum. Es ist auch nicht zu verkennen, daß sie in der Praxis außerordentlich unterschiedlich gehandhabt wird und manchmal zu einer weit zurückgenommenen, dann wieder zu einer weit vorgeschobenen Nachprüfung führt, ohne daß die Gründe für den unterschiedlichen Prüfungsumfang immer deutlich gemacht würden. Die Grenzziehung ist auf diese Weise ein Dauerproblem und auch ein häufiger Anlaß zu Kritik an der Verfassungsrechtsprechung. Eine überzeugende Lösung steht indessen nicht zur Verfügung. Für die Frage nach integrierter oder verselbständigter Verfassungsgerichtsbarkeit kann das von Bedeutung sein.

III. Zur Normenkontrolle

Auch die Normenkontrolle, der ich mich nun zuwende, wirft Abgrenzungsprobleme auf, allerdings nicht zwischen Verfassungsgerichtsbarkeit und Fachgerichtsbarkeit, sondern zwischen Verfassungsgericht und Gesetzgeber. Allerdings ist dieses Problem von der Frage nach integrierter oder spezialisierter Verfassungsgerichtsbarkeit unabhängig. Es tritt vielmehr überall dort auf, wo man sich entscheidet, die Verfassung auch gegenüber dem Gesetzgeber gerichtlich durchzusetzen. Es stellen sich aber einige andere Fragen, von denen ich mir die folgenden zu diskutieren vorgenommen habe: monopolisierte oder diffuse, präventive oder repressive, abstrakte oder konkrete Normenkontrolle?

1. Hinsichtlich der *monopolisierten oder diffusen Normenkontrolle* unterscheiden sich das schweizerische und das deutsche System. Wie eingangs schon angedeutet, gibt es in Deutschland zwar kein Prüfungsmonopol des Bundesverfassungsgerichts, wohl aber ein *Verwerfungsmonopol*. Ein Grund dafür war der Respekt vor dem demokratisch legitimierten Gesetzgeber, den man nicht der Kontrolle jedes beliebigen Gerichts, sondern nur der des höchsten, selbst auf die Stufe eines obersten Staatsorgans gestellten Gerichts unterwerfen wollte. Das wird auch daran erkennbar, daß das Verwerfungsmonopol sich weder auf vorkonstitutionelles noch auf untergesetzliches Recht erstreckt. Ein zweiter Grund, der für die monopolisierte Normenkontrolle sprach, war die Einheitlichkeit der Rechtsprechung und die über sie vermittelte Rechtssicherheit. Diffuse Normenkontrolle bringt im Gegensatz zur monopolisierten die

Möglichkeit mit sich, daß ein und dasselbe Gesetz in einem Verfahren für verfassungsmäßig gehalten und angewandt, im anderen für verfassungswidrig gehalten und außer acht gelassen wird. Bis zu einer definitiven Klärung in der letzten Instanz kann unter Umständen lange Zeit vergehen, binnen derer erhebliche Unsicherheit über den Rechtszustand sowie Ungleichbehandlung der Prozeßparteien herrscht.

Zu diesen beiden ursprünglichen Gründen ist im Laufe der Zeit noch ein dritter hinzugetreten, dessen Bedeutung sich bei der Einrichtung des Bundesverfassungsgerichts noch nicht abzeichnete. So wie die Gesetzgebung in einer immer komplizierter werdenden Gesellschaft selber immer komplizierter wird und so wie sie angesichts der prospektiven Wende der Staatstätigkeit immer stärker zukunftsgerichtete Züge annimmt, wird auch die Prüfung der Verfassungsmäßigkeit der Gesetze immer schwerer, weil ihre verfassungsrechtliche Beurteilung zu einem erheblichen Teil davon abhängt, ob die Annahmen des Gesetzgebers über die künftige tatsächliche Entwicklung im Regelungsbereich des Gesetzes zutreffen oder nicht.

Der Informationsbedarf, der bei der Beurteilung solcher Fragen anfällt, ist beträchtlich und kann von der Justiz im allgemeinen nicht geleistet werden. Sie hat weder das Instrumentarium noch die Zeit, die eine Überprüfung von Prognosen erfordert. Dagegen ist in der Verfassungsgerichtsbarkeit einerseits ein Informationssystem ausgebildet worden, das es ermöglicht, die gesetzgeberischen Annahmen leidlich kompetent zu bewerten, andererseits eine Abstufung der Prüfungsintensität und der Rechtsfolgen entstanden, die dem Gesetzgeber die Einschätzungsprärogative hinsichtlich zukünftiger Entwicklungen beläßt und ihn gegebenenfalls zu späterer Korrektur verpflichtet, wenn die Entwicklung abweichend verläuft und das Gesetz dadurch verfassungswidrig wird.

2. Beim zweiten Gegensatzpaar, der Differenz zwischen *präventiver und repressiver Normenkontrolle,* habe ich nicht den Vergleich zwischen Deutschland und der Schweiz, sondern zwischen Deutschland und Frankreich vor Augen. Der französische Conseil Constitutionnel kann sein Gesetzesprüfungsrecht nur in der kurzen Spanne zwischen der Verabschiedung und dem Inkrafttreten des Gesetzes ausüben. Er ist zwar nicht auf eine bloße Gutachterfunktion beschränkt. Sein Spruch hat vielmehr verbindliche Kraft und hindert, wenn er negativ ausfällt, die Inkraftsetzung des Gesetzes. Der zeitliche Entscheidungsspielraum ist aber auf diese Weise außerordentlich begrenzt.

Dieses System hat den Vorteil der Gewißheit für sich. Sobald die Anfechtungsfrist verstrichen ist, kann die Verfassungsmäßigkeit eines Gesetzes nicht mehr in Frage gestellt werden. Mir scheinen aber die Nachteile zu überwiegen. Sie liegen vor allem darin, daß über die Verfassungsmäßigkeit eines Gesetzes geurteilt werden muß, ehe es angewandt worden ist. Das Verfassungsgericht weiß also weder, wie das Gesetz von den jeweiligen Fachgerichten verstanden wird, noch welche Folgen es möglicherweise entfaltet. Ein solcher Fall kann in Deutschland nur dann eintreten, wenn ein Gesetz unmittelbar nach seiner parlamentarischen Verabschiedung im Wege der abstrakten Normenkontrolle angegriffen wird.

Der zweite und womöglich noch gewichtigere Nachteil der präventiven Normenkontrolle besteht darin, daß spätere Einsichten hinsichtlich der Verfassungsmäßigkeit des Gesetzes folgenlos bleiben müssen. Das System der präventiven Normenkontrolle ist nicht lernfähig. Das ist um so mißlicher, als das Bundesverfassungsgericht davon ausgeht, daß die Verfassungsmäßigkeit eines Gesetzes nicht ein für allemal feststeht. Normen sind stets auf einen bestimmten Zustand der sozialen Wirklichkeit bezogen, in dem sie ihre normative Wirkung entfalten sollen. Veränderungen der Verhältnisse im Regelungsbereich einer Norm können aber dann dazu führen, daß diese ihr Ziel nicht mehr erreicht oder sogar disfunktionale Folgen verursacht. Es ist daher nicht ausgeschlossen, daß ein Gesetz im Laufe der Zeit verfassungswidrig wird, so daß ungeachtet seiner anfänglichen Verfassungsgemäßheit die Notwendigkeit besteht, es aufzuheben oder zu korrigieren. Diesem Erfordernis kann nur eine repressive Normenkontrolle Rechnung tragen.

3. Die Frage *nach abstrakter oder konkreter Normenkontrolle* ist in einer Entscheidung für eine integrierte Verfassungsgerichtsbarkeit, wie sie die Schweiz und die USA kennen, von vornherein mit entschieden. Verfassungsfragen entwickeln sich hier aus dem konkreten Rechtsfall, aus *case and controversy,* wie die Amerikaner sagen, und können nicht in abstrakter Form an das Gericht herangetragen werden. In Deutschland gibt es sowohl diese Form, die sogenannte Richtervorlage gemäß Art. 100 GG, aber auch die abstrakte Normenkontrolle auf Antrag der Bundesregierung, einer Landesregierung oder eines Drittels der Mitglieder des Bundestages.

Verfahren dieser Art sind allerdings nicht häufig. Zwischen 1951, dem Gründungsjahr des Bundesverfassungsgerichts, und 1993 hat es 41 Verfahren der abstrakten Normenkontrolle gegeben, dagegen 1724 der konkreten Normenkontrolle. Wird die abstrakte Normenkontrolle beantragt, so handelt es sich allerdings regelmäßig um politisch höchst umstrittene Fragen. Dafür ist gerade diese Verfahrensart besonders anfällig, denn sie eröffnet ja dem Verlierer im parlamentarischen Prozeß die Möglichkeit, die Auseinandersetzung sogleich vor dem Bundesverfassungsgericht fortzusetzen. Das geschieht typischerweise in Fällen, in denen erbittert gestritten worden ist, und fast immer impliziert ein solcher Streit, daß auch die Gesellschaft in dieser Frage tief gespalten ist.

Vor dem Verfassungsgericht wird zwar nicht die politische Auseinandersetzung fortgeführt, sondern im verengten Rahmen der juristischen Argumentation gestritten. Die zeitliche Nähe zur politischen Auseinandersetzung und die Identität der Streitparteien droht aber auch das verfassungsgerichtliche Verfahren, zumindest in den Augen der Öffentlichkeit, stark zu politisieren. Der Akzeptanz der Verfassungsgerichtsbarkeit ist es nicht bekömmlich, weil sie ihre Autorität u. a. daraus bezieht, daß sie vom Publikum nicht als Fortsetzung der politischen Auseinandersetzung, sondern als ein von dieser distanziertes Forum wahrgenommen wird, in dem andere Entscheidungskriterien maßgeblich sind.

Was die konkrete Normenkontrolle angeht, so ist in der zurückliegenden Phase der Novellierung des Bundesverfassungsgerichtsgesetzes diskutiert worden, ob man die Vorlagebefugnis auf die Höchstgerichte der verschiedenen Gerichtszweige beschränken solle. Der Gesetzgeber hat sich dazu nicht entschlossen, und ich halte eine solche Lösung auch nicht für ratsam. Die Erfahrung zeigt, daß die Höchstgerichte weniger bereit sind, Verfassungsfragen ihres Rechtszweiges dem Bundesverfassungsgericht vorzulegen. Es würde also eine beträchtliche Verengung des Spektrums eintreten, wenn die Gerichte der ersten und zweiten Instanz von der Vorlagemöglichkeit ausgeschlossen würden, die der Durchsetzung verfassungsrechtlicher Anforderungen im einfachen Recht nicht zuträglich wäre.

IV. Integrierte oder spezialisierte
Verfassungsgerichtsbarkeit?

Eine abschließende Antwort auf die Frage nach der Vorzugswürdigkeit integrierter oder spezialisierter Verfassungsgerichtsbarkeit ist damit nicht gegeben, und sie kann auch gar nicht ohne Rücksicht auf die Rechts- und Gerichtstraditionen eines Landes sowie seine historischen Erfahrungen gegeben werden. Ohne die Erfahrung totalitärer Herrschaft in der Zeit des Nationalsozialismus wäre das Bundesverfassungsgericht als nachhaltigste Neuerung des westdeutschen Nachkriegssystems kaum denkbar gewesen, und ohne die Erfahrung des Totalitarismus sowjetischer Prägung wäre auch die Blüte, die die Verfassungsgerichtsbarkeit derzeit in Osteuropa erlebt, kaum zustande gekommen.

Gerade aus dem Kontakt mit zahlreichen, nicht allein osteuropäischen Staaten, die jüngst eine Verfassungsgerichtsbarkeit eingerichtet haben und daher auch vor der Frage nach integrierter oder spezieller Form standen, glaube ich aber schließen zu können, daß eine eigenständige Verfassungsgerichtsbarkeit dann eine Vorbedingung des Erfolgs ist, wenn es darauf ankommt, der Verfassung überhaupt erst Respekt im politischen und womöglich auch im justiziellen System zu verschaffen. Das ist in jenen Ländern der Fall, die zwar seit langem eine Verfassung gehabt haben mögen, welche jedoch im Konflikt mit der Politik stets den kürzeren zog oder von den ordentlichen Gerichten nicht zur Streitentscheidung herangezogen wurde. Hier wird eine auf Verfassungsdurchsetzung spezialisierte Institution schon aufgrund ihres institutionellen Eigeninteresses eher willens sein, der Verfassung zur Geltung zu verhelfen, und die Bedeutung der Verfassung auch der Öffentlichkeit eher vermitteln können als eine integrierte Verfassungsgerichtsbarkeit.

In einer solchen Situation befindet sich die Schweiz nicht. Es gibt aber noch einen zweiten Grund, der auf eine verselbständigte Verfassungsgerichtsbarkeit drängt. Er ist quantitativer Natur. Es kann der Fall eintreten, daß die Belastung eines integrierten obersten Gerichts in einem Ausmaß wächst, daß eine Vernachlässigung entweder der verfassungsrechtlichen oder der einfachrechtlichen Probleme droht. Vor eine solche Situation gestellt, hat der amerikanische Supreme Court nach und nach die Behandlung einfachrechtlicher Fragen zurückgedrängt und sich de facto auf Verfassungsrechtsprechung beschränkt. Die Alternative dazu ist eine Ausgliederung der Verfassungsgerichtsbarkeit. Ob die Schweiz bereits an diesem Punkt angelangt ist, vermag ich allerdings auch nach der Diskussion dieser Tage noch nicht zu sagen.

IV.
VERFASSUNGSPROBLEME EUROPAS

16. Braucht Europa eine Verfassung?

I. Das europäische Demokratiedefizit als Quelle der Verfassungsforderung

Verfassungen bilden die Rechtsgrundlage von Staaten. Zwischenstaatliche Einrichtungen finden ihre Rechtsgrundlage dagegen in völkerrechtlichen Verträgen. So verhielt es sich jedenfalls in der Vergangenheit. Vor der Europäischen Union scheint diese Einteilung aber zu versagen. Obwohl niemand sie für einen Staat hält, ist viel von ihrer Verfassung die Rede. Dabei treffen allerdings ganz unterschiedliche Auffassungen zusammen. Einerseits werden die völkerrechtlichen Verträge, auf denen die Existenz der Union beruht, immer selbstverständlicher als ihre Verfassung bezeichnet. Andererseits wird die vertragliche Grundlage in wachsendem Maß als unzureichend empfunden und das Fehlen einer europäischen Verfassung beklagt. Indessen kann nicht beides gleichzeitig stimmen. Entweder ist die Verfassung in Gestalt der Verträge schon vorhanden oder diese erfüllen gerade nicht die Anforderungen, die an eine Verfassung gestellt werden. Die widersprüchlichen Ansichten sind daher auch in unterschiedlichen Diskursmilieus anzutreffen. Die erste beherrscht die europarechtliche Diskussion und kann sich auf die Rechtsprechung des Europäischen Gerichtshofs berufen.[1]

---

1 Vgl. Rs. 294/83 – «Les Verts», Slg. 1986, S. 1339 (1365), wo der Vertrag erstmals als «Verfassungsurkunde der Gemeinschaft» bezeichnet wird. Im Gutachten 1/91, Slg. 1991, S. 6984, Rz. 21, heißt es dann, der EWG-Vertrag stelle, «obwohl er in der Form einer völkerrechtlichen Übereinkunft geschlossen wurde, nichts-

Die zweite greift in der europapolitischen Diskussion um sich und hat jüngst in einer Verfassungsinitiative des Europäischen Parlaments Ausdruck gefunden.[2]

So weit die Auffassungen über die Existenz einer Verfassung auch auseinandergehen, so einig sind sich beide Seiten doch in der Grundannahme, daß die Europäische Union, obwohl kein Staat, verfassungsfähig und verfassungsbedürftig sei. Diese Annahme läßt sich nicht allein damit erklären, daß die Union auch keine zwischenstaatliche Einrichtung der herkömmlichen Art ist, sondern über Hoheitsrechte verfügt, die ihr von den Mitgliedstaaten übertragen worden sind und die sie mit unmittelbarer innerstaatlicher Wirkung ausübt. Denn diese Befugnis, die den klassischen Dualismus von Staaten und internationalen Organisationen sprengt, besaß die Gemeinschaft von Anfang an, ohne daß ihr deswegen eine Verfassung zugeschrieben oder angeraten worden wäre. Noch vor zehn Jahren, als das Europäische Parlament den Entwurf eines Vertrages

---

destoweniger die Verfassungsurkunde einer Rechtsgemeinschaft dar». Daß der EWG-Vertrag «gewissermaßen die Verfassung dieser Gemeinschaft» sei, hatte schon 1967 das Bundesverfassungsgericht ausgesprochen (BVerfGE 22, 293 [296]).

2 Vgl. das vom Institutionellen Ausschuß des Europäischen Parlaments vorgelegte «Projekt einer Verfassung der Europäischen Union» vom 9. September 1993, revidiert am 10. Februar 1994 und in dieser Form Gegenstand einer Debatte des Parlaments am selben Tag, die in eine «Entschließung zur Verfassung der Europäischen Union» mündete. Das Parlament nimmt dort mit Befriedigung zur Kenntnis, daß die Arbeit des Institutionellen Ausschusses zu einem Verfassungsentwurf geführt habe, ohne jedoch kurz vor der Neuwahl näher darauf einzugehen. Vielmehr wird das neugewählte Parlament aufgefordert, die Arbeit fortzusetzen. Vor der Regierungskonferenz 1996 soll nach dem Wunsch des Parlaments ein Europäischer Verfassungskonvent zusammentreten, der auf der Grundlage eines Parlamentsentwurfs Leitlinien für die Verfassung verabschiedet und das Parlament beauftragt, auf dieser Grundlage einen endgültigen Entwurf auszuarbeiten (ABl. 1994 C 61/155, der Kommissionsentwurf in der Anlage C 61/156).

zur Gründung einer Europäischen Union vorlegte, wurde dieser zwar in Fachkreisen sogleich als Verfassungsentwurf verstanden,[3] in der Politik stieß er dagegen auf Desinteresse, und in der Öffentlichkeit fand er keinerlei Widerhall. Die völkerrechtlichen Verträge galten vielmehr als ausreichende Legitimationsgrundlage für die hoheitlichen Befugnisse der Gemeinschaft, während die Rechtsform der Verfassung dem Staat vorbehalten blieb.

Inzwischen ist der Vertrag von Maastricht abgeschlossen worden und hat die öffentliche Aufmerksamkeit auf Europa gelenkt. Allerdings ist die Gemeinschaft durch den Vertrag nicht in ihrer Eigenart verändert worden. Insbesondere hat er sie nicht in ein Gebilde verwandelt, das selber Staatsqualität beanspruchen könnte und die Mitgliedstaaten in eine untergeordnete Position abdrängte. Die Gemeinschaft bleibt vielmehr ungeachtet der im Vertrag festgelegten Integrationsfortschritte eine supranationale Einrichtung, und die der Gemeinschaft zur Seite gestellten und mit ihr zusammen die Union bildenden Säulen der Gemeinsamen Außen- und Sicherheitspolitik sowie der Zusammenarbeit in den Bereichen Justiz und Inneres verharren sogar auf der Stufe bloßer intergouverne-

---

3 Entwurf eines Vertrages zur Gründung der Europäischen Union vom 14. Februar 1984, ABl. C 77/33. Vgl. dazu F. Capotorti/M. Hilf/F. Jacobs/J.-P Jacqué, Der Vertrag zur Gründung der Europäischen Union. Kommentar zum Entwurf des Europäischen Parlaments, Baden-Baden 1986; J. Schwarze/R. Bieber (Hrsg.), Eine Verfassung für Europa, Baden-Baden 1984; I. Pernice, Verfassungsentwurf für eine Europäische Union, EuR 1984, S. 126; H.-W. Rengeling/M. C. Jakobs, Europäische Verfassung, DVBl. 1984, S. 773; H. P. Ipsen, Utopisches im Parlaments-Entwurf einer Europäischen Union, FS Carstens, Köln 1984, S. 155; ders., Zum Parlamentsentwurf einer Europäischen Union, Der Staat 24 (1985), S. 325; W. Weidenfeld/W. Wessels (Hrsg.), Wege zur Europäischen Union. Vom Vertrag zur Verfassung? Bonn 1986; Integration, Sonderheft zum Vertragsentwurf des Europäischen Parlaments, Bonn 1986.

mentaler Zusammenarbeit. Eine Verlagerung von Hoheitsrechten wie bei der Gemeinschaft hat hier nicht stattgefunden. Wohl aber ist in der öffentlichen Diskussion des Vertrages zutage getreten, wie weit die Integration bereits vorher, und zwar von Politik und Öffentlichkeit weitgehend unbeachtet, vorangeschritten war, in welchem Umfang die nationale Politik inzwischen von Entscheidungen der Gemeinschaftsorgane bestimmt ist und wie stark die innerstaatlichen Verhältnisse vom Gemeinschaftsrecht und der Rechtsprechung des Europäischen Gerichtshofs geprägt werden.[4]

Mit dieser Entdeckung ging die Entdeckung des europäischen Demokratiedefizits einher, das seit dem Vertrag von Maastricht die Europadiskussion beherrscht. Obgleich die Bürger der Mitgliedstaaten, wie nunmehr bewußt geworden ist, in großem Umfang von Entscheidungen der Gemeinschaft betroffen und ihren Rechtsnormen unterworfen sind, hat das von ihnen gewählte Europäische Parlament darauf nur geringen Einfluß. Auch wenn es unter den Organen der Gemeinschaft an erster Stelle aufgeführt ist, besitzt es doch von allen das geringste Gewicht. Europäische Entscheidungen einschließlich solcher legislativer Art sind exekutivisch bestimmt. Das Parlament bleibt auch nach seiner Aufwertung durch den Vertrag von Maastricht auf Vetorechte beschränkt. Ihre demokratische Legitimation gewinnen die europäischen Rechtsakte unter diesen Umständen

---

4 Die Bedeutung des Europäischen Gerichtshofs für die Integration wird häufig unterschätzt. Gerade Zeiten politischer Stagflation sind aber solche besonders intensiver judikativer Integration gewesen (vgl. J. H. H. Weiler, The Transformation of Europe, 100 Yale L. J. 2403, der in diesem Zusammenhang von «constitutionalization» der Rechtsstruktur der Gemeinschaft spricht (S. 2413 und öfter). Vgl. auch J. Schwarze (Hrsg.), Der Europäische Gerichtshof als Verfassungsgericht und Rechtsschutzinstanz, Baden-Baden 1983; G. C. Rodriguez Iglesias, Der Gerichtshof der europäischen Gemeinschaften als Verfassungsgericht, EuR 1992, S. 225.

zum überwiegenden Teil aus der demokratischen Legitimation der nationalstaatlichen Regierungen, die im Rat das eigentliche Entscheidungszentrum der Gemeinschaft bilden. Es ist diese Legitimationsschwäche, aus der die Forderung nach einer europäischen Verfassung wie auch die Resonanz, die sie in der Öffentlichkeit neuerdings findet, erwächst. Die legitimitätspendende Kraft, die die Verfassung im nationalen Rahmen entfaltet, soll auch der Europäischen Union zufließen.

Dabei tauchen freilich zahlreiche Unklarheiten auf. Die Verfassungsforderung ginge von vornherein ins Leere, wenn die Annahme der Europarechtswissenschaft zuträfe, daß die vermißte Verfassung längst besteht. In diesem Fall ließe sich zwar über ihre Verbesserung, aber nicht mehr über ihre Schaffung diskutieren. Diese Frage ist daher vor allen anderen zu klären. Sie setzt eine Vergewisserung voraus, was unter Verfassung zu verstehen ist und wozu Verfassungen benötigt werden. Dazu eignet sich am besten ein Blick auf die Entstehung der Verfassung und die Probleme, die mit ihrer Hilfe gelöst werden sollten. Was immer sich daraus für die Existenz einer europäischen Verfassung ergibt, bleibt jedenfalls die unterschiedliche Wahrnehmung der Verfassungsfrage im europarechtlichen und im europapolitischen Milieu ein Faktum, das seinerseits aufhellungsbedürftig ist. Wenn die Europäische Union schon eine Verfassung hat, ist zu fragen, was die Europapolitik gleichwohl vermißt und ob es bereitgestellt werden kann und soll. Falls die Europäische Union bisher keine Verfassung hat, wird erörterungsbedürftig, worin sich die Europarechtler täuschen und was den Verträgen zur Verfassung fehlt und ob es ihnen hinzugefügt werden kann und soll. Dem damit angedeuteten Plan wird die Untersuchung folgen.

II. Voraussetzungen und Folgen einer Konstitutionalisierung der Europäischen Union

1. Begriff und Funktion der Verfassung

Wenn heute von einer Verfassung für Europa gesprochen wird, dann ist damit eine rechtliche Grundordnung des Gemeinwesens von der Art gemeint, wie sie ausgangs des 18. Jahrhunderts im Gefolge zweier erfolgreicher Revolutionen in Nordamerika und Frankreich aufgekommen war und sich seitdem stetig ausgebreitet und mittlerweile nahezu universal durchgesetzt hat.[5] Verfassung in diesem Sinn hatte es vorher nicht gegeben. Zwar war das Wort geläufig, doch bezog es sich auf einen anderen Gegenstand. Aus der Naturbeschreibung übernommen, bezeichnete es in der damaligen rechtlich-politischen Sprache den Zustand eines Landes, wie er durch die Beschaffenheit des Territoriums und seiner Bewohner, die historische Entwicklung und die bestehenden Machtverhältnisse, die rechtlichen Normen und politischen Institutionen geprägt war. Es handelte sich also nicht um einen normativen, sondern um einen empirischen Begriff, in den Normen lediglich als zustandsbestimmende Elemente eingingen. Wo das Wort Verfassung oder ein fremdsprachliches Äquivalent normativ verwendet wurde, meinte es dagegen bestimmte vom Herrscher erlassene Gesetze, aber gerade nicht ein Gesetz, das die Herrschaft selber betraf. Soweit einzelne Regelungen dieser Art vorkamen, wurden sie vielmehr als Herrschaftsverträge oder leges fundamentales bezeichnet.

---

5 Vgl. D. Grimm, Verfassung, Staatslexikon, Band 5, 7. Auflage, Freiburg 1989, Spalte 633 m. w. N., ebenfalls in D. Grimm, Die Zukunft der Verfassung, 2. Auflage, Frankfurt 1994, S. 11; jüngst U. K. Preuß (Hrsg.), Zum Begriff der Verfassung, Frankfurt 1994. Zur historischen Entwicklung des Verfassungsbegriffs vgl. H. Mohnhaupt, Verfassung I, und D. Grimm, Verfassung II, in: O. Brunner/W. Conze/R. Koselleck (Hrsg.), Geschichtliche Grundbegriffe, Band 6, Stuttgart 1990, S. 831, 863.

Die staatsrechtlichen Verhältnisse waren dagegen gerade durch die Abwesenheit dessen geprägt, was heute unter Verfassung verstanden wird. Der einstigen Bindung aller Herrschaftsträger und -funktionen an ein unverfügbares göttliches Recht hatte die Glaubensspaltung den Boden entzogen. Die konfessionellen Bürgerkriege, die ihr folgten, erzwangen andere Herrschaftsstrukturen. Zum einen konzentrierte der Fürst nach und nach sämtliche zuvor räumlich und gegenständlich auf zahlreiche voneinander unabhängige Träger verteilten und meist als Annex von Grundeigentum ausgeübten Herrschaftsbefugnisse in seiner Hand und verdichtete sie zu der bis dahin nicht bekannten öffentlichen Gewalt. Zum anderen beanspruchte er die dem Mittelalter ebenfalls fremde Befugnis, der Gesellschaft eine von der umkämpften religiösen Wahrheit unabhängige säkulare Ordnung aufzuerlegen und mit der neu erworbenen Machtfülle durchzusetzen. Das war die Geburtsstunde des modernen Staates, der sich aus der nunmehr privatisiert gedachten Gesellschaft erhob und sein Attribut in der Souveränität, verstanden als höchste und unwiderstehliche Verfügungsbefugnis über die Gesellschaft, fand. Es war gleichzeitig die Geburtsstunde des positiven, also auf menschliche Setzung statt göttliche Wahrheit gegründeten, jederzeit änderbaren Rechts.

Damit lagen zwei wesentliche Voraussetzungen für die Verfassung im modernen Sinn des Wortes vor.[6] Zum einen existierte nun ein ausdifferenziertes, funktional auf politische Herrschaft spezialisiertes und mit einem entsprechenden Instrumentarium ausgestattetes System, das im Unterschied zu der mittelalterlichen

6 Vgl. D. Grimm, Entstehungs- und Wirkungsbedingungen des modernen Konstitutionalismus, in: D. Simon (Hrsg.), Akten des 26. Deutschen Rechtshistorikertages, Frankfurt 1987, S. 45 (50 f.) m. w. N., ebenfalls in Grimm, Zukunft der Verfassung (Fn. 5), S. 31 (37 f.); ders., Deutsche Verfassungsgeschichte 1776–1866, 3. Auflage, Frankfurt 1995, S. 11 ff.

Herrschaft überhaupt erst als Gegenstand eines auf Herrschaftsregulierung spezialisierten Gesetzes in Betracht kam. Zum anderen waren Ordnungsfragen, die bis dahin im göttlichen Weltplan ihre überzeitlich gültige Antwort gefunden hatten und also nicht der Entscheidung, sondern der Erkenntnis bedurften, regelbar geworden. Dennoch konnte der Schritt zur Verfassung unter diesen Bedingungen nicht stattfinden, denn der Gedanke eines der Herrschaft vorgängigen, ihre Befugnisse begründenden und begrenzenden Gesetzes hätte die Existenzberechtigung des Monarchen als originär legitimierten, konsensunabhängigen Herrschers dementiert und seine historische Funktion der Überwindung des Bürgerkriegs durchkreuzt. Bedingt durch diese Aufgabe entstand der Staat vielmehr als absoluter, und absolute Herrschaft ist verfassungsrechtlicher Regelung weder bedürftig noch zugänglich. Das Staatsrecht beschränkt sich hier vielmehr im Kern auf die Feststellung der Omnipotenz des Herrschers und die Regelung der dynastischen Erbfolge.

Der absolute Herrschaftsanspruch vermochte sich allerdings nirgends in vollem Umfang durchzusetzen. Ständische Mitspracherechte hielten sich in verschiedenen Formen, und die fortbestehende Feudalordnung verhinderte den direkten staatlichen Durchgriff auf die unterste Ebene weitgehend. Auch gab es dem Absolutheitsanspruch des Herrschers zum Trotz rechtliche Bindungen, die sich auf seine politische Funktion bezogen und nicht einseitig aufgekündigt, teils sogar gerichtlich durchgesetzt werden konnten. In aller Regel waren sie vertraglich begründet und deuten damit auf die Existenz machtvoller gesellschaftlicher Gruppen hin, die über herrschaftswichtige Leistungen verfügten und dem Fürsten daher Konzessionen abringen konnten. Ihrer Genese entsprechend galten diese Rechtsbindungen aber nur zwischen den Vertragspartnern, kamen also nicht allen Untertanen gleichmäßig zugute und betrafen lediglich einzelne Bestandteile der umfassend gedachten Herrschaftsbefugnis, nicht diese insgesamt. Erst recht hatten sie keinen Einfluß auf die Legitimation der monarchischen Herrschaft. Diese wurde vielmehr beim Abschluß derartiger Herrschaftsverträge stets vorausgesetzt und durch einzelne rechtliche Festlegungen nur auf der Ausübungsebene beschränkt. Sie wirkten folglich herrschaftsmodifizierend, nicht herrschaftsbegründend.

Einen Gegenentwurf zur unabgeleiteten und ungebundenen Herrschaft entwickelte dagegen mit zunehmender Präzision die zeitgenössische Naturrechtslehre. Für sie stellte sich nach dem Versagen religiöser Legitimationsmuster, wie sie bis zur Glaubensspaltung tragfähig gewesen waren, die Frage nach der Rechtfertigung politischer Herrschaft neu. Um die Antwort zu gewinnen, versetzte sie sich in einen fiktiven herrschaftslosen Naturzustand, in dem alle gleich frei waren. Herrschaftsrechte konnten unter diesen Umständen nur einverständlich begründet werden. Daher stellte sich die Frage, unter welchen Bedingungen vernunftbegabte Menschen bereit sein würden, den Naturzustand zugunsten des Herrschaftszustands aufzugeben. Unter dem Eindruck der konfessionellen Bürgerkriege konnte die Antwort noch in einem Tausch der individuellen Freiheit gegen das alles überragende Gut der Sicherheit von Leib und Leben gesehen werden. Je besser aber der absolute Staat seine Aufgabe der Pazifizierung der Gesellschaft erfüllte, desto unplausibler mußte sein Absolutheitsanspruch werden. Im jüngeren Naturrecht setzte sich daher die Auffassung durch, daß die Rechtfertigung von Herrschaft nur in der Sicherung der natürlichen Freiheit und Gleichheit jedes Einzelnen bestehen könne, die in einem herrschaftslosen Zustand nicht gewährleistet war.[7]

---

7 Vgl. D. Klippel, Politische Freiheit und Freiheitsrechte, Paderborn 1976.

So sehr das Naturrecht damit spätere Verfassungsinhalte vorwegnahm, so wenig bildete es doch selber die Verfassung. Seinem Namen zum Trotz war es nämlich nicht geltendes Recht, sondern wissenschaftliche Theorie. Erst der revolutionäre Bruch mit dem englischen Parlamentsabsolutismus in Nordamerika und dem monarchischen Absolutismus in Frankreich machte den Weg zur Umwandlung der Theorie in Praxis frei.[8] Dieser Bruch unterschied sich von den zahlreichen gewaltsamen Umwälzungen, die die Geschichte bis dahin gekannt hatte, dadurch, daß er nicht bei einem Herrscherwechsel oder einer Änderung der Regierungsform stehenblieb, sondern auf eine neue Herrschaftsgrundlage zielte. Politische Herrschaft sollte künftig vom Konsens der Herrschaftsunterworfenen abhängig gemacht und auf den Schutz ihrer Freiheit nach innen und außen verpflichtet werden, während die verschiedenen gesellschaftlichen Funktionsbereiche in die Autonomie entlassen wurden und vom Staat nur zu schützen und zu koordinieren waren. Auch dafür bedurfte er der öffentlichen Gewalt. Das Gewaltmonopol, das der Absolutismus angestrebt hatte, wurde daher nun vollendet, zugleich aber auf eine neue Grundlage gestellt. Träger der Staatsgewalt, Souverän, war danach das Volk, ihre Ausübung nur in seinem Auftrag und zu den von ihm gesetzten Zwecken zulässig.

Im Unterschied zu absoluter Herrschaft ist konsensabhängige und zweckgebundene Herrschaft aber ebensowohl einrichtungs- wie regulierungsbedürftig. Ehe Personen zur Herrschaft berufen werden konnten, mußten sich die Repräsentanten des Souveräns daher über die Bedingungen legitimer Herrschaft verständigen. Ein solcher Konsens der Gesellschaft über Inhalt

---

8 Vgl. dazu Grimm, Konstitutionalismus (Fn. 6), S. 56 f.; ders., Zukunft der Verfassung (Fn. 5), S. 43 ff.; ders., Verfassungsgeschichte (Fn. 6), S. 23 ff., 33 ff., 36 ff.

und Form ihrer politischen Einheit reicht indes für sich genommen nicht über den historischen Moment und die beteiligten Personen hinaus. Allgemeine Verbindlichkeit und zeitliche Dauer kann ihm nur das Recht verleihen. Daher verstand es sich für die Träger der Revolutionen in Amerika und Frankreich von selbst, das Herrschaftsmodell rechtlich in Geltung zu setzen. Recht war seit dem säkularen Prozeß seiner Positivierung allerdings nicht mehr jene überzeitlich gültige, auf göttliche Wahrheit gegründete Norm, der die Inhaber von Herrschaftsbefugnissen ebenso wie alle anderen Gesellschaftsglieder unterstanden. Es bildete vielmehr seinerseits ein änderbares Produkt der Staatsgewalt. Sein Geltungsgrund lag im staatlichen Willen. Die Möglichkeit der Rückkehr zu einem auf unabänderliche Wahrheit gegründeten überpositiven Recht war dauerhaft entfallen. Die Frage lautete also, wie sich die Staatsgewalt rechtlich binden ließ, wenn Recht ihr eigenes Produkt war.

Es ist diese Frage, die in der Verfassung ihre Antwort fand. Sie bestand in der Aufspaltung des positiven Rechts in zwei Normengruppen: eine, die die Einrichtung und Ausübung der Staatsgewalt, und eine zweite, die das Verhalten und die Beziehungen der Einzelnen zum Gegenstand hat. Beide stehen jedoch nicht unverbunden nebeneinander. Vielmehr regelt die erste die Hervorbringung und Anwendung der zweiten. Recht wird auf diese Weise reflexiv und steigert dadurch seine Möglichkeiten.[9] Die staatliche Rechtserzeugung und Rechtsdurchsetzung unterliegt ihrerseits rechtlichen Bindungen. Das kann freilich nur gelingen, wenn die beiden Normengruppen hierarchisch gestuft und verschiedenen Urhebern zugerechnet werden. Der Auf-

---

9 Vgl. N. Luhmann, Rechtssoziologie, Band 2, Reinbek 1972, S. 213 ff.; ders., Verfassung als evolutionäre Errungenschaft, RJ 9 (1990), S. 181 ff., 190.

spaltung der Rechtsordnung geht daher eine Aufspaltung der öffentlichen Gewalt in einen pouvoir constituant, den das Volk als Souverän bildet, und verschiedene pouvoirs constitués voran, die ihre Befugnisse von ihm ableiten.[10] Die Normen der ersten Gruppe haben ihren Ursprung beim Souverän und binden die Staatsgewalt. Sie gehen den von ihr erlassenen Normen der zweiten Gruppe im Rang notwendig vor und können nicht im selben Verfahren wie diese geändert werden. Herrschaftsansprüche und Herrschaftsakte sind vielmehr nur beachtlich, soweit sie mit dem übergeordneten Recht in Einklang stehen.

Für die vom Volk ausgehende und an die Staatsgewalt gerichtete, ranghöhere Normengruppe hat sich die Bezeichnung Verfassung eingebürgert. Von den älteren rechtlichen Bindungen politischer Herrschaft unterscheidet sie sich dadurch, daß sie nicht herrschaftsmodifizierend, sondern herrschaftsbegründend, nicht partikular, sondern universal, und nicht punktuell, sondern umfassend wirkt.[11] Der umfassende Geltungsanspruch darf freilich nicht mit Totalverrechtlichung von Politik verwechselt werden. Totalverrechtlichung ist weder wünschbar noch möglich.[12] Die Aufgabe von Politik besteht in der Herstellung einer gerechten Sozialordnung unter wechselnden Bedingungen. Bei lückenloser Rechtsbindung wäre diese Aufgabe nicht er-

---

10 Vgl. E. Sieyès, Qu'est-ce que le Tiers-Etat? hrsg. von R. Zapperi, Genf 1970; W. Zweig, Die Lehre vom Pouvoir constituant, Tübingen 1909; K. Loewenstein, Volk und Parlament nach der Staatstheorie der französischen Nationalversammlung von 1789, München 1922; E.-W. Böckenförde, Die verfassunggebende Gewalt des Volkes – ein Grenzbegriff des Verfassungsrechts, Frankfurt 1986, m. w. N.

11 Vgl. D. Grimm, Konstitutionalismus (Fn. 6), S. 48; ebenfalls in ders., Zukunft der Verfassung (Fn. 5), S. 34 f.; ders., Verfassungsgeschichte (Fn. 6), S. 12.

12 Vgl. N. Luhmann, Das Recht der Gesellschaft, Frankfurt 1993, S. 407 ff.; D. Grimm, Politik und Recht, FS Benda, Heidelberg 1995, S. 91 (96); in diesem Band S. 13.

füllbar. Sie würde Politik vielmehr auf Normvollzug beschränken und damit letztlich in Verwaltung auflösen. Eine so organisierte Gesellschaft machte sich anpassungs- und überlebensunfähig. Umfassender Geltungsanspruch bedeutet lediglich, daß keine extrakonstitutionellen Inhaber oder Äußerungsformen öffentlicher Gewalt geduldet werden. Dagegen kann die Verfassung weder den input in den staatlichen Willensbildungsprozeß noch seine Resultate abschließend regeln. Sie ist eine Grundordnung, die sich auf die Festlegung von Ziel und Rahmen der Politik beschränkt und im übrigen für politische Ausfüllung offenbleibt.

Auf bestimmte Inhalte ist die Verfassung nicht festgelegt. Doch ergeben sich aus ihrer Funktion der Verrechtlichung von Herrschaft typische Bestandteile. Verfassungen pflegen das Legitimationsprinzip politischer Herrschaft und die grundlegenden Legitimitätsbedingungen ihrer Ausübung festzulegen. Das geschieht in den sogenannten Staatsstruktur- oder Staatszielbestimmungen. Sodann enthalten alle Verfassungen Bestimmungen über die Einrichtung und Ausübung der Staatsgewalt: Organisations- und Verfahrensregeln, die eine prinzipienkonforme Handhabung der öffentlichen Gewalt garantieren und Mißbräuche verhüten sollen und zu diesem Zweck üblicherweise auf Rechtsstaatlichkeit und Gewaltenteilung setzen. Ferner werden in der Verfassung regelmäßig die Grenzen zwischen staatlicher Zwangsgewalt einerseits und individueller Freiheit und gesellschaftlicher Autonomie andererseits gezogen. Das ist Gegenstand der Grundrechte. Zwar gehört ein Zusammentreffen aller drei Bestandteile nicht begriffsnotwendig zur Verfassung. Doch würde man bei einem Dokument, das keinen rechtlichen Bindungswillen erkennen läßt oder wesentliche Träger von Herrschaftsfunktionen oder Äußerungsformen öffentlicher Gewalt von dem regelnden Zugriff ausnimmt, nicht mehr von einer Verfassung, sondern von Semi- oder Scheinkonstitutionalismus sprechen.[13]

Obwohl ihrer Eigenart nach ein Komplex von Rechtsnormen, geht die Verfassung in der juristischen Geltung nicht auf. Aufgrund ihrer Rechtswirkung ist sie vielmehr ein wichtiger Faktor gesellschaftlicher Integration.[14] Indem sie den Grundkonsens einer Gesellschaft über die Prinzipien ihres Zusammenlebens und die Bewältigung ihrer Konflikte festhält, verbindet sie Träger unterschiedlicher Überzeugungen und Interessen, ermöglicht ihnen den friedlichen Austrag ihrer Gegensätze und erleichtert die Hinnahme von Niederlagen. Indem sie langfristig geltende Handlungsgrundlagen und kurzfristig notwendige Entscheidungen auseinanderzieht, verleiht sie dem politischen Prozeß eine Struktur, an der sich Akteure und Publikum orientieren können, garantiert Stabilität im Wandel und entlastet die Politik von ständiger Diskussion über Ziele und Verfahren der Einheitsbildung, die sie unter den Bedingungen permanenten Entscheidungsbedarfs und komplexer Entscheidungsgegenstände überfordern würde. Die Verfassung erbringt diese Leistungen nicht allein, sondern zehrt dabei von gesellschaftlichen Voraussetzungen, die sie selber nicht mehr zu garantieren vermag. Für die Leistung gibt es aber derzeit kein Äquivalent. Ohne Verfassung würden die Zustände wieder aufleben, zu deren Überwindung sie ursprünglich bestimmt war.[15]

---

13 Vgl. K. Loewenstein, Verfassungslehre, 3. Auflage, Tübingen 1975, S. 140 ff.; B.-O. Bryde, Verfassungsentwicklung, Baden-Baden 1982, S. 27 ff.

14 Vgl. Grimm, Verfassung (Fn. 5), Spalte 636 f.; ders., Verfassungsrechtlicher Konsens und politische Polarisierung in der Bundesrepublik Deutschland, Politische Bildung 17 (1984), S. 35; ders., Verfassungsfunktion und Grundgesetzreform, AöR 97 (1972), S. 489 (494 ff.); alle auch in ders., Zukunft der Verfassung (Fn. 5), S. 11 (15 ff.); 300; 315 (321 ff.).

15 Das gilt unabhängig von den Schwierigkeiten, die der moderne

2. Verfassungscharakter der Verträge

Auf dieser Grundlage läßt sich nun die Frage nach einer europäischen Verfassung besser beantworten. Dabei liegt das Problem in der Ablösbarkeit der Verfassung vom Staat. Historisch war sie auf ihn bezogen, und aus der Verrechtlichung der Staatsgewalt gewann sie ihre Bedeutung. Die Europäische Union besteht zwar aus Staaten, ist selber aber kein Staat. Daran wird bei aller Ungewißheit, wie sie derzeit zu charakterisieren ist und welche Entwicklung sie künftig nehmen soll, nicht gezweifelt. Die Verfassungsfrage wäre mit dieser Feststellung freilich nur dann beantwortet, wenn es Herrschaftsbefugnisse allein beim Staat gäbe. Für die Vergangenheit trifft das zu. Staaten konnten zwar völkerrechtliche Verpflichtungen eingehen oder sich in internationalen Organisationen zusammenschließen. Innerstaatliche Geltung erlangten völkerrechtliche Verpflichtungen oder Entscheidungen internationaler Organisationen aber immer erst aufgrund eines staatlichen Vermittlungsakts. Mit der Gründung der Europäischen Gemeinschaft hat sich das geändert. Sie ist von den Mitgliedstaaten mit Hoheitsrechten ausgestattet worden, die sie nun an deren Stelle, aber mit derselben Wirkung, also insbesondere mit unmittelbarer innerstaatlicher Geltung, ausübt. Obwohl selber nicht Staat, verfügt sie über Herrschaftsbefugnisse, wie sie traditionell nur Staaten besaßen.[16]

Die Herrschaftsbefugnisse, die die Europäische Ge-

Wohlfahrts- und Sicherheitsstaat der inneren Geltungskraft der Verfassung entgegensetzt, vgl. dazu D. Grimm, Die Zukunft der Verfassung, StWStP 1 (1990), S. 5, ebenfalls in ders., Zukunft der Verfassung (Fn. 5), S. 399.

16 Vgl. H. D. Jarass, Grundfragen der innerstaatlichen Bedeutung des EG-Rechts, Köln 1994. Die Gemeinschaft muß deswegen aber nicht zwangsläufig zum Staat werden, wie Seidel meint. Vgl. M. Seidel, Zur Verfassung der Europäischen Gemeinschaft nach Maastricht, EuR 1992, S. 125 (139).

meinschaft innerhalb der Mitgliedstaaten ausübt, richten sich aber nicht nach deren Verfassungsrecht. Die staatlichen Verfassungen regeln zwar die Voraussetzungen, unter denen die Mitgliedstaaten Hoheitsrechte auf die Gemeinschaft übertragen dürfen. Sind Hoheitsrechte übertragen, untersteht ihre Ausübung durch die Gemeinschaftsorgane aber nicht mehr nationalem Recht. Das kann auch nicht anders sein. Eine supranationale Organisation, der die Mitgliedstaaten Hoheitsrechte zur gemeinschaftlichen Wahrnehmung übertragen haben, müßte sogleich wieder zerfallen, wenn jedes Mitglied die Wahrnehmung der eigenen partikularen Rechtsordnung unterwerfen dürfte. Es ist zwar eine nicht völlig ausgetragene Streitfrage, ob die innerstaatliche Geltung von Gemeinschaftsrechtsakten unter dem – national überprüfbaren – Vorbehalt steht, daß sie sich im Rahmen der vertraglichen Kompetenzen halten und obersten nationalen Verfassungsprinzipien nicht widersprechen.[17] Keinesfalls beansprucht aber nationales Verfassungsrecht Geltung für die Organe der Gemeinschaft. Beide Rechtskreise haben ihre je eigene Quelle und ihre je eigenen Gültigkeitsbedingungen. Das schließt nicht aus, daß sie miteinander in Konflikt geraten. In diesem Fall muß aber grundsätzlich das nationale Recht weichen, nicht das Gemeinschaftsrecht.

Damit stellt sich eine Frage, die vor Schaffung des präzedenzlosen Gebildes der Europäischen Gemeinschaft wegen der Kongruenz von Herrschaft und Staat nicht auftauchen konnte: ob das von der Verfassung befriedigte Verrechtlichungsbedürfnis sich auf die Herrschaftsform des Staates oder auf das Herrschaftsmittel der Hoheitsgewalt bezieht. Ist die Frage so ge-

---

17 Vgl. dazu die – nicht unbestrittene – Position im Maastricht-Urteil des Bundesverfassungsgerichts, BVerfGE 89, 155 (188); hinsichtlich der Grundrechte vgl. BVerfGE 73, 339 (387) – sog. Solange II-Beschluß.

stellt, kann die Antwort freilich nicht mehr schwerfallen. Der Staat ist rechtlich gebunden, weil und sofern er öffentliche Gewalt ausübt. Diese enthält das Mißbrauchs- und Gefahrenpotential, das von der Staatsverfassung gezügelt werden soll. Was der Verrechtlichung bedarf, wenn das Herrschaftsmonopol des Staates zerfällt und er seine Befugnisse mit nichtstaatlichen Trägern teilt, ist also die Hoheitsgewalt, und zwar unabhängig davon, ob sie dem Staat oder einem überstaatlichen Gebilde zusteht. Wenn an der historischen Errungenschaft des Verfassungsstaats, der Verrechtlichung von Herrschaft, festgehalten werden soll, dann ist folglich auch eine rechtliche Bindung derjenigen öffentlichen Gewalt nötig, die von der Europäischen Gemeinschaft als dem zu hoheitlichem Handeln befugten Zweig der Europäischen Union ausgeübt wird. Andernfalls drohte innerhalb der Mitgliedstaaten, in die die europäische öffentliche Gewalt einwirkt, ein Partialabsolutismus.

Allerdings fehlt es an einer solchen Rechtsbindung der von der Europäischen Gemeinschaft ausgeübten öffentlichen Gewalt nicht. Die Gemeinschaft existiert mangels eines vorgängigen sozialen Substrats, dem sie ihre Einheit verdankte, überhaupt nur als Rechtsgemeinschaft.[18] Das Recht, an das sie bei der Setzung ihrer Rechtsakte gebunden ist, ist das sogenannte primäre Gemeinschaftsrecht. Es hat seinen Platz in den Verträgen, die die Mitgliedstaaten zur Gründung und Fortentwicklung der Gemeinschaften geschlossen haben. Derzeit gilt es in der Fassung, die es durch den Vertrag von Maastricht erhalten hat. Dieses Recht konstituiert die Gemeinschaft, setzt ihr Ziele, richtet ihre Organe ein, weist ihnen Kompetenzen zu und ordnet ihr Verfahren. Dabei handelt es sich durchweg um Be-

---

18 Vgl. M. Zuleeg, Die Europäische Gemeinschaft als Rechtsgemeinschaft, NJW 1994, S. 545.

stimmungen, die auf nationaler Ebene in der Verfassung getroffen werden. Die Frage ist, ob das primäre Gemeinschaftsrecht schon deswegen selber als Verfassung bezeichnet werden kann, wie in der Europarechtswissenschaft angenommen wird, oder ob die spezifische Form der Rechtsbindung von Herrschaft, die in der Verfassung liegt, dem Staat verhaftet bleibt. Das muß ein Vergleich zwischen den Verträgen und der Verfassung ergeben. Dabei können diejenigen Merkmale zugrunde gelegt werden, die zuvor für die Verfassung herausgearbeitet worden sind.

Gegenstand der Rechtsnormen, die die Verträge enthalten, ist wie bei den mitgliedstaatlichen Verfassungen die öffentliche Gewalt. Diese wird durch die Verträge zugleich auf die Gemeinschaft übertragen und innerhalb der Gemeinschaft organisatorisch und inhaltlich geregelt. Das geschieht auch nach Art einer Grundordnung, wenngleich diese in einer Hinsicht weniger, in anderer mehr umfaßt als bei staatlichen Verfassungen üblich. Den Verträgen fehlt ein Grundrechtskatalog, der die Beziehungen zwischen der Gemeinschaft und den ihr unterworfenen natürlichen und juristischen Personen unter die Leitprinzipien von Freiheit und Gleichheit stellte. Daran ändert auch das neu aufgenommene, aber nicht weiter ausgeformte Bekenntnis zur Achtung der Menschenrechte und Grundfreiheiten nichts.[19] Hingegen sind sie in den Zielbestimmungen, Organisations- und Verfahrensregeln erheblich ausführlicher und detailreicher als staatliche Verfassungen. Beides nimmt den Verträgen aber nicht den Charakter einer Grundordnung.

---

19 Allerdings ist der Europäische Gerichtshof in die Bresche gesprungen und hat auf der Grundlage der mitgliedstaatlichen Verfassungen und der EMRK einen gemeinschaftsrechtlichen Grundrechtsstandard entwickelt, an dem er Rechtsakte der EG mißt, vgl. die Übersicht in BVerfGE 73, 339 (378 ff.); ferner J. Schwarze, Schutz der Grundrechte in der EG, EuGRZ 1986, S. 293; J. H. H. Weiler, Eurocracy and Distrust, 61 Wash. L. R. 1103 (1986).

Grundrechte gehören zwar zum üblichen, nicht aber zum unerläßlichen Bestandteil von Verfassungen, und der Detailreichtum ändert nichts daran, daß die Verträge die Grundlage und den Rahmen für die zahlreichen Akte bilden, mit denen die Gemeinschaft sekundäres Gemeinschaftsrecht erzeugt, anwendet oder durchsetzt.

Das primäre Gemeinschaftsrecht erhebt auch umfassenden Geltungsanspruch. Wer für die Gemeinschaft verbindlich handeln darf und welche Voraussetzungen dabei zu beachten sind, ist in den Verträgen abschließend normiert. Es gibt keine europäische öffentliche Gewalt außerhalb der Verträge und keine Äußerungsform, die nicht auf sie zurückgeführt werden müßte. Verglichen mit Staaten reichen die Befugnisse allerdings weniger weit. Beanspruchen diese potentielle Allzuständigkeit, so herrscht dort das Prinzip der begrenzten Einzelermächtigung.[20] Die Verträge besitzen daher nicht die inhaltliche Totalität von Verfassungen, doch schrumpft andererseits die Totalität der nationalstaatlichen Verfassungen im Maß der Übertragung von Hoheitsrechten auf die Gemeinschaft, freilich ohne daß dies – wie in bundesstaatlichen Verfassungen – im Text zum Ausdruck käme. Das primäre Gemeinschaftsrecht beansprucht auch Vorrang vor den von der Gemeinschaft erlassenen Rechtsakten, dem sekundären Gemeinschaftsrecht. Es legt die Bedingungen fest, unter denen dieses Gültigkeit erhält. Schließlich haben die Gemeinschaftsorgane nicht die Möglichkeit, das Recht, dem sie unterworfen sind, selber zu ändern. Primäres Gemeinschaftsrecht kann wiederum nur durch die Mitgliedstaaten im Vertragsweg geändert werden, dem es auch seine Entstehung verdankt.[21]

---

20 Vgl. T. Oppermann, Europarecht, München 1991, Rdnr. 432 ff.
21 Vgl. H. P. Ipsen, Europäische Verfassung – Nationale Verfassung, EuR 1987, S. 195 (203 f.); P. Badura, Der Bundesstaat Deutschland im Prozeß der europäischen Integration, Saarbrücken 1993, S. 11. Allerdings nimmt der Europäische Gerichtshof eine die Bindung relativierende Kompetenz zur Rechtsfortbildung

Verfassungen pflegen heute allerdings nicht mehr durch Vertrag in Geltung gesetzt oder geändert zu werden. Dagegen sind im 19. Jahrhundert vertraglich begründete Verfassungen anzutreffen, und zwar sowohl bei Staatenzusammenschlüssen wie auch in Fällen revolutionären Drucks auf den Monarchen, ohne daß dieser jedoch seine vorkonstitutionelle Legitimation preisgab und die Volkssouveränität anerkannte. Selbst in diesen Fällen war aber die Änderung der Verfassung keine Sache von Verträgen, sondern von Beschlüssen, mochten dabei auch mehrere Organe übereinstimmen müssen. Zu einer Verfassung im vollen Sinn des Begriffs gehört es dagegen, daß sie auf einen Akt zurückgeht, den das Staatsvolk setzt oder der ihm zumindest zugerechnet wird und in dem dieses sich selbst politische Handlungsfähigkeit beilegt.[22] Eine solche Quelle fehlt dem primären Gemeinschaftsrecht. Es geht nicht auf ein europäisches Volk, sondern auf die einzelnen Mitgliedstaaten

auch des Primärrechts in Anspruch, die vom Bundesverfassungsgericht grundsätzlich anerkannt, aber auch in Grenzen gewiesen wird, vgl. BVerfGE 75, 223 (240ff.); 89, 155 (210). Zur Fortbildungspraxis vgl. Weiler, Transformation (Fn. 4); zur Relativierung des Vertragscharakters des Primärrechts U. Everling, Sind die Mitgliedstaaten der Europäischen Gemeinschaft noch die Herren der Verträge? FS Mosler, Berlin 1983, S. 189; A. v. Bogdandy, Skizzen einer Theorie der Gemeinschaftsverfassung, in: T. v. Danwitz u. a. (Hrsg.), Auf dem Weg zu einer Europäischen Staatlichkeit, Stuttgart 1993, S. 9 (26). In der Einrichtung einer europäischen Gerichtsbarkeit wird daher auch der markanteste Unterschied zwischen Gemeinschaftsrecht und klassischem Völkerrecht sowie der Grund dafür erblickt, daß die Verträge trotz ihres völkerrechtlichen Ursprungs wie eine Verfassung wirken, vgl. J. A. Frowein, Die Herausbildung europäischer Verfassungsprinzipien, FS Maihofer, Frankfurt 1988, S. 149; Weiler, Transformation (Fn. 4), S. 2419, 2422.

22 Vgl. Böckenförde, Verfassunggebende Gewalt (Fn. 10), S. 13; ders., Handbuch des Staatsrechts, Band 1, Heidelberg 1987, S. 890 f.; H. Steinberger, Der Verfassungsstaat als Glied einer europäischen Gemeinschaft, VVDStRL 50 (1991), S. 9 (10); H.-P. Schneider, Handbuch des Staatsrechts, Band 7, Heidelberg 1992, S. 3 (16 f.).

zurück und bleibt auch nach seinem Inkrafttreten von diesen abhängig. Während Nationen sich selbst eine Verfassung geben, wird der Europäischen Union eine Verfassung von Dritten gegeben. Infolgedessen kann sie auch nicht über ihre eigene Grundordnung verfügen. «Herren der Verträge», wie es gern ausgedrückt wird,[23] bleiben vielmehr die Mitgliedstaaten, die nicht etwa in der Union aufgegangen sind.

Der Vergleich erlaubt also die Feststellung, daß die Verträge gegenüber der öffentlichen Gewalt der Europäischen Union wesentliche Funktionen übernehmen, die innerstaatlich der Verfassung zukommen.[24] Soweit es bei der Verfassung um Verrechtlichung politischer Herrschaft geht, lassen die Verträge nichts zu wünschen übrig. Grundlegende Forderungen des modernen Konstitutionalismus sind damit in der Gemeinschaft erfüllt. Darin liegt die Berechtigung des Standpunkts, den die Europarechtswissenschaft zur Verfassungsfrage bezieht. Die Verträge sind jedoch keine Verfassung im Vollsinn des Begriffs. Die Differenz liegt in der Rückführung auf den Willen der Mitgliedstaaten statt auf den des Unionsvolks. Darüber setzen sich viele Europarechtler leichterhand hinweg.[25] Die europäische öffentliche Gewalt ist keine vom Volk abgeleitete, sondern

---

23 Vgl. Oppermann, Europarecht (Fn. 20), Rdnr. 188, 420.
24 Vgl. Weiler, Transformation (Fn. 4), S. 2422; v. Bogdandy, Gemeinschaftsverfassung (Fn. 21), S. 24 f.; ders., Die Verfassung der europäischen Integrationsgemeinschaft als supranationale Union, in: ders. (Hrsg.), Die Europäische Option, Baden-Baden 1993, S. 97 (101).
25 Es wird darin – meist ohne Berücksichtigung der Verfassungstheorie – mit einem reduzierten Verfassungsbegriff operiert. Vgl. als Beispiel für einen solch unbekümmerten Umgang mit dem Verfassungsbegriff etwa R. Bieber, Verfassungsentwicklung und Verfassungsgebung in der Europäischen Gemeinschaft, in R. Wildenmann (Hrsg.), Staatswerdung Europas? Baden-Baden 1991, S. 393. Zum Unterschied zwischen europäischer «Quasi-Verfassung» und Staatsverfassung vgl. Badura, Bundesstaat (Fn. 21), S. 14 f., 24 f.

eine staatenvermittelte. Da die Verträge auf diese Weise keinen internen, sondern einen externen Zurechnungspunkt haben, sind sie auch nicht Ausdruck der Selbstbestimmung einer Gesellschaft über Form und Ziel ihrer politischen Einheit. Soweit es bei der Verfassung um die Legitimation von Herrschaft durch die Herrschaftsunterworfenen geht, bleiben die Verträge also hinter ihr zurück. Darin liegt die Berechtigung der Position, die den europolitischen Diskurs zur Verfassungsfrage bestimmt.

Diese Zwischenstellung schlägt sich auch in der Ausgestaltung der Grundordnung nieder. Institutionell folgt die Europäische Union nicht dem staatlichen Vorbild, sondern hat ein eigenes, gerade durch ihre Supranationalität[26] geprägtes Muster ausgebildet. Das richtungweisende und normsetzende Organ ist der aus Regierungsvertretern der Mitgliedstaaten gebildete Rat. Die wichtigsten Gemeinschaftsentscheidungen liegen also in der Hand von Akteuren, die ihren Bezugspunkt, was Legitimation und Verantwortlichkeit angeht, nicht in der Union, sondern in den Mitgliedstaaten haben. Das Gemeinschaftsinteresse findet seinen organisatorischen Platz dagegen vor allem in der Kommission. Von ihr geht die Initiative für Entscheidungen des Rats aus, sie sorgt für ihre Ausführung und kann Gemeinschaftsrecht, notfalls mit Hilfe des Europäischen Gerichtshofs, gegenüber den Mitgliedstaaten durchsetzen. Gemeinschaftsinteressen vertritt auch das Europäische Parlament, seit es nicht mehr nur aus Abgeordneten der nationalen Parlamente besteht, sondern von den Unionsbürgern direkt gewählt wird. Gleichwohl bildet es

---

26 Vgl. Oppermann, Europarecht (Fn. 20), Rdnr. 775 ff., 390 ff.; Ipsen, Über Supranationalität, in: ders., Europäisches Gemeinschaftsrecht in Einzelstudien, Baden-Baden 1984, S. 97; ders., Europäische Verfassung (Fn. 21), S. 198; A. v. Bogdandy, Supranationale Union als neuer Herrschaftstypus, Integration 16 (1993), S. 210.

nicht wie in den Mitgliedstaaten die zentrale Schalt-
stelle demokratischer Vermittlung, sondern bleibt, auch
nachdem es aus einer bloß beratenden in eine mitent-
scheidende Rolle aufgerückt ist, im wesentlichen auf
Vetorechte beschränkt.

Dieses institutionelle Arrangement wird zunehmend
kritisiert, weil es den Demokratiebedarf des inzwischen
erreichten Integrationsstands nicht mehr zu decken ver-
möge. In der Tat konnten die Gemeinschaften anfänglich noch ausreichend von den nationalen Demokratien
zehren. Nicht nur setzte sich der Rat als zentrales Entscheidungsorgan aus Regierungsvertretern der Mitgliedstaaten zusammen, sein Entscheidungsmodus war
vielmehr auch die Einstimmigkeit, sein Entscheidungsvolumen vergleichsweise gering. Heute sind die Entscheidungen an Zahl und Gegenständen beträchtlich
gewachsen. Überdies hat der Ministerrat angesichts des
gestiegenen Volumens eine Reihe von Entscheidungsbe-
fugnissen an die Kommission abgegeben, und bei denjenigen Entscheidungen, die er sich selber vorbehält, bedarf es regelmäßig nicht mehr der Einstimmigkeit. Damit öffnet sich aber eine demokratische Kluft: Das
Demokratieprinzip kommt in den Mitgliedstaaten zur
Geltung, diesen schwinden jedoch die Entscheidungsbefugnisse; die Entscheidungsbefugnisse wachsen der Europäischen Gemeinschaft zu, dort ist aber das Demokratieprinzip nur schwach ausgebildet. Infolgedessen
entsteht ein wachsender Bedarf nach einer eigenen,
von den Regierungen der Mitgliedstaaten unabgeleiteten demokratischen Legitimation der europäischen Politik.

Abhilfe wird meist beim Parlament gesucht, das als
gewählte Vertretung zwar unmittelbare demokratische
Legitimation genießt, aber wenig Einfluß hat. Es soll
mit denjenigen Kompetenzen ausgestattet werden, die
Volksvertretungen üblicherweise haben, also Gesetzgebung, Haushaltsfeststellung, Regierungsbildung und

Regierungskontrolle.[27] Eine solche Kompetenzausweitung wirkt freilich auf die anderen Organe zurück, insbesondere auf den Ministerrat. Er verwandelt sich nach diesen Vorstellungen in eine Nationenkammer des Parlaments, während die Kommission zur Regierung aufrückt.[28] Dabei steht ersichtlich das staatliche Muster Pate, und es liegt dann in der Tat nahe, es auch in die verfassungsrechtliche Form zu kleiden. Damit

---

27 Vgl. G. Ress, Über die Notwendigkeit der parlamentarischen Legitimierung der Rechtsetzung der Europäischen Gemeinschaften, GS Geck, Köln 1989, S. 625; W. Weidenfeld (Hrsg.), Wie Europa verfaßt sein soll – Materialien zur politischen Union, Gütersloh 1991, S. 27 ff.; A. Weber, Zur künftigen Verfassung der Europäischen Gemeinschaft, JZ 1993, S. 325 (329); P. Häberle, Verfassungsrechtliche Fragen im Prozeß der europäischen Einigung, in: ders., Europäische Rechtskultur, Baden-Baden 1994, S. 75 (85 f. mit Anm. 23); P. Schönberger, Hauptsache Europa. Perspektiven für das Europäische Parlament, Berlin 1994; R. Bieber, Nicht Stütze, sondern Wegbereiter. Welche Zukunft für das Europäische Parlament? FAZ vom 8. Juni 1994, S. 12; M. Dauses/F. Fugmann, Die politisch-institutionelle Stellung des Europäischen Parlaments nach dem Maastricht-Vertrag, Aus Politik und Zeitgeschichte 3–4/95, S. 24 (25, 32).

28 Besonders ausgeprägt in den von der Arbeitsgruppe «Europäische Verfassung» im Rahmen der Bertelsmann-Stiftung vorgelegten Vorschlägen, vgl. Die Zukunft Europas – Kultur und Verfassung des Kontinents, Gütersloh 1991, S. 20 ff.; W. Weidenfeld (Hrsg.), Wie Europa verfaßt sein soll (Fn. 27), S. 11 ff.; in abgeschwächter Form ders. (Hrsg.), Europa '96. Reformprogramm für die Europäische Union, Gütersloh 1994, S. 32 ff. Nicht auf das Staatsmodell fixiert dagegen die Verfassungsentwürfe von F. Cromme, Verfassungsvertrag der Gemeinschaft der Vereinigten Europäischen Staaten, Delmenhorst 1987, und der «European Constitutional Group», A Proposal for a European Constitution, 1993 (ein Bericht darüber von dem Mitglied der Gruppe P. Bernholz in NZZ vom 5. Juni 1994, S. 19), sowie – unausgearbeitet – B. Wieland, Verfassungspolitische Probleme der «Staatswerdung Europas», in: Wildenmann, Staatswerdung (Fn. 25), S. 451 ff.; dies., Ein Markt – zwölf Regierungen? Zur Organisation der Macht in der europäischen Verfassung, Baden-Baden 1992, S. 175 ff.; zur Diskussion alternativer Gestaltungsmöglichkeiten vgl. W. Möschel, Politische Union für Europa: Wunschtraum oder Alptraum? JZ 1992, S. 877.

würde nicht nur der seit Maastricht verbreiteten Forderung nach einer übersichtlicheren und verständlicheren Grundordnung der Europäischen Union Rechnung getragen. Eine Verfassung, die den Verträgen die fehlenden Elemente hinzufügte, würde die Union vielmehr auch auf das Volk zurückführen und so die Legitimationslücke schließen. Dabei wird allerdings die Demokratiefähigkeit der Europäischen Union meist stillschweigend unterstellt. Es ist aber durchaus fraglich, ob die Übernahme des staatlichen Musters den erhofften demokratischen Effekt hätte. Davon hängt auch die Antwort auf die Verfassungsfrage ab.

3. Bedingungen europäischer Demokratie

Demokratien sind dadurch gekennzeichnet, daß in ihnen politische Herrschaft nicht transzendental, traditional oder elitär, sondern konsensual legitimiert wird. Die Staatsgewalt geht vom Volk aus und wird in seinem Auftrag von besonderen Organen ausgeübt, die sich für die Ausübung wiederum vor dem Volk verantworten müssen. Das Volk ist freilich keine Gemeinschaft, deren Einheit und Wille schon vorgegeben wären, so daß sie mit Hilfe der Staatsorgane nur noch zum Ausdruck gebracht werden müßten. Es wird vielmehr von Meinungs- und Interessengegensätzen durchzogen, aus denen sich im politischen Prozeß durch Verhandlung oder Mehrheitsentscheid die – freilich änderbare – Einheit erst ergeben muß. Kernproblem eines solchen Systems, in dem Innehabung und Ausübung der Staatsgewalt auseinanderfallen, ist die Vermittlung zwischen Volk und Organen, der durch die Verselbständigungstendenz der letzteren die größte Gefahr droht.[29] Die verfassungsrechtliche Lösung dieses Pro-

---

29 Vgl. D. Grimm, Politische Parteien, in: Handbuch des Verfassungsrechts, 2. Auflage, Berlin 1994, S. 599, Rdnr. 6 ff.

blems bestand in der periodischen Wahl einer Volksvertretung, in der sich die unterschiedlichen gesellschaftlichen Positionen wiederfinden und um einen Ausgleich bemühen, den sie im Gesetz niederlegen, an das wiederum die staatliche Exekutive gebunden war. Hinzu trat die grundrechtliche Garantie freier Kommunikation, ohne die die Wahl ihre Funktion verfehlen würde.

Demokratie darf allerdings nicht mit Parlamentarismus gleichgesetzt werden. Zwar ist Demokratie unter den Bedingungen großflächiger Staaten und permanenten Entscheidungsbedarfs ohne ein frei gewähltes Parlament schwer vorstellbar. Der parlamentarische Betrieb allein gewährleistet jedoch noch keine demokratischen Strukturen. Einerseits finden die individuellen Präferenzen der Wähler in der hochgeneralisierten Wahlentscheidung zwischen konturenschwachen Parteien keinen angemessenen Ausdruck mehr. Der Einzelne ist zur Geltendmachung seiner Meinungen und Interessen vielmehr auf zusätzliche Organisationen und Einflußwege angewiesen. Andererseits kann auch das parteipolitisch rekrutierte Parlament die Vielfalt der gesellschaftlichen Meinungen und Interessen nicht ausreichend widerspiegeln und verarbeiten. Der parlamentarische Prozeß baut vielmehr auf einem gesellschaftlichen Prozeß der Interessenvermittlung und Konfliktsteuerung auf, der die parlamentarische Entscheidungstätigkeit teils entlastet, teils vorstrukturiert.[30] Dabei wird die Verbindung zwischen den Einzelnen, ihren gesellschaftlichen Assoziationen und den staatlichen Organen vor allem von den Kommunikationsmedien aufrechterhalten, die jene Öffentlichkeit herstellen, durch welche allgemeine Meinungsbildung und demokratische Teilhabe erst möglich werden.[31]

[30] Vgl. etwa H. Abromeit, Interessenvermittlung zwischen Konkurrenz und Konkordanz, Opladen 1993.
[31] Vgl. etwa J. Habermas, Faktizität und Geltung, Frankfurt 1992, besonders Kapitel VIII, S. 399 ff.

Es ist daher eine «etatistische Verkürzung»[32] anzunehmen, daß die Meinungs- und Interessenvermittlung, Willensbildung und Entscheidungsfindung, Stabilitäts- und Legitimitätssicherung, aus der der gesellschaftliche Zusammenhalt erwächst, von den staatlichen Organen allein bewirkt würden. Diese sind dabei vielmehr auf die vielfältigen intermediären Strukturen innerhalb der Gesellschaft angewiesen, die sich zwar auf die staatlichen Institutionen beziehen, von diesen aber weder garantiert noch ersetzt werden können. Aus diesem Grund hängt auch der Erfolg demokratischer Verfassungen nicht allein von der inneren Güte ihrer Regelungen, sondern ebenso von den äußeren Bedingungen ihrer Wirksamkeit ab. Das gilt auch für das zentrale Organ demokratischer Staaten, das Parlament. Über den demokratischen Gehalt eines politischen Systems sagt die Existenz gewählter Parlamente, die heute fast überall gewährleistet ist, weniger als die Pluralität, innere Repräsentativität, Freiheitlichkeit und Kompromißfähigkeit des intermediären Bereichs der Parteien, Verbände, Assoziationen, Bürgerbewegungen und Kommunikationsmedien. Wo ein Parlament nicht auf einer solchen Struktur aufruht, die die ständige Wechselbeziehung zwischen Volk und Staat sichert, bestehen zwar demokratische Formen, doch fehlt ihnen die demokratische Substanz.

Es ist bekannt, daß der demokratienotwendige Vermittlungsprozeß schon auf der Ebene der Nationalstaaten nicht zufriedenstellend verläuft, teils wegen der wachsenden Selbstbezüglichkeit der politischen Parteien, teils wegen der Asymmetrien innerhalb der Interessenrepräsentation, teils wegen der Defizite im Kom-

---

32 M. R. Lepsius, Nationalstaat oder Nationalitätenstaat als Modell für die Weiterentwicklung der Europäischen Gemeinschaft, in: Wildenmann, Staatswerdung (Fn. 25), S. 19 (25), ebenfalls in M. R. Lepsius, Demokratie in Deutschland, Göttingen 1993, S. 265 (271).

munikationssystem, das sich vielfach weniger am Ziel der Meinungsbildung als an ökonomischen Imperativen ausrichtet. Auf der europäischen Ebene fehlt es aber sogar weitgehend an den Voraussetzungen. Intermediäre Strukturen haben sich hier noch kaum gebildet.[33] Es gibt kein europäisiertes Parteiensystem, sondern nur europäische Fraktionen im Straßburger Parlament und im übrigen eine lockere Kooperation programmatisch verwandter Parteien, die nicht einmal im Moment der Europawahl eine Integration der europäischen Bevölkerung bewirken.[34] Ebensowenig sind europäische Verbände und Bürgerbewegungen entstanden, wenngleich die Kooperation der nationalen Verbände weiter vorangeschritten ist als die der Parteien.[35] Europäische Medien schließlich sucht man im Print- wie im Funkbereich völlig vergeblich.[36] Damit fällt die Europäische Union aber nicht nur hinter Idealvorstellungen einer mustergültig funktionierenden De-

---

33 Vgl. vor allem Lepsius, Nationalstaat (Fn. 32), S. 29; ferner Ipsen, Europäische Verfassung (Fn. 21), S. 206 ff.; G. Zellentin, Staatswerdung Europas? in: R. Hrbek (Hrsg.), Der Vertrag von Maastricht in der wissenschaftlichen Kontroverse, Baden-Baden 1993, S. 41 (43 ff.); F. W. Scharpf, Optionen des Föderalismus in Deutschland und Europa, Frankfurt 1994, S. 132 ff.; U. K. Preuß, Europäische Einigung und die integrative Kraft von Verfassungen, in: J. Gebhardt/R. Schmalz-Bruns (Hrsg.), Demokratie, Verfassung und Nation, Baden-Baden 1994, S. 271 (285 unter Berufung auf J. S. Mill).

34 Vgl. O. Niedermayer, Europäische Parteien? Frankfurt 1983; T. Jansen, Zur Entwicklung supranationaler Europäischer Parteien, in: FS Buchheim, München 1992, S. 241.

35 Vgl. B. Kohler-Koch, Interessen und Integration, in: M. Kreile (Hrsg.), Die Integration Europas, PVS-Sonderheft 23/1992, S. 81; W. Streeck/P. Schmitter, From National Corporatism to Transnational Pluralism. Organized Interests in the Single European Market, Politics & Society 19 (1991), S. 133; R. H. Pedler/ M. van Schendelen, Lobbying the European Union, Aldershot 1994.

36 Vgl. J. Gerhards, Westeuropäische Integration und die Schwierigkeiten der Entstehung einer europäischen Öffentlichkeit, Z. f. Soz. 22 (1993), S. 96.

mokratie, sondern auch hinter die ihrerseits defizitäre Wirklichkeit der Mitgliedstaaten weit zurück.[37]

Die Voraussetzungen lassen sich auch nicht ohne weiteres schaffen. Zwar kann damit gerechnet werden, daß eine fortschreitende Parlamentarisierung der Europäischen Union auch den Druck auf die Europäisierung des Parteiensystems verstärken würde. Mit einer ähnlichen Entwicklung wäre bei den Interessenverbänden zu rechnen. Es ist freilich anzunehmen, daß es sich um eine Europäisierung auf der Ebene der Führungen und Funktionäre handeln würde, während die Mitgliederebene wegen ihrer geringeren Kommunikationskompetenz weiterhin national bestimmt bliebe. Der Abstand zwischen Eliten und Basis, der angesichts der Professionalisierung von Politik schon ein nationales Demokratieproblem bildet, würde sich daher im europäischen Rahmen weiter vergrößern. Dabei ist der Grad der Oligarchieanfälligkeit richtungsabhängig. Der Abstand wird bei Parteien, die eher Unterschichteninteressen vertreten, größer sein als bei solchen, die tendenziell Oberschichteninteressen repräsentieren, und ein ähnliches Gefälle muß zwischen Verbänden, die massenhafte Mitgliederinteressen, und solchen, die anonyme Unternehmensinteressen vertreten, erwartet werden. Den neuen sozialen Bewegungen und erst recht den ad-hoc-Initiativen, die auf nationaler Ebene wachsendes Gewicht erlangen, wird die europäische Ebene dagegen weitgehend versperrt bleiben.[38]

---

37 Aus diesem Grund stimmt die Behauptung von B.-O. Bryde, Die bundesrepublikanische Volksdemokratie als Irrweg der Demokratietheorie, StWStP 5 (1994), S. 305 (309 mit Fn. 25), nicht, daß ich in der Tradition von Carl Schmitts Parlamentarismuskritik idealisierte Modelle gegen defizitäre Wirklichkeiten ausspielte.

38 Vgl. Kohler-Koch, Interessen (Fn. 35), besonders S. 86 ff., 92 ff.; D. Rucht, Umweltpolitische Interessenvertretung gegenüber Organen der EG: Ansatzpunkte, Strukturen und Probleme, in: B. Schäfers (Hrsg.), Lebensverhältnisse und soziale Konflikte im

Aussichten auf eine Europäisierung des Kommunikationssystems bestehen vollends gar nicht.[39] Ein europäisiertes Kommunikationssystem darf nicht mit vermehrter Berichterstattung über europäische Themen in den nationalen Medien verwechselt werden. Diese richten sich an ein nationales Publikum und bleiben damit nationalen Sichtweisen und Kommunikationsgewohnheiten verhaftet. Sie können folglich auch kein europäisches Publikum erzeugen und keinen europäischen Diskurs begründen. Europäisierung im Kommunikationssektor hieße demgegenüber, daß es Zeitungen und Zeitschriften, Hörfunk- und Fernsehprogramme gäbe, die auf einem europäischen Markt angeboten und nachgefragt würden und so einen nationenübergreifenden Kommunikationszusammenhang herstellten. Ein solcher Markt setzte aber ein Publikum voraus, das über Sprachkompetenzen verfügte, die es ihm erlaubten, europäische Medien zu nutzen. Das wäre entweder dann der Fall, wenn jeder Publizist sich seiner eigenen Sprache bedienen könnte und doch sicher sein dürfte, allgemein verstanden zu werden, oder – realistischer – wenn sich neben den Muttersprachen eine europäische lingua franca wie ehedem das Lateinische, doch nicht auf die Gebildetenschicht begrenzt, durchzusetzen vermöchte.[40] Davon ist die Europäische Union derzeit aber noch weit entfernt.

Damit ist das größte Hemmnis für eine Europäisierung der politischen Substruktur, von der das Funktionieren eines demokratischen Systems und das Leistungsvermögen eines Parlaments abhängt, benannt. Es

---

neuen Europa, Verhandlungen des 26. Deutschen Soziologentages, Frankfurt 1993, S. 568.

39 Vgl. Gerhards, Europäische Öffentlichkeit (Fn. 36); B. Giesen, Intellektuelle, Politiker und Experten: Probleme der Konstruktion einer europäischen Identität, in: Schäfers, Lebensverhältnisse (Fn. 38), S. 492 (498 ff.).

40 Vgl. W. Gellner, Sprachregion, Mehrsprachigkeit, Lingua Franca. Konzepte für europäisches Fernsehen, Medium I (1989), S. 19.

liegt in der Sprache.[41] Kommunikation ist an Sprache und sprachlich vermittelte Welterfahrung und Weltdeutung gebunden. Information und Partizipation als Grundbedingungen demokratischer Existenz werden über Sprache vermittelt. In der Europäischen Union gibt es inzwischen elf Sprachen, von denen keine eine Mehrheit der Bevölkerung erfaßt.[42] Selbst Englisch und Französisch sind für jeweils mehr als 80% der Unionsbevölkerung Fremdsprachen. Auch wenn in den Institutionen der Gemeinschaft diese beiden Sprachen vorherrschen und die Fremdsprachenkompetenz in den jüngeren Generationen zunimmt, ändert das nichts daran, daß die große Mehrzahl der Gemeinschaftsbürger sich nur in der eigenen Muttersprache verständigen kann und also von unmittelbarem Verständnis und unmittelbarer Verständigung in einer europaweiten Kommunikation ausgeschlossen bleibt.[43] Darin liegt nicht nur ein privater Verlust. Sie sind vielmehr «partizipationsbeschränkt»[44] und deswegen im europäischen Meinungsbildungs- und Interessenvermittlungsprozeß benachteiligt. Dieser leidet weit stärker als der nationale unter Basisferne.

Die Bedeutung des Sprachfaktors für die Möglichkeit europäischer Demokratie wird häufig unterschätzt,

41 Vgl. Lepsius, Nationalstaat (Fn. 32), S. 27 f.; ders., Die Europäische Gemeinschaft und die Zukunft des Nationalstaats, in: ders., Demokratie in Deutschland (Fn. 32), S. 249 (255); F. Coulmas (Hrsg.), A Language Policy for the European Community, Berlin/New York 1991; Habermas, Faktizität (Fn. 31), S. 372: Letztlich sei es das «linguistische Band», das jede Kommunikationsgemeinschaft zusammenhalte.
42 Vgl. H. Haarmann, Die Sprachenwelt Europas, Frankfurt 1993, S. 50 ff.
43 Nach einem Kenntnistest für Englisch verfügen zwar 28% der Niederländer und 15% der Dänen, aber nur 3% der Franzosen und Spanier und 1% der Italiener über gute Kenntnisse dieser Sprache, vgl. M.-L. Große Peclum, Gibt es den europäischen Zuschauer? Z. f. Kulturaustausch 40 (1990), S. 193.
44 Lepsius, Europäische Gemeinschaft (Fn. 41), S. 255.

teils weil ein auf den Bereich der organisierten Willensbildung verengter Demokratiebegriff vorherrscht, so
daß die sprachliche Kompetenz der Funktionseliten
oder gar ein ausgebautes Übersetzungswesen als ausreichend gilt, teils weil die Abhängigkeit der Demokratie
von Kommunikationschancen verkannt wird.[45] Hin-
weise auf Mehrsprachenstaaten wie die Schweiz, Bel-
gien und Finnland oder auf multinationale Einwande-
rungsländer wie die USA widerlegen das nicht. In den
genannten europäischen Ländern leben zwischen fünf
und zehn Millionen Einwohner mit zwei oder drei
Sprachen, in der Europäischen Union 370 Millionen
Einwohner mit elf Sprachen. Darin liegt nicht nur ein
quantitativer Unterschied. Wichtiger ist freilich, daß
ein Land wie die Schweiz schon lange vor der Konstitutionalisierung eine nationale Identität ausgebildet

---

45 Die Frage wird erst neuerdings stärker aufgegriffen, und zwar
meist in Reaktion auf meinen Essay «Der Mangel an europäischer Demokratie» im Spiegel 43/1992 vom 19. Oktober 1992,
S. 57, und überwiegend defensiv. Vgl. etwa Bryde, Volksdemokratie (Fn. 37), S. 309; C. D. Classen, Europäische Integration
und demokratische Legitimation, AöR 119 (1994), S. 238
(255 ff.) – ein besonders augenfälliges Beispiel für die Verharm-
losung des Problems – «Man muß dem Privatbereich [gemeint
sind Interessenrepräsentation und Öffentlichkeit, d. Verf.] die
Zeit lassen, sich entsprechend zu entwickeln» (S. 257); I. Pernice, Maastricht, Staat und Demokratie, Die Verwaltung 29
(1993), S. 449 (475 ff.) – «Sprachen werden gelernt und über-
setzt» (S. 480); Schönberger, Hauptsache Europa (Fn. 27),
S. 104 ff. – Die Betroffenen würden «für unfähig erklärt die
Geschicke einer europäischen Demokratie mitzubestimmen, weil
sie keine Fremdsprache beherrschen» (S. 104); J. Schwarze, Das
Staatsrecht in Europa, JZ 1993, S. 585 (589); M. Zuleeg,
Demokratie in der Europäischen Gemeinschaft, JZ 1993,
S. 1069 (1073); W. Kluth, Die demokratische Legitimation der
Europäischen Union, Berlin 1995, S. 44 ff. Auch bei A. v. Brün-
neck, Die öffentliche Meinung in der EG als Verfassungspro-
blem, EuR 1989, S. 249, wo Bedeutung und Fehlen einer öffentlichen Meinung zutreffend analysiert werden, spielen Sprache
und Kommunikationsmedien keine Rolle und lassen so die opti-
mistische Prognose (S. 260 f.) wenig gegründet erscheinen.

hatte und seinen mehrsprachigen politischen Diskurs darauf bezieht. Die USA kommen mit etwa 250 Millionen Einwohnern der Europäischen Union zwar nahe und führen ebenfalls Menschen vieler Nationalitäten zusammen. Im Unterschied zu Europa haben diese ihren nationalstaatlich geprägten Zusammenhalt aber gerade aufgegeben und sich auf eine neue politische Heimat mit einer Mehrheitssprache und landesweiter Kommunikation eingelassen.

Dagegen hat das vor allem in der Sprachenvielfalt begründete Fehlen eines europäisierten Kommunikationssystems zur Folge, daß es auf längere Sicht weder eine europäische Öffentlichkeit noch einen europäischen politischen Diskurs geben wird. Der öffentliche Diskurs bleibt vielmehr vorerst an die nationalen Grenzen gebunden, während im europäischen Rahmen abseits der Öffentlichkeit geführte Fach- und Interessentendiskurse dominieren.[46] Europäische Entscheidungsprozesse stehen infolgedessen nicht in derselben Weise unter Publikumsbeobachtung wie nationale. Der europäischen Politikebene fehlt die Öffentlichkeitsentsprechung. Die Rückkopplung der europäischen Amts- und Mandatsträger ist daher nur schwach ausgebildet, während die nationalen Politiker sich auch bei Entscheidungen im Rat an dem jeweiligen nationalen Publikum orientieren, weil nur von diesem wirksame Sanktionen drohen. In der Europapolitik erlangen unter solchen Umständen fachlich-technische Gesichtspunkte, namentlich ökonomischer Art, übermäßiges Gewicht, während die gesellschaftlichen Folge- und Nebenwirkungen unterbelichtet bleiben. Diese Mängel kann auch eine steigende nationale Aufmerksamkeit für europapolitische Themen nicht wettmachen, weil ihr die europäische Dimension gerade entgeht.

---

46 Vgl. Giesen, Intellektuelle (Fn. 39), S. 492.

Wenn das zutrifft, läßt sich daraus der Schluß ziehen, daß eine volle Parlamentarisierung der Europäischen Union nach dem Muster des nationalen Verfassungsstaats das europäische Demokratieproblem eher verschärft als löst.[47] Einerseits würde sie die Rückbindung der Union an ihre Mitgliedstaaten lockern, denn das Europäische Parlament ist seiner Konstruktion nach kein föderales, sondern ein zentrales Organ. Seine Stärkung ginge auf Kosten des Rats und müßte damit zwangsläufig zentralisierend wirken. Andererseits würde die geschwächte Rückbindung an die Mitgliedstaaten aber nicht durch eine vermehrte Rückbindung an die Bevölkerung der Union kompensiert. Das Europäische Parlament findet keine europäischen intermediären Strukturen vor, und noch weniger bildet es eine europäische Volksvertretung,[48] weil es bislang kein europäisches Volk gibt. Das spricht nicht gegen eine Erweiterung der parlamentarischen Kompetenzen. Sie kann vielmehr die Partizipationschancen in der Union erhöhen, für größere

---

47 Diese Einschätzung teilen etwa Lepsius, Europäische Gemeinschaft; ders., Nationalstaat (beide Fn. 41); F. W. Scharpf, Europäisches Demokratiedefizit und deutscher Föderalismus, StWStP 3 (1992), S. 293 (296 ff.); ders., Optionen (Fn. 33), S. 132; Badura, Bundesstaat (Fn. 21), S. 18; Weiler, Transformation (Fn. 4), S. 2472 ff.; ders., Problems of Legitimacy in Post 1992 Europe, AW 1991, S. 411; Zellentin, Staatswerdung (Fn. 33), S. 43 ff.; G. F. Schuppert, Zur Staatswerdung Europas, StWStP 5 (1994), S. 35 (49); Wieland, Verfassungspolitische Probleme, in: Wildenmann (Fn. 25), S. 429 (444); dies., Ein Markt − zwölf Regierungen (Fn. 28), S. 123 ff., 136.

48 Vgl. P. Kirchhof, Handbuch des Staatsrechts, Band 7, Heidelberg 1992, S. 855 (880); Badura, Bundesstaat (Fn. 21), S. 18; Lepsius, Nationalstaat (Fn. 32), S. 39; E. Klein, Entwicklungsperspektiven für das Europäische Parlament, EuR 1987, S. 47 (102 ff.); Ipsen, Europäische Verfassung (Fn. 21), S. 207. Das Parlament kann daher auch durch Reformen keine «echte Vertretung» der europäischen Wählerschaft oder des Volkes werden, wie Seidel, Verfassung (Fn. 16), S. 140, 142 f., meint, und schon gar nicht ist es «Vertreter des obersten Souveräns der Union, der Völker», wie Dauses/Fugmann, Politisch-institutionelle Stellung (Fn. 27), S. 25, behaupten.

Transparenz sorgen und ein Gegengewicht zur Dominanz technisch-ökonomischer Gesichtspunkte schaffen.[49] Ihr Ziel darf aber nicht die volle Parlamentarisierung nach nationalem Vorbild sein, weil die politischen Entscheidungen sonst dorthin abwandern würden, wo sie demokratisch nur unzureichend verantwortet werden könnten.

Der Verdacht, hinter dieser Einschätzung verberge sich die Idee, daß Demokratie nur auf der Basis einer homogenen Volksgemeinschaft möglich sei,[50] ist nach alledem grundlos. Die Voraussetzungen für Demokratie werden hier nicht vom Volk, sondern von der Gesellschaft her entwickelt, die sich als politische Einheit konstituieren will. Diese bedarf allerdings einer kollektiven Identität,[51] wenn sie ihre Konflikte gewaltlos austragen, sich auf die Mehrheitsregel einlassen und Solidarität üben will. Die Identität muß aber keineswegs in ethnischer Abstammung wurzeln, sondern kann auch andere Grundlagen haben. Nötig ist nur, daß die Gesellschaft ein Bewußtsein der Zusammengehörigkeit ausgebildet hat, welches Mehrheitsentscheidungen und Solidarleistungen zu tragen vermag,[52] und daß sie die Fähigkeit

---

49 Vgl. Lepsius, Europäische Gemeinschaft (Fn. 41), S. 257.
50 Vgl. Bryde, Volksdemokratie (Fn. 37), S. 309. Bryde weist später (a.a.O., Fn. 28) immerhin auf meine Demokratievorstellungen hin, die von Anfang an geeignet gewesen wären, seine Befürchtungen zu zerstreuen.
51 Vgl. B. Giesen (Hrsg.), Nationale und kulturelle Identität, 2. Auflage, Frankfurt 1991; ders., Intellektuelle (Fn. 39); W. Gephart, Partikulare Identitäten und die Grenzen der Gemeinschaftsbildung in Europa, in: Schäfers (Fn. 38), S. 459; J. Gebhardt/R. Schmalz-Bruns (Hrsg.), Demokratie, Verfassung und Nation. Die politische Integration moderner Gesellschaften, Baden-Baden 1994; W. v. Simson, Was heißt in einer europäischen Verfassung «Das Volk»? EuR 26 (1991), S. 1; H. Münkler, Europa als politische Idee, Leviathan 1991, S. 521; H. Schneider, Europäische Identität: Historische, kulturelle und politische Traditionen, Integration 1991, S. 160; M. Haller/P. Schachner-Blazizek (Hrsg.), Europa – wohin? Graz 1994.
52 Vgl. Scharpf, Demokratiedefizit (Fn. 47), S. 296 ff.; Preuß, Euro-

besitzt, sich über ihre Ziele und Probleme diskursiv zu verständigen. Demokratiehinderlich ist folglich nicht die fehlende volkhafte Verbundenheit der Unionsbürger, sondern ihre schwach ausgebildete kollektive Identität und geringe übernationale Diskursfähigkeit. Das heißt freilich, daß das europäische Demokratiedefizit strukturell bedingt ist. Daher kann es auch durch institutionelle Reformen nicht kurzfristig behoben werden. Die Errungenschaft des demokratischen Verfassungsstaats läßt sich vorerst vielmehr nur im nationalen Rahmen ausreichend verwirklichen.

III. Verfassung als ungeeignetes Mittel zur Demokratisierung der Union

Die Umwandlung der Europäischen Union in einen Bundesstaat kann unter diesen Umständen kein erstrebenswertes Nahziel sein. Der Grund liegt freilich nicht darin, daß die politische Form des Nationalstaats um ihrer selbst willen bewahrenswert wäre. Die Existenzberechtigung politischer Einheiten läßt sich nicht ohne Rücksicht auf die Aufgaben beurteilen, deren Lösung von ihnen erwartet wird. Bezogen darauf hat der Nationalstaat, verstanden als politische Einheit, die ihre inneren Angelegenheiten autonom regelt, seine Zeit hinter sich. Ein Großteil der Probleme, die politischer Bearbeitung bedürfen, kann in dem engen staatlichen Rahmen der europäischen Länder nicht mehr effektiv gelöst werden. Dieser Befund drängt auf den supranationalen Zusammenschluß. Wenn dieser trotzdem nicht zu einem europäischen Staatsverband vorangetrieben werden soll, so deswegen, weil ein solcher derzeit nicht

---

päische Einigung (Fn. 33), S. 274 f.; D. Marquand, Integration, Disintegration and Citizenship in the New Europe, in: Schäfers, Lebensverhältnisse (Fn. 38), S. 232 (236 f.).

demokratischen Anforderungen genügen könnte. Sein Legitimationsniveau wäre niedriger als das der Nationalstaaten, und damit sänke auch seine Problemlösungskapazität, die nicht nur technische, sondern auch legitimatorische Voraussetzungen hat. Es geht vielmehr darum, die Europäische Union in ihrer Eigenart als supranationale Einrichtung beizubehalten und dieser Eigenart gemäß auszubauen, nicht dagegen nationalstaatliche Muster zu kopieren.

Daraus ergibt sich auch die Antwort auf die Verfassungsfrage. Soweit es bei der Verfassungsforderung lediglich um die Verfassungsförmigkeit der bestehenden Rechtsgrundlagen der Europäischen Union geht, damit ihre Ziele und Strukturen für die Unionsbürger durchsichtiger werden, läßt sich dies durch eine Trennung derjenigen Vertragsbestandteile, die im Nationalstaat typischerweise in der Verfassung stehen, von den zahlreichen Detailregelungen erreichen, die daneben Eingang in die Verträge gefunden haben. Der so entstehende «Kernvertrag» würde dadurch im äußeren Erscheinungsbild einer Verfassung angeglichen. Doch wäre damit keine innere Veränderung seines Vertragscharakters verbunden, und ebensowenig würden die übrigen Vertragsbestandteile ihre Zugehörigkeit zum primären Gemeinschaftsrecht verlieren. Nichts anderes gilt, soweit sich hinter der Verfassungsforderung nur die Forderung nach institutionellen Reformen der Union verbirgt. Institutionelle Reformen, die nötig werden könnten, weil Organisationsstruktur und Entscheidungsverfahren nach der abermaligen Erweiterung der Europäischen Union an die Grenzen ihrer Leistungsfähigkeit zu stoßen drohen, lassen sich durch eine Änderung der Verträge befriedigen, ohne daß diese damit in eine Verfassung nach staatlichem Vorbild umgewandelt werden müßten.

Soweit die Forderung «Vom Vertrag zur Verfassung» jedoch darauf zielt, den Verträgen diejenigen Elemente hinzuzufügen, welche sie bislang noch von einer Verfassung im vollen Sinn des Begriffs trennen, würde dies gerade auf die Verstaatlichung der Europäischen Union hinauslaufen. Das machen sich nicht alle klar, die heute wegen des Sympathiewerts der Verfassung oder im Interesse der Demokratie nach einer europäischen Verfassung rufen. Bei den fehlenden Elementen handelt es sich ja um die Volkslegitimation des Rechtsakts, der die Union konstituiert, und die darin inbegriffene Selbstbestimmung der Unionsbürger über Form und Inhalt ihrer politischen Einheit. Damit würde aber die Legitimationsgrundlage der Europäischen Union ausgewechselt.[53] Nicht mehr die Mitgliedstaaten bestimmten in den von ihren Verfassungen vorgesehenen Formen demokratischer Willensbildung über Gestalt und Entwicklung der Union. Die Grundentscheidungen würden vielmehr vom Unionsvolk oder in seinem Namen getroffen. Es wäre der Verfassungsgeber der Union. Das gilt auch dann, wenn man die Mitgliedstaaten noch an der Verfassungsgebung und Verfassungsänderung beteiligte. Sie besäßen den Anteil nicht mehr als die «Herren der Verträge», sondern, vergleichbar dem deutschen Bundesrat, als ein Organ der sich selbst bestimmenden Union.

Damit würden zugleich konstitutive Bestandteile der gegenwärtigen Grundordnung preisgegeben. Das Prinzip der begrenzten Einzelermächtigung der Gemeinschaft durch die Mitgliedstaaten wäre durchbrochen. Auch wenn es, ähnlich wie in der föderalistischen deut-

---

53 Vgl. Badura, Bundesstaat (Fn. 21), S. 9; M. Herdegen, Die Belastbarkeit des Verfassungsgefüges auf dem Weg zur Europäischen Union, EuGRZ 1992, S. 589 (591); P. M. Huber, Die Rolle des Demokratieprinzips im europäischen Integrationsprozeß, StWStP 3 (1992), S. 349 (357); ders., Maastricht – Ein Staatsstreich?, Stuttgart 1993, S. 29; Pernice, Maastricht (Fn. 45), S. 486; Scharpf, Demokratiedefizit (Fn. 47), S. 296 ff.; Weiler, Transformation (Fn. 4), S. 2480; Wieland, Verfassungspolitische Probleme (Fn. 28), S. 446 ff.

schen Verfassung, dabei bliebe, daß die Gemeinschaft nur die ihr ausdrücklich übertragenen Kompetenzen besitzt, während die Zuständigkeitsvermutung für die Mitgliedstaaten spricht, änderte das doch nichts daran, daß diese Kompetenzverteilung die Entscheidung des Verfassungsgebers der Union oder der von ihm ermächtigten Unionsorgane, nicht mehr die der Mitgliedstaaten wäre und daß sie folglich auch unabhängig von ihrem einstimmigen Willen geändert werden könnte. Mit der Verfassung im vollen Sinn des Begriffs gewänne die Union die Kompetenz-Kompetenz. Ebenso wäre der Vorrang des Gemeinschaftsrechts vor dem nationalen Recht nicht mehr die Folge des im Vertrag erteilten Anwendungsbefehls der Mitgliedstaaten, sondern des Verfassungsbefehls der Gemeinschaftsverfassung. Die Gemeinschaft hätte es grundsätzlich auch in der Hand, in der Verfassung über ihre Mittelausstattung einschließlich der Besteuerung selbst zu bestimmen, statt von den Mittelzuweisungen der Mitgliedstaaten zu leben. Dem Staatenverbund sind diese Eigenschaften fremd. Sie kennzeichnen den Staat.[54]

Da ein solcher Staat jedoch nicht über die intermediären Strukturen verfügte, von denen der demokratische Prozeß lebt, wäre die Gemeinschaft nach ihrer vollen Konstitutionalisierung eine weitgehend selbsttragende Einrichtung, die ihrer Basis ferner stünde als zuvor. Zwar besteht zwischen gesellschaftlichen Strukturen und politischen Institutionen kein einseitiges Abhängigkeitsverhältnis. Institutionelle Vorgriffe können auch gesellschaftliche Entwicklungen anstoßen. Unter den gegebenen Bedingungen müssen dafür aber lange Entwicklungszeiträume veranschlagt werden. Der institutionelle Vorgriff darf deswegen nicht überdehnt wer-

---

54 Vgl. Badura, Bundesstaat (Fn. 21), S. 11, 24 ff.; U. Everling, Überlegungen zur Struktur der Europäischen Union und zum neuen Europa-Artikel des Grundgesetzes, DVBl. 1993, S. 936 (941 f.); Huber, Maastricht – Ein Staatsstreich? (Fn. 53), S. 36 ff.

den. Das gilt besonders für die Verfassung.[55] Das dem Staatenverbund gemäße rechtliche Fundament ist der Vertrag. Er besitzt alle Eigenschaften, die die rechtliche Bindung der Gemeinschaftsgewalt erlauben, läßt aber die Grundentscheidungen über die Gemeinschaft bei den Mitgliedstaaten, wo sie demokratisch kontrolliert und verantwortet werden können. Eine europäische Verfassung könnte die bestehende Kluft nicht überbrücken und müßte folglich die mit ihr verbundenen Erwartungen enttäuschen. Die durch sie vermittelte Legitimation wäre eine Scheinlegitimation. Insofern bleibt die Verfassung am Ende doch auf den Staat bezogen, und wer sie für Europa fordert, sollte wissen, welche Bewegung er damit in Gang setzt.

---

55 Vgl. Schuppert, Staatswerdung (Fn. 47), S. 66 ff.; Ipsen, Europäische Verfassung (Fn. 21), S. 209; ders., Zur Tragfähigkeit der Verfassungsprinzipien der Europäischen Gemeinschaft, in: ders., Einzelstudien (Fn. 26), S. 51; W. Skouris, Verfassungsprinzipien im Verhältnis der Europäischen Gemeinschaft zu den Mitgliedstaaten, in: Kontinuität und Diskontinuität in der deutschen Verfassungsgeschichte, Berlin 1994, S. 101 (103).

17. Ist die Zeit reif
für eine europäische Verfassung?

Das Europäische Parlament fand die Zeit schon 1984 reif für eine europäische Verfassung. Sein Entwurf traf jedoch auf kein großes Interesse. Zu fern schien die Europäische Gemeinschaft dem Publikum und selbst der Politik damals noch, eine Freihandelszone ohne tiefgreifenden Einfluß auf die nationalen Verhältnisse. Diese Illusion schwand nach dem Vertrag von Maastricht aus dem Jahre 1992, mit dem die Europäische Gemeinschaft zur Europäischen Union fortentwickelt wurde. Maastricht rückte ins allgemeine Bewußtsein, in welchem Ausmaß politische Entscheidungen mittlerweile aus den nationalen Hauptstädten nach Brüssel abgewandert waren und wie wenig das Europäische Parlament bei diesen Entscheidungen zu sagen hatte. Mit einem Mal war das «europäische Demokratiedefizit» in aller Munde und verschaffte dem Verfassungsthema erstmals breitere Aufmerksamkeit. Das Europäische Parlament erblickte darin eine neue Chance und stellte 1993 und 1994 abermals einen Verfassungsentwurf zur Diskussion, ohne daß er jedoch von den anderen Organen der Gemeinschaft oder den Mitgliedstaaten aufgegriffen worden wäre. Der Ruf nach einer Verfassung ist seitdem freilich nicht mehr verstummt und unlängst auch von Regierungsseite erhoben worden. Außenminister Fischer hat in seiner programmatischen Rede vor dem Europäischen Parlament vom Januar dieses Jahres der Verfassungsfrage hohe Aktualität beigemessen.

Der lauter werdende Ruf nach einer europäischen Verfassung darf freilich nicht zu der Annahme verführen, die Europäische Union sei noch gar nicht verfaßt.

Sie ist verfaßt, allerdings im Unterschied zu den Mitgliedstaaten nicht durch eine Verfassung, sondern durch die Verträge, mit denen die Mitgliedstaaten die Europäische Gemeinschaft gegründet, erweitert und verändert haben. Diese Verträge erfüllen für die Union einen Großteil der Funktionen, die in den Mitgliedstaaten der Verfassung zufallen. So wie die Bundesrepublik als Staat durch das Grundgesetz geschaffen worden ist, haben die Verträge die Europäische Gemeinschaft als Herrschaftssubjekt und Träger öffentlicher Gewalt erst ins Leben gerufen und organisiert. Sie definieren ihre Aufgaben, richten ihre Organe ein, weisen ihnen bestimmte Funktionen zu und regeln ihre Kooperation. Sie legen die Grenzen ihrer Zuständigkeiten fest und schreiben die Mittel vor, die die Union zur Aufgabenerfüllung einsetzen darf. Sie ordnen das Verhältnis zu den Mitgliedstaaten und deren Bürgern. Ihren Vorschriften sind alle Organe der Gemeinschaft unterworfen. Der Europäische Gerichtshof kann ihre Beachtung nachprüfen. Der Gerichtshof zögert daher auch nicht, von den Verträgen als der «Verfassungsurkunde» der Gemeinschaft zu sprechen. Warum also der Ruf nach einer Verfassung?

Für viele haben die Verträge äußerlich zu wenig Ähnlichkeit mit einer Verfassung nach staatlichem Vorbild. Sie verteilen sich nicht nur auf eine Vielzahl einzelner Dokumente, sondern gehen auch an Umfang weit über die in Europa üblichen Verfassungen hinaus. Von Übersichtlichkeit und Einprägsamkeit kann unter diesen Umständen keine Rede sein. Den Verträgen fehlt dadurch jene appellative Kraft, die Verfassungen auf die Bürger eines Staates ausüben können. Sie erzeugen weder emotionale Bindungen noch Identifikationsgefühle. Andere vermissen in den Verträgen einen Bestandteil, den Verfassungen üblicherweise enthalten: einen Katalog der Grundrechte. Das heißt aber nicht, daß die europäischen Organe nicht durch Grundrechte gebunden wären: Der Europäische Gerichtshof hat diese Lücke weitgehend durch seine Rechtsprechung geschlossen. Vielen mißfällt schließlich die Organisationsstruktur der Europäischen Union, die seit der Gründung der Gemeinschaft im Jahre 1957 nicht wesentlich verändert worden ist. Zum Teil geht das Mißbehagen darauf zurück, daß die demokratische Komponente in den Verträgen unterentwickelt wirkt, was sich vor allem an den Befugnissen des Parlaments ablesen läßt. Zum Teil scheint die Organisationsstruktur mit ihren Einstimmigkeitsregeln und dem Vertretungsanspruch jedes Mitgliedstaates in der Kommission für die an Aufgaben und Mitgliedern weiter wachsende Union nicht mehr angemessen.

Keine dieser Rügen ist ohne Berechtigung. Durch die Kompliziertheit des Vertragswerks werden die Sympathiewerte, die sich mit einer Verfassung verbinden, verschenkt. Ein geschriebener Grundrechtskatalog würde die Grenzen verdeutlichen, die der öffentlichen Gewalt der Europäischen Gemeinschaft gezogen sind, und der Rechtsprechung einen festeren Halt geben. Die Institutionenordnung, die auf sechs Mitgliedstaaten und ein relativ geringes Entscheidungsvolumen bezogen war, muß auf die vergrößerte und kompetenzreichere Union eingestellt werden. Sämtliche Mängel lassen sich allerdings durch Änderungen der Verträge beheben. Einer Verfassung nach dem staatlichen Muster bedarf es dazu nicht. Diejenigen Bestimmungen, die im Staat der Verfassung vorbehalten sind, könnten in einer Art Grundvertrag zusammengefaßt, die übrigen in Zusatzdokumenten untergebracht werden. Vorschläge zu einer solchen Aufteilung liegen vor. Die Mitgliedstaaten könnten sich auf einen Grundrechtskatalog einigen und diesen in die Verträge oder den Grundvertrag einfügen. Alternativ könnte die Europäische Union – auch das wird erwogen – der Europäischen Menschenrechtskonvention beitreten. Man kann schließlich die Institutionenordnung den veränderten Bedürfnissen anpassen, etwa die Kommission verkleinern, die Einstimmigkeitserfordernisse weiter lockern, die Befugnisse des Parlaments vergrößern. Den Übergang vom Vertrag zur Verfassung setzt all das nicht voraus.

Deswegen stellt sich die Frage, was eine Verfassung dem hinzufügen könnte. Das ist die Frage nach dem Unterschied zwischen Vertrag und Verfassung. Verfassungen, wie sie mit der amerikanischen und der französischen Revolution aufgekommen sind und seitdem weltweit Verbreitung gefunden haben, sind Festlegungen einer Gesellschaft über Art und Form ihrer politischen Einheit. Die Gesellschaften, die sich in der Vergangenheit gewöhnlich als Volk oder Nation verstanden, üben damit ihr Selbstbestimmungsrecht über die Herrschaftsordnung aus und erweisen sich darin als Souverän und Quelle der Staatsgewalt. Mittels der Verfassung bringen sie legitime Staatsgewalt hervor und richten diese nach den Zwecken ein, die sie mit dem Staat verbinden. Wegen ihrer herrschaftserzeugenden Bedeutung werden Verfassungen meist vom Volk selbst durch ein Referendum in Kraft gesetzt, vielfach aber auch von einer eigens zum Zweck der Ausarbeitung einer Verfassung gewählten «konstituierenden» Versammlung beschlossen. Immer aber werden sie dem Volk zugeschrieben, während die staatlichen Organe ihre Machtbefugnis allein von diesem Akt ableiten, sie nur auf der Grundlage und im Rahmen der Verfassung ausüben dürfen und für die Ausübung wiederum dem Träger der Staatsgewalt rechenschaftspflichtig sind.

Auch die europäischen Verträge sind eine Festlegung über Art und Form der politischen Einheit. Was sie von der Verfassung unterscheidet, ist das Zurechnungssubjekt oder die Legitimationsgrundlage. Bezogen auf Europa, hat die Grundentscheidung weder eine europäische Gesellschaft noch gar ein europäisches Volk getroffen, und sie wird einem solchen auch nicht zugeschrieben. Die Entscheidung ist vielmehr von den Mitgliedstaaten getroffen worden, und nur von ihnen kann sie auch wieder geändert werden. Wie eine Verfassung den Staat konstituiert, konstituieren auf diese Weise zwar die Verträge die Union. Aber es handelt sich nicht um einen Akt der Selbstkonstitution, sondern der Fremdkonstitution. Nicht Europa gibt sich eine Grundordnung, sie wird ihr vielmehr von den Mitgliedstaaten gegeben. Diese behalten auch die Herrschaft über die Grundordnung. Nach dem Gründungsakt durch die beteiligten Staaten, die sich zu einer größeren politischen Einheit zusammenschließen, geht die konstituierende Gewalt nicht, wie etwa bei der Gründung der Vereinigten Staaten von Amerika oder des Deutschen Kaiserreichs, auf das neue Gebilde über. Sie verbleibt bei den Mitgliedstaaten. Quelle der öffentlichen Gewalt der Europäischen Gemeinschaft sind folglich nicht ihre Bürger, sondern die Mitgliedstaaten. Deswegen besitzt die Union ihr zentrales Organ auch nicht im Parlament, das die Bürger repräsentiert, sondern im Ministerrat, in dem die Mitgliedstaaten sich zusammenfinden.

Wo sich die Forderung nach einer europäischen Verfassung nicht nur auf eine veränderte Form der Verträge, einen Grundrechtskatalog oder institutionelle Reformen richtet, sondern eine Verfassung im vollen Sinn des Begriffs angestrebt wird, geht es daher meist um eine bessere demokratische Fundierung der Union. Zwar ist die Union nicht undemokratisch. Doch folgt sie anderen Mustern als staatliche Demokratien. Ursprünglich wurde die demokratische Legitimation der Europäischen Gemeinschaft ausschließlich über die ihrerseits demokratisch legitimierten und kontrollierten Regierungen der Mitgliedstaaten vermittelt. Das Einstimmigkeitsprinzip sorgte dafür, daß diese Legitimationskette nicht unterbrochen wurde. Angesichts des ständigen Kompetenzzuwachses der Gemeinschaft und der Abkehr vom Einstimmigkeitsprinzip im Ministerrat reichte diese einfache Legitimation aber nicht mehr aus. Daher genießt die Europäische Union mittlerweile die doppelte Legitimation durch den von den Regierungen der Mitgliedstaaten beschickten Rat und das von den Völkern der Mitgliedstaaten gewählte Parlament. Es ist inzwischen auch von einem bloßen Konsultativorgan zu einem Mitentscheidungsorgan geworden. Nach wie vor besitzt es aber nicht Rang und Rechte der nationalen Parlamente. Insbesondere kann es weder Gesetze auf den Weg bringen noch gar gegen den Willen des Ministerrats durchsetzen. Es hat nur in bestimmten Fällen ein Vetorecht und kann insoweit den Ministerrat unter Einigungszwang setzen.

Was liegt also näher, als diesem Defizit durch eine demokratische Verfassung abzuhelfen? So plausibel die Frage ist, kann sie doch nicht ohne genauere Kenntnis ihrer Konsequenzen beantwortet werden. Vielmehr ist Klarheit darüber nötig, welche Veränderung mit dem Übergang vom Vertrag als Grundlage der Europäischen Union zur Verfassung einträte. Nach allem, was bisher gesagt worden ist, würde die Union dadurch von der Fremdbestimmung in die Selbstbestimmung hinsichtlich ihrer eigenen Grundlagen überführt. Damit erlangte sie auch die Kompetenz, über ihre Kompetenzen und Ressourcen selbst zu befinden. Zwar könnten die Mitgliedstaaten weiterhin an der Entscheidung über die Grundordnung beteiligt werden, so wie der deutsche Bundesrat, in dem die Landesregierungen vertreten sind, an Verfassungsänderungen mitwirkt. Doch würde es sich dabei nicht mehr um eine Mitwirkung in der Eigenschaft als «Herren der Verträge», sondern als Organ der höheren Einheit handeln, und kaum schiene es vorstellbar, daß dieses Organ einstimmig entscheiden müßte. Die Union wäre damit aber kein Staatenverbund mehr, sondern würde sich in einen Bundesstaat verwandeln. Denn die Differenz zwischen diesen beiden besteht gerade darin, daß der Staat über seine eigene Grundordnung bestimmt, während sie dem Staatenverbund von außen gegeben wird.

Die Frage nach der europäischen Verfassung wird auf diese Weise zu der Frage nach einem europäischen Staat. Wer eine Verfassung im vollen Sinne des Begriffs anstrebt, entscheidet sich damit zugleich für eine Umwandlung der Europäischen Union in einen Staat, ob er das will oder nicht. Das ist den wenigsten bewußt, die die Verfassungsforderung erheben. Deswegen hängt die Verfassungsfrage davon ab, ob die Umwandlung der Union in einen Staat ein sinnvolles Nahziel der Europapolitik sein kann oder nicht. Die Folge wäre klar: Die Nationalstaaten und ihre Staatsorgane sänken auf den Status und die Bedeutung ab, die in der Bundesrepublik die Länder haben. Der Nationalstaat ist freilich kein Selbstzweck. Politische Einheiten sind dazu da, gesellschaftliche Probleme zu bewältigen, und müssen sich deshalb den Problemlagen anpassen. Seit langem wächst aber die Zahl der Probleme, die sich im Rahmen der relativ kleinen europäischen Nationalstaaten nicht mehr effektiv lösen lassen. Durch die Globalisierung weitet sich die Sphäre zwischen dem Aktionsradius der Wirtschaft und dem der Politik abermals aus. Deswegen hat der Zusammenschluß der Nationalstaaten zu größeren politischen Einheiten seine eigene Zwangsläufigkeit, und im selben Maß, in dem dieser Prozeß voranschreitet, büßen die Nationalstaaten politische Substanz ein.

Damit ist aber noch nicht gesagt, daß die größeren Einheiten ebenfalls Staaten sein müssen. Die Europäische Union ist das beste Beispiel einer effektiven politischen Vergemeinschaftung ohne Staatsqualität. Da die Verfassungsbestrebungen für die Union im Namen der Demokratie auftreten, kommt vielmehr alles darauf an, inwieweit ein europäischer Staat als demokratischer vorstellbar wäre. Hier werden sich die Antworten scheiden, je nachdem, ob man sich mit einem formalen Demokratieverständnis begnügt oder ein materielles aufrechterhält. Ohne Frage ließe sich ein europäischer Bundesstaat nach dem Muster der nationalen Demokratien organisieren mit einem gewählten Parlament, das im Unterschied zum derzeitigen als legitimationsspendendes Organ fungierte und die üblichen Kompetenzen nationaler Parlamente hätte; mit dem bisherigen Ministerrat als einer Art zweiter Kammer in Gestalt eines Staatenhauses; mit der in die Europaregierung verwandelten Kommission und vielleicht sogar mit einem europäischen Präsidenten. Es ist aber durchaus zweifelhaft, ob damit auch materiell demokratische Verhältnisse hergestellt wären. Die Zweifel rühren daher, daß es eine Gesellschaft, die sich über ihre eigenen Angelegenheiten diskursiv verständigen kann, zwar auf der nationalen, aber nicht auf der europäischen Ebene gibt. Die intermediären Strukturen aus Parteien, Verbänden, Bürgerbewegungen, Kommunikationsmedien, ohne die ein lebendiger demokratischer Prozeß undenkbar ist, fehlen in Europa – und damit fehlt es an jener europäischen Öffentlichkeit, die unabdingbare Voraussetzung demokratischer Verfassungsstaaten ist.

Zwar darf man die Sogkraft nicht unterschätzen, die ein institutioneller Vorgriff entfalten kann. Experten und Interessenten werden sich den veränderten Bedingungen anpassen und tun es schon. Demokratie ist aber nicht nur eine Sache der Eliten, sondern zuvörderst eine Sache des Volkes. Bei einem Europa mit einer Bevölkerung von derzeit 370 Millionen, die sich auf 15 Mitgliedstaaten verteilt und 11 Sprachen hat, von denen jede einzelne Minderheitssprache ist und keine, auch nicht das Englische, dem Gros der Bevölkerung eine ausreichende Verständigung über die Grenzen hinweg erlaubt, sind die Voraussetzungen für eine demokratische Öffentlichkeit aber besonders ungünstig. Vielmehr steht zu befürchten, daß die Europäische

Union nach ihrer vollen Konstitutionalisierung und der damit verbundenen Umwandlung in einen Staat für lange Zeit eine weitgehend selbsttragende Einrichtung wäre, die ihrer gesellschaftlichen Basis ferner stünde als jetzt. Deswegen sollten die Grundentscheidungen über die Union bis auf weiteres dort verbleiben, wo sie demokratisch kontrolliert und verantwortet werden können. Das sind die Mitgliedstaaten. Die notwendigen und wünschenswerten Reformen der europäischen Strukturen werden davon nicht berührt. Keine ist auf die Umwandlung der Verträge in eine Verfassung angewiesen. Dagegen vermöchte eine europäische Verfassung die Kluft zwischen Institutionen und Gesellschaft nicht zu überbrücken. Die von ihr vermittelte demokratische Legitimation wäre eine Scheinlegitimation. Für einen europäischen Verfassungsstaat ist die Zeit auch heute noch nicht reif.

18. Vom Rat zur Staatenkammer

Bundeskanzler Schröder schlägt vor, die Rechte des Europäischen Parlaments durch Erweiterung seiner Entscheidungsbefugnisse und Übertragung der Budgethoheit zu stärken, die Kommission zu einer europäischen Exekutive auszubauen und den Rat in eine „Staatenkammer" zu verwandeln. Ursprünglich als Leitantrag für den SPD-Parteitag formuliert, ist dieser Vorschlag nun in einer Verlautbarung zum Göteborger EU-Gipfeltreffen vom Juni 2001 bekräftigt und erläutert worden. Schröder legt dar, daß es ihm um ein europäisches System der Gewaltenteilung gehe. Die europäischen Entscheidungsverfahren sollten dadurch einfacher und demokratischer gestaltet werden. Er will weitere Politikfelder vergemeinschaften, hält aber zugleich eine klarere Kompetenzabgrenzung zwischen der Union und den Mitgliedstaaten für nötig und beharrt darauf, daß Kompetenzausweitungen allein von den Mitgliedstaaten, nicht von der Union selber beschlossen werden dürften.

Soweit der Vorschlag das Parlament betrifft, folgt er nur der bisherigen Entwicklung. Das Parlament hat seine Rolle als bloß beratende Versammlung längst hinter sich gelassen. Seit Einführung der Direktwahl im Jahr 1979 sind seine Entscheidungsbefugnisse stetig gewachsen, wenngleich sie hinter denen nationaler Parlamente noch immer weit zurückstehen. Was aus der Kommission werden soll, bleibt undeutlich. Eine europäische Exekutive ist sie schon jetzt, allerdings in ihrer Kompetenzfülle mehr als nur Exekutive, indes keine Regierung. Der Vorschlag lässt nicht erkennen, ob sie auf eine reine Exekutive zurückgeschnitten, zu einer Regierung ausgebaut oder in ihrer derzeitigen Funktion weiter gestärkt werden soll. Dagegen scheint es bei der Umwandlung des Rates in eine Staatenkammer um eine wirkliche Neuerung zu gehen, die der Europäischen Union insgesamt ein anderes Aussehen geben könnte.

Kennzeichnend für die Europäische Union ist ihre Stellung zwischen internationaler Organisation und Staat. An einem überzeugenden Begriff für einen derartigen Zwischenstatus fehlt es bislang noch. Doch zeigt sich gerade daran, wie innovativ diese neue Form politischer Vergemeinschaftung ist. Die Union überschreitet den Status einer internationalen Organisation, weil ihr die Mitgliedstaaten Souveränitätsrechte, namentlich solche legislativer Art, in wachsender Zahl übertragen haben, die sie aus eigenem Recht und mit unmittelbarer Geltung in den Mitgliedstaaten ausübt. Sie verhält aber vor der Schwelle zur Staatlichkeit, weil ihr nicht das Recht zur Bestimmung ihrer Ziele, Organisationsformen und Befugnisse zugestanden worden ist. Dieses Recht haben sich vielmehr die Mitgliedstaaten vorbehalten. Sie üben es nach wie vor mittels völkerrechtlicher Verträge aus, die nur einstimmig geschlossen werden können.

Die eigentümliche Zwischenstellung, die für die Europäische Union charakteristisch ist, findet ihren institutionell-organisatorischen Ausdruck gerade im Rat. Er setzt sich zwar aus Angehörigen der Regierungen der Mitgliedstaaten zusammen, bildet aber keine „Staatenkammer" in dem traditionellen Sprachgebrauch, der sich auf die Gestalt von Parlamenten bezieht. Der Rat ist vom Parlament nicht nur unterschieden, er geht ihm auch vor. Da „Souverän" der Europäischen Union nicht ein europäisches Volk oder die Völker der Mitgliedstaaten, sondern diese Staaten selbst sind, ist ihr zentrales Organ nicht die Volksvertretung, sondern die

Staatenvertretung: eben der Rat. Im Europäischen Rat der Staats- und Regierungschefs fallen die Richtungsentscheidungen für die Europäische Union. Sie handeln auch die Änderungen der vertraglichen Grundlagen der Union aus, ehe die Mitgliedstaaten sie in dem von ihren Verfassungen vorgesehenen Verfahren ratifizieren.

Der Rat wirkt auf der Grundlage und im Rahmen der Verträge aber auch als Gesetzgeber des europäischen Gemeinschaftsrechts. Das Parlament, das anfänglich ein bloßes Konsultativorgan war, hat heute zwar Anteil an der Gesetzgebung. Doch besteht dieser Anteil in einem abgestuften System von Mitwirkungsrechten, die ihm lediglich ein Veto gegen Beschlüsse des Rates, keine eigenständigen Gestaltungsmöglichkeiten eröffnen. Das bundesstaatliche Muster des Grundgesetzes kehrt sich hier also gerade um. Dagegen hat die Kommission durch das alleinige Initiativrecht, die Bindung des Rates an ihre Vorschläge und das Recht, die Durchführung der Gesetze zu regeln, eine starke Stellung im Gesetzgebungsprozeß. Allerdings hält der Rat wiederum die Hand auf die Kommissionsrechtsetzung durch die Mitsprache seiner Ausschüsse, die dadurch de facto zum Organ der Gesetzgebung werden (die sogenannte Komitologie).

Über dem anhaltenden Ruf nach institutionellen Reformen der Europäischen Union gerät häufig in Vergessenheit, daß diese Konstruktion in ihrer Grundanlage ingeniös ausgedacht ist. Gerade in der Abweichung von der Organstruktur der Nationalstaaten entspricht sie dem Charakter der Union als supranationaler Einrichtung, die von Staaten getragen wird, ohne selber Staat zu sein. Damit soll jedoch nicht behauptet werden, daß die Reformforderungen grundlos seien. Die Union hat in der Tat eine Reihe institutioneller Mängel, die sowohl ihre Effizienz als auch ihre Legitimität beeinträchtigen, und zwar nicht erst im Blick auf die

Ost-Erweiterung, sondern schon jetzt. Doch liegt die Ursache weniger in Fehlern der Grundstruktur als in dem Umstand, daß die Organisation der Union mit der Ausweitung und Intensivierung der Integration, die seit ihrer Gründung im Jahr 1957 vor sich gegangen ist, nicht Schritt gehalten hat.

Der am häufigsten beklagte Mangel besteht in dem Demokratiedefizit der Union. Auch dieses wohnte ihr aber nicht von Anfang an inne, sondern geht auf die zwischenzeitlich eingetretenen Veränderungen zurück. In den Anfängen konnten die Europäischen Gemeinschaften von der demokratischen Legitimation zehren, die den Entscheidungen der Organe durch die ihrerseits demokratisch legitimierten und kontrollierten Regierungen der Mitgliedstaaten vermittelt wurde. Die Rechtsetzungsakte waren an Zahl und Gewicht verglichen mit heute gering. Es galt das Prinzip der Einstimmigkeit. Kein Land wurde also einem Recht unterworfen, das es nicht selbst im Rat akzeptiert hatte. Für die Bürger der Mitgliedstaaten entfaltete es erst Wirkung, nachdem diese es in nationales Recht umgesetzt hatten. Zustimmung und Umsetzung mußten die nationalen Organe vor ihren Wählern verantworten.

Mittlerweile haben sich die Bereiche vergemeinschafteter Politik stark ausgeweitet. Auf zahlreichen Politikfeldern geht die Gestaltung längst nicht mehr von den nationalen Hauptstädten, sondern von Brüssel aus. Dementsprechend ist die Rechtsproduktion der Europäischen Union erheblich angewachsen. Das Einstimmigkeitserfordernis im Rat gilt nur noch für die kleinere Zahl der Entscheidungen. In den meisten Fällen genügt eine Stimmenmehrheit. Das europäische Gemeinschaftsrecht beansprucht aufgrund zweier fundamentaler Urteile des Europäischen Gerichtshofs unmittelbare Geltung in den Mitgliedstaaten und geht dem nationalen Recht, selbst den nationalen Verfassungen, vor. Im selben Maß, wie die Bürger der Mitgliedstaaten politischen Entscheidungen der Union unterworfen werden, denen die von ihnen gewählte Regierung nicht zugestimmt hat, tut sich daher eine Legitimationslücke auf, welche die Akzeptanz der Union beeinträchtigt.

Diese Lücke ist mit dem Vertrag von Maastricht offenkundig geworden. Allerdings hat es nicht an Anstrengungen gefehlt, sie zu schließen. Sie bestehen zum einen in einer kontinuierlichen Aufwertung des Europäischen Parlaments. Seitdem es in den Mitgliedstaaten direkt gewählt wird, kann es den Hoheitsakten der Europäischen Union in dem Maß seiner Befugnisse eine von den mitgliedstaatlichen Regierungen unabhängige Legitimation vermitteln. An solchen Befugnissen fehlt es auch nicht. Seine Mitentscheidungsrechte sind auf zahlreiche Rechtsetzungsakte und jüngst auch auf Bildung, Bestand und Kontrolle der Kommission erstreckt worden. Zum anderen wird die Legitimation europäischer Hoheitsakte durch einen vom Europäischen Gerichtshof entwickelten Grundrechtsschutz erhöht. Im Dezember 2000 ist er durch die Proklamation einer europäischen Grundrechtecharta bekräftigt worden, der jedoch die rechtliche Geltung noch fehlt.

Trotz seiner steigenden Bedeutung ist das Parlament allerdings immer noch nicht zu dem zentralen gesetzgebenden Organ der Union geworden. Das Schwergewicht der Rechtsetzung liegt weiterhin bei Kommission und Rat. Infolgedessen kommt der Gesetzesinhalt regelmäßig nicht aufgrund parlamentarischer Beratung, sondern administrativer Vorbereitung und intergouvernementaler Aushandlung zustande. Damit sind Effizienz- und Legitimationskosten verbunden. Die Erarbeitung in fachlich ausgerichteten Gremien begünstigt die Beschränkung auf technisch-sektorale Gesichtspunkte unter Vernachlässigung externer Folgekosten und erleichtert den Verbändeeinfluß. Die intergouvernementale Aushandlung trägt zum Vorsprung nationaler Interessen vor Gemeinschaftsbelangen bei, denn die Ratsmitglieder sind für ihre Entscheidungen nicht einer europäischen, sondern ihrer nationalen Wählerschaft rechenschaftspflichtig, die auf den eigenen Vorteil zu schauen pflegt.

Der vom parlamentarischen Prozeß vermittelten Partizipation der Öffentlichkeit und Integration verschiedener Politikfelder eröffnet das Verfahren wenig Ansatzpunkte. Auf einer weiteren Annäherung von Stellung und Befugnissen des Europäischen Parlaments an diejenigen nationaler Parlamente ruhen daher die meisten Hoffnungen zur Behebung der Defizite der gegenwärtigen Organstruktur. Allerdings stößt ein solcher Versuch an Grenzen, wenn es beim supranationalen Charakter der Union bleiben soll. Als Zusammenschluß von Staaten, der selbst kein Staat ist, sondern von den Mitgliedstaaten und den von ihren Völkern legitimierten und kontrollierten Regierungen getragen wird, ist ihr die bestimmende Rolle der Mitgliedstaaten wesenseigen. Jede Regelung, die es dem Parlament erlaubte, sich über den Willen der nationalen Regierungen, wie er im Rat gebildet wird, hinwegzusetzen, wäre nicht mehr eine Reform im bestehenden Rahmen, sondern würde den Rahmen verändern.

Das gilt ganz besonders für das primäre Gemeinschaftsrecht, also die Verträge, mit denen die Europäischen Gemeinschaften gegründet und im Lauf der Zeit zur Europäischen Union fortentwickelt wurden. In ihnen werden die grundlegenden Strukturen und Kompetenzen der Union festgelegt. Sie erfüllen in der Union die Funktion, die in den Mitgliedstaaten der Verfassung zukommt. Würden diese Festlegungen den Mitgliedstaaten als dem Souverän der Europäischen Union aus der Hand genommen oder wären sie daran nur noch als ein Organ der Union unter anderen, nicht mehr als Quelle und Träger ihrer öffentlichen Gewalt beteiligt, so hätte sich die Union damit von einem Staatenverbund in einen Bundesstaat verwandelt. Denn an der Differenz von Selbstbestimmung und Fremdbestimmung über die Art und Form der politischen Einheit entscheidet sich letztlich, ob ein politischer Zusammenschluß das eine oder das andere ist.

Viele streben allerdings eine solche Umwandlung an oder befürworten institutionelle Reformen, die im Ergebnis darauf hinauslaufen. Auch die Forderung nach Ersetzung der europäischen Verträge durch eine Verfassung im Vollsinn des Begriffs gehört dazu, weil sie die Union aus der Bestimmung der Mitgliedstaaten lösen und sich selbst überantworten würde. Davor muß indessen gerade im Interesse einer demokratisch legitimierten und kontrollierten öffentlichen Gewalt in Europa gewarnt werden. Solange es eine europäische Öffentlichkeit, die nicht nur aus der Addition von fünfzehn nationalen Öffentlichkeiten besteht, und einen europaweiten Diskurs noch nicht gibt, könnte ein derartiger Staat zwar der Form nach ein demokratischer sein. Es fehlte ihm aber weitgehend die demokratische Substanz, die erst aus der lebendigen Interaktion zwischen Organen und Bevölkerung, vermittelt durch Parteien, Verbände, Bürgerbewegungen und Medien, hervorgeht.

Die Umwandlung der Europäischen Union in einen europäischen Staat würde diese aber auch um den innovativen Charakter bringen, der ihr jetzt eigen ist, und sie in die traditionelle Vergemeinschaftungsform der letzten Jahrhunderte überführen. Indessen liegt gerade in ihrer Supranationalität, die die Vorteile der Staatlichkeit mit den Vorteilen bündischer Zusammenschlüsse kombiniert, ein besonders zukunftsträchtiges Potential. Schon heute übt es erhebliche Anziehungskraft auf andere Teile der Erde aus, in denen der Druck von Problemen ebenfalls wächst, die sich im kleinräumigen Rahmen der Nationalstaaten nicht mehr effektiv lösen lassen, die Bereitschaft, die Nation als primären politischen Bezugsrahmen aufzugeben, aber noch weit geringer ist als in Europa. Die Europäische Union ist ein politisches Modell der Zukunft. Darin liegt ihre Attraktivität, die nicht leichtfertig zugunsten des Modells der Vergangenheit aufs Spiel gesetzt werden sollte.

Eine Verstaatlichung der Europäischen Union scheint allerdings nicht in der Absicht des Bundeskanzlers zu liegen. Wie aus der Verlautbarung deutlicher hervorgeht als aus dem Leitantrag, soll der Rat nur insoweit in eine Staatenkammer umgewandelt werden, als er gesetzgeberisch tätig ist. Die Übertragung neuer Kompetenzen auf die Union will er dagegen in der Hand der Mitgliedstaaten lassen. Ein schleichender Kompetenztransfer auf die europäische Ebene soll unterbunden werden. Kompetenzfragen sind Verfassungsfragen, und die „Verfassung" der Europäischen Union besteht aus den Verträgen. Schröders Vorschlag zielt nicht – das macht die Verlautbarung klar - auf eine Abkehr vom Vertrag als Rechtsgrundlage der Union. Alles, was zur „Verfassung" der Europäischen Union rechnet, bleibt danach der Regelungsform des Vertrages vorbehalten. Nur soweit es um Normsetzung im Rahmen der Verträge geht, soll der Rat als Staatenkammer zuständig werden.

Wie Schröder sich die Umwandlung des Rates in eine Staatenkammer im einzelnen vorstellt, ist weder dem Leitantrag noch der Verlautbarung zu entnehmen. Das erschwert die Beurteilung. Immerhin verweist die Bezeichnung als Staatenkammer auf den für Bundesstaaten üblichen Bikameralismus. Die Nation wird hier zum einen in ihrer staatsbürgerlichen Gleichheit, zum anderen in ihrer landsmannschaftlichen Verschiedenheit repräsentiert, wobei die Gewichte zwischen den beiden Kammern gleich oder ungleich verteilt sein können. Daher spricht einiges dafür, daß an eine Eingliederung des Rates in das Parlament gedacht ist, das dann nach dem bundesstaatlichen Muster aus der „Staatenkammer" und der von den Völkern der Mitgliedstaaten gewählten „Volkskammer" bestünde. Ob damit auch eine Änderung in Zusammensetzung und Kompetenzen des Rates einhergehen soll, wird in dem Vorschlag nicht mitgeteilt.

Würden Zusammensetzung und Kompetenzen des Rates nicht angetastet, reichte die Veränderung freilich kaum über einen Namenswechsel hinaus. Es ist daher unwahrscheinlich, daß sich der Vorschlag darin erschöpft. Die Vorstellung, daß er zu einer europäischen Gewaltenteilung beiträgt sowie der Zusammenhang mit einer Ausweitung der Parlamentsbefugnisse und dem Ausbau der Kommission zu einer starken Exekutive bestärkt vielmehr die Vermutung, daß der Name „Staatenkammer" Programm ist: Die Organstruktur der Union soll derjenigen von Bundesstaaten angenähert und das Gewicht von dem heute vorherrschenden administrativ-intergouvernementalen auf ein parlamentarisches Entscheidungsverfahren verlagert werden. Zur Begründung wird ein Gewinn an Einfachheit und Demokratie genannt. An seiner Eignung, die demokratischen und sachlichen Defizite der exekutivisch dominierten Rechtsetzung zu überwinden, muß sich der Vorschlag daher messen lassen.

Ob er die beabsichtigte Vereinfachung der europäischen Entscheidungsverfahren erreichen kann, ist ungewiß. Auch wenn der Rat zur Staatenkammer wird und das in eine Volkskammer verwandelte Parlament größeren Anteil an der Gesetzgebung gewinnt, bleibt es ja bei der Notwendigkeit des Zusammenwirkens zweier Organe, die wohl auch weiterhin unterschiedlichen Rekrutierungs- und Arbeitsprinzipien folgen. Allein der Umstand, daß sie nun zwei Häuser des Parlaments bilden, ändert daran nichts. Ebenso wenig wird die Zahl der Organe verringert, denn der Rat bleibt jedenfalls als Europäischer Rat der Staats- und Regierungschefs und wohl auch als Ministerrat für die nicht-legislativen Zuständigkeiten bestehen. Eine Vereinfachung könnte freilich in der Preisgabe der Komitologie oder der Ausschaltung der Kommission aus der Rechtsetzung liegen. Beides ist aber nicht ausgesprochen, und das letztere drohte das unitarische Element bedenklich zu schwächen.

Ob sich die Rechtsetzung bei Verwirklichung des Vorschlags demokratisiert, hängt wiederum von der Zusammensetzung des zur Staatenkammer gewordenen Rates und von der Kompetenzverteilung zwischen den beiden Kammern des Parlaments ab. Bleibt der Rat nach der Vorstellung Schröders ein Organ, das sich aus den mitgliedstaatlichen Regierungen zusammensetzt, wofür der Name „Staatenkammer" spricht, dann verschafft er der Union keinen demokratischen Mehrwert gegenüber dem jetzigen Zustand. Der Mehrwert könnte vielmehr nur von einer Kompetenzausweitung des zur „Volkskammer" gewordenen Parlaments ausgehen. Eine solche Kompetenzausweitung ist demokratisch zwar wünschenswert. Doch kann sie ohne Veränderung des supranationalen Charakters der Union schwerlich zu einem Übergewicht über den Rat ausgedehnt werden. Den Mitgliedstaaten als Trägern der Union drohte sonst eine Majorisierung durch das Parlament.

Ähnliches gilt bezüglich der Nachteile der intergouvernementalen Aushandlung von europäischem Gemeinschaftsrecht. Sie haben ihre Wurzel ja nicht darin, daß der Rat ein selbständiges Organ ist, sondern darin, daß in ihm die nationalen Regierungen sitzen und ihre nationalen Belange vor die gemeinschaftlichen zu stellen pflegen. Allein die Verwandlung des Rates in eine Staatenkammer machte diese noch nicht zu einem Organ, das sich wie der deutsche Bundesrat verhielte. Der Bundesrat orientiert seine Entscheidungen regelmäßig entlang den Parteilinien. Die Voraussetzungen dafür fehlen aber in Europa. Daher ist es unwahrscheinlich, daß der Rat seine paktierende Entscheidungspraxis zugunsten einer deliberierenden aufgäbe, bloß weil er Teil des Europäischen Parlaments wird. Das notwendige Gegengewicht zu dem fachlich und national verengten Spektrum ist vielmehr nur von einer Ausweitung der Parlamentskompetenzen zu erwarten.

Wenn der Vorschlag, soweit man ihn heute zu beurteilen vermag, schon nicht viel Nutzen verspricht, bleibt zu fragen, ob er denn wenigstens keinen Schaden stiftet. Auch die Antwort darauf steht unter dem Vorbehalt, daß er in seiner veröffentlichten Form zu wenig ausgearbeitet ist, um eine zuverlässige Beurteilung zu erlauben. Sollte er als Auftakt zu einer Umwandlung der Europäischen Union in einen europäischen Bundesstaat dienen, hätte er die Einwände, die einen solchen unratsam erscheinen lassen, gegen sich. Sollte er das bescheidenere Ziel verfolgen, die europäische Rechtsetzung im demokratischen Interesse stärker zu parlamentarisieren, ließe sich dies durch eine Ausweitung der Kompetenzen des Europäischen Parlaments erreichen. Das Gewicht des Rates bei der Gesetzgebung würde dadurch automatisch verringert. Ob er dann in seiner Eigenschaft als Rechtsetzungsorgan „Staatenkammer" hieße, wäre demgegenüber von geringer Bedeutung.

19. Soziale Grundrechte für Europa

I. Die Eigenart sozialer Grundrechte

Ob ein Staat die Bezeichnung «Sozialstaat» verdient, läßt sich nicht schon an seinem Grundrechtskatalog ablesen. Deutschland bietet dafür das beste Beispiel. Das Grundgesetz hat absichtsvoll auf soziale Grundrechte verzichtet und sich mit den klassischen Freiheitsrechten begnügt. Die Bundesrepublik ist deswegen aber nicht weniger sozialstaatlich als etwa die Weimarer Republik, deren Verfassung eine Fülle sozialer Grundrechte enthielt. Die Sozialstaatsklausel des Grundgesetzes, die in der Weimarer Verfassung fehlt, ändert daran nichts, denn sie war nicht als Überbietung von Weimar, sondern als Entschädigung für die fehlenden sozialen Grundrechte gedacht. Verglichen mit den anderen Staatszielbestimmungen des Grundgesetzes und erst recht mit sozialen Grundrechten ist sie jedoch äußerst inhaltsarm. Mangels näherer Konkretisierung im Verfassungstext verhindert sie lediglich, daß sich der Staat sozial völlig desinteressiert zeigt und zum Laisser-faire des Liberalismus zurückkehrt.

Fragt man, aus welchen Gründen es sich nicht schon auf der verfassungsrechtlichen Ebene entscheidet, wie sozial ein Staat ist, so fällt vor allem die Wirkungsweise sozialer Grundrechte auf, die sich von derjenigen klassischer Freiheitsrechte unterscheidet. Die Freiheitsrechte entstanden in Reaktion auf einen Staat, der das Bestimmungsrecht für Denken und Handeln des Einzelnen aus überlegener Einsicht in das wahre Beste für sich in Anspruch nahm und damit weder den Eigenwert individueller Selbstbestimmung anerkannte noch

275

das Leistungspotential ausschöpfte, das in der Individualfreiheit liegt. Es war dieses Problem, welches sich
ausgangs des 18. Jahrhunderts zuspitzte und dazu
führte, daß die Rechtsordnung von objektiven Bindungen auf subjektive Rechte umgestellt wurde und der
Staat seine Legitimation gerade aus der Sicherung der
Individualfreiheit bezog, die ihrerseits wiederum das
gemeine Beste zuverlässiger hervorbringen sollte, als
die staatliche Steuerung es vermocht hatte.

Die Freiheitsrechte bildeten das juristische Instrument, mit dem der Staat auf den Schutz der Individualfreiheit verpflichtet und von eigenen Steuerungsambitionen zugunsten der Marktsteuerung abgehalten werden sollte. Sie unternahmen es, die Entfaltung der Indi-
vidualität und die Autonomie der verschiedenen sozialen Funktionsbereiche durch Beschränkung der
Staatstätigkeit zu gewährleisten. Dementsprechend erfüllt der Staat sie durch Unterlassung unerlaubter Eingriffe in die grundrechtlich gesicherte Sphäre. Rechtsakte, die die Schranken überschreiten, können annul-
liert werden. Zwar dürfen die grundrechtlichen Freiheiten im Interesse der gleichen Freiheit aller gesetzlich
beschränkt werden. Ihre staatsbegrenzende Wirkung
hängt aber nicht vom Erlaß solcher Gesetze ab. Fehlt
eine gesetzliche Eingriffsermächtigung, kommen sie
vielmehr ungeschmälert zum Zuge. Jeder staatliche
Eingriff ist dann verfassungswidrig. Den Freiheitsrechten eignet auf diese Weise eine relativ hohe Eindeutig-
keit und eine relativ hohe Wirkungskraft.

Bei den sozialen Grundrechten verhält sich das anders. Sie reagierten nicht auf die Lenkungsansprüche
des absoluten Staates, sondern auf die Folgeprobleme
der Marktsteuerung. Diese haben ihre wichtigste Ursache in der Differenz zwischen dem (rechtlichen) Besitz
und dem (tatsächlichen) Gebrauch von Freiheitsrechten. Zwar liegt bei einigen Freiheiten der Genuß schon
im Haben. Das ist zum einen der Fall, wenn sie auf ein

Handeln gerichtet sind, das nur vom Willensentschluß ihres Trägers abhängt: reden, von einem Ort zum anderen gehen, Freunde treffen. Das ist zum anderen der Fall, wenn sie den Einzelnen vor etwas schützen, das der Staat ihm antun könnte: willkürlich verhaftet, gefoltert, mit dem Tod bestraft zu werden. Die meisten Freiheitsrechte sind jedoch voraussetzungsvoller. Sie werden erst dann real nutzbar, wenn zusätzliche Bedingungen erfüllt sind, insbesondere wenn der Einzelne den Gegenstand, auf den sich die Freiheitsgarantie bezieht, auch hat: Wohnung, Eigentum, Beruf, oder wenn er über diejenige Bildung verfügt, welche ihm die rechtlich gewährleistete Wahlfreiheit erst tatsächlich eröffnet.

Es war die Erfahrung des 19. Jahrhunderts, daß es an diesen Voraussetzungen vielfach fehlte und in der von staatlicher Herrschaft befreiten Sphäre gesellschaftliche Machtverhältnisse Platz griffen, die zwar nicht die rechtliche Freiheit aller, wohl aber die Möglichkeit ihres tatsächlichen Gebrauchs berührten. Als verfassungsrechtliches Gegenmittel kamen die sozialen Grundrechte auf, Grundrechte der zweiten Generation, wie sie gelegentlich genannt werden. Sie sollten das Grundverhältnis zwischen Staat und Individuen nicht umkehren, wohl aber das tatsächliche Gefälle ausgleichen, das zur ungleichen Verteilung von Freiheitschancen geführt hatte. Zu diesem Zweck wurden die verfassungsrechtlichen Garantien auch auf die Voraussetzungen des Freiheitsgebrauchs erstreckt. Das geht freilich nicht im Weg gesellschaftlicher Selbstregulierung. Diese ist vielmehr gerade die Quelle des Problems, das soziale Grundrechte beheben sollen. Die Ziele, welche sie setzen, müssen daher vom Staat verwirklicht werden. Im Unterschied zu den Freiheitsrechten kann das aber nicht durch Unterlassen, sondern nur durch Handeln geschehen.

Damit geraten die sozialen Grundrechte indessen unter zwei Restriktionen, die bei Freiheitsrechten keine

Rolle spielen. Zum einen steht ihre Erfüllung unter der Maßgabe des Möglichen. Während Unterlassen nicht knapp ist, hängen Leistungen von den vorhandenen Ressourcen ab. Zum anderen ist staatliches Handeln durch Grundrechte weniger eindeutig determinierbar als Unterlassen. Unterlassungspflichten können nur auf eine Weise erfüllt werden, nämlich durch den Verzicht auf das untersagte Verhalten. Werden sie verletzt, heben die Gerichte den rechtswidrigen Akt auf. Dagegen sind Handlungspflichten auf verschiedene Weise erfüllbar. Was im einzelnen zu geschehen hat, wird von den Grundrechten nicht festgelegt. Sie regeln das «Daß», aber nicht oder nur sehr begrenzt das «Wie». Soziale Grundrechte sind deswegen auf gesetzliche Vermittlung angewiesen. In durchsetzbare Ansprüche verwandeln sie sich erst durch gesetzgeberisches Handeln, nicht schon durch die grundrechtliche Anordnung dieses Handelns. Das Gesetz ist hier, anders als bei den Freiheitsrechten, für die Zweckerreichung konstitutiv. Auch die gerichtliche Durchsetzung sozialer Grundrechte hängt von ihm ab.

Ein weiterer Grund dafür, daß sich die Sozialstaatlichkeit eines Landes nicht schon an seinem Grundrechtskatalog ablesen läßt, ergibt sich aus der Deutungsfähigkeit und Deutungsbedürftigkeit von Rechtsnormen. Für Grundrechte als die notwendig sehr allgemein formulierten obersten Prinzipien der Rechts- und Sozialordnung gilt das in besonderem Maß. Bevor sie auf konkrete Fälle angewandt werden können, muß ihr Sinn ermittelt werden. Das ist Sache der Rechtsanwendung. Sie wird vorgedacht und kritisch begleitet von der Rechtswissenschaft. Das letzte Wort haben die Gerichte. Konkretisierung ist ein Vorgang, der vom Text der Grundrechte nicht abschließend bestimmt werden kann. Die Interpretation tritt als relativ eigenständiger Faktor hinzu. An einem Vergleich zwischen der Weimarer Republik und der Bundesrepublik läßt sich das ablesen. Die Weimarer Staatsrechtslehre zog aus dem Umstand, daß soziale Grundrechte nicht unmittelbar wirken, sondern auf gesetzliche Vermittlung angewiesen sind, den Schluß, daß sie gar keine Rechtsgeltung besäßen. Sie wurden als bloße Absichtserklärungen und Programmaussagen verstanden, denen rechtliche Bindungswirkung nicht zukam.

Im Grundgesetz gibt es zwar keine sozialen Grundrechte. In der bundesrepublikanischen Staatsrechtslehre hat sich aber die Auffassung durchgesetzt, daß die Verwirklichung zahlreicher Freiheitsrechte materielle Voraussetzungen hat und daß die grundrechtliche Freiheit nicht nur vom Staat, sondern auch von Dritten oder gesellschaftlichen Mächten bedroht ist. Deswegen hat das Bundesverfassungsgericht dem Staat, abgeleitet aus den klassischen Freiheitsrechten, soziale Verpflichtungen auferlegt. Zum einen muß er sich um die materiellen Voraussetzungen des Freiheitsgebrauchs kümmern, zum anderen hat er die grundrechtlich garantierte Freiheit auch gegenüber Bedrohungen von dritter Seite zu schützen. Sozial gesehen war dieser Weg der erfolgreichere. Im Ergebnis ist die Bundesrepublik, obwohl auf verfassungsrechtlicher Ebene sozialstaatlich weniger ausgeprägt, in stärkerem Maße Sozialstaat als die Weimarer Republik, die sich auf der verfassungsrechtlichen Ebene sozial stärker zeigte.

Aus diesem Vergleich darf freilich nicht der Schluß gezogen werden, daß auf Grundrechte nichts ankäme. Verfassungen erheben, jedenfalls in den Ländern, die es mit dem Konstitutionalismus und der Bindung der Staatsgewalt ernst meinen, den Anspruch zu gelten, und sind nicht unverbindliche Wunschvorstellungen. Man muß aber die Bedingtheiten sozialer Grundrechte kennen, um Illusionen zu vermeiden. Ihre Geltung kann nicht darin bestehen, daß sie das rechtlich Verheißene faktisch gewähren. Ein Recht auf Arbeit bedeutet nicht, daß schon deswegen jeder Arbeit erhält. Die Geltung liegt auch nicht darin, daß das staatliche Verhalten, das zwischen das grundrechtliche Gebot und seine tatsächliche Erfüllung tritt, im Grundrecht abschließend programmiert ist wie bei Freiheitsrechten das Unterlassen. Vielmehr bedarf es einer eigenständigen gesetzgeberischen Umsetzungsentscheidung, in der sich auch politische Prioritätenänderungen oder Reaktionen auf wechselnde Lagen niederschlagen können.

Wohl aber bedeutet die Existenz sozialer Grundrechte, daß der Gesetzgeber nicht frei ist, ob er sich um die Einlösung der grundrechtlichen Zusagen kümmert. Er muß etwas tun, und zwar etwas Geeignetes und Hinreichendes. Offen ist indessen, wie und in welchem Umfang er die Gebote umsetzt. Dabei darf er auch die Grenzen des Möglichen bestimmen, wie sie sich aus den übrigen Staatszielen, den politischen Prioritätsentscheidungen und den vorhandenen Ressourcen ergeben. Angesichts der Fülle der Aufgaben und der Knappheit der Mittel gibt es keine Bestandsgarantien oberhalb eines sozialen Minimums. Im Konflikt zwischen verschiedenen Anforderungen unter begrenzten Ressourcen sind soziale Grundrechte aber vorweggenommene Prioritätsentscheidungen, wenn auf der anderen Seite kein verfassungsrechtlich gewährleistetes Ziel steht. Ihre Wirkung ist damit indes noch nicht beendet, sondern setzt sich auf der Rechtsanwendungsebene fort, hier sind sie bei der Auslegung der Gesetze interpretationsleitend zu berücksichtigen.

II. Soziale Grundrechte in der Charta der Europäischen Union

All das versteht sich nicht von selbst. Der hohe und vielfach beispielgebende Grundrechtsstandard in Deutschland, der das Fehlen sozialer Grundrechte weithin auffängt, ist das Ergebnis einer langen Entwicklung, die nicht überall mitvollzogen worden und erst recht nicht überall willkommen ist. Man muß das in Erinnerung behalten, wenn man über soziale Grundrechte in Europa sprechen will. Soziale Grundrechte sind hier, anders als in der Bundesrepublik, ein Bestandteil der Charta, die von einem Konvent unter Vorsitz des früheren Bundespräsidenten und Bundesverfassungsgerichtspräsidenten Herzog ausgearbeitet und vom Europäischen Rat in Nizza im Dezember 2000 feierlich proklamiert wurde. Die Charta besteht aus 54 Artikeln. Verglichen mit den meisten europäischen Staatsverfassungen ist das eine große Zahl. Der Abstand verringert sich aber, wenn man berücksichtigt, daß in den Staatsverfassungen oft mehrere Grundrechte in einem Artikel zusammengefaßt sind und manches, was sich an neuen Grundrechtsinhalten in der Rechtsprechung entwickelt hat, wie beispielsweise das Recht auf informationelle Selbstbestimmung, hier ausdrücklich in den Text aufgenommen ist.

Die Charta teilt sich in sieben Kapitel: Würde des Menschen (5 Artikel), Freiheiten (14 Artikel), Gleichheit (7 Artikel), Solidarität (12 Artikel), Bürgerrechte (8 Artikel), Justizielle Rechte (4 Artikel) und Allgemeine Bestimmungen (4 Artikel). Soziale Grundrechte finden sich vor allem im Kapitel «Solidarität», das mit 12 Artikeln nächst den Freiheiten das umfangreichste ist. Im einzelnen sind verbürgt: ein Recht auf Unterrichtung und Anhörung von Arbeitnehmern im Betrieb; die Tarifautonomie und das Streikrecht; unentgeltlicher Zugang zur Arbeitsvermittlung; Kündigungsschutz; Verbot der Kinderarbeit; Schutz der Familie und Mutterschutz; ein Recht auf Zugang zu den Systemen der sozialen Sicherheit einschließlich der Wohnungsunterstützung; der Zugang zu Gesundheitsvorsorge und ärztlicher Versorgung; der Zugang zu Dienstleistungen von allgemeinem Interesse – ein Recht, das ohne Vorbild in anderen Verfassungen ist und angesichts der Pri-

vatisierung öffentlicher Leistungen und Infrastruktur-
angebote seine besondere Bedeutung erhält; schließlich
ein Bekenntnis zum Umweltschutz sowie zum Verbrau-
cherschutz.

Weitere Verbürgungen, die zu den sozialen Grundrechten gezählt werden können, finden sich außerhalb
des Solidaritätskapitels. Das gilt zum einen für das
Recht auf Bildung, das bei den Freiheiten eingeordnet
ist, obwohl es keine Freiheit darstellt und nicht durch
staatliches Unterlassen, sondern durch staatliche Leistung eingelöst wird. Zum anderen haben die Rechte
von Kindern, älteren Menschen und Behinderten sozialen Charakter, die alle im Kapitel «Gleichheit» stehen,
obwohl sie nicht als Gleichbehandlungsgarantien, sondern als Anspruchsnorm oder Teilhaberechte formuliert sind. Dagegen fehlt das bekannteste unter den sozialen Grundrechten, das Recht auf Arbeit. Wohl aber
gibt es ein Recht zu arbeiten, das jedoch eine andere
Bedeutung hat und zutreffend unter den Freiheiten eingeordnet ist.

Im einzelnen betrachtet weisen die sozialen Grundrechte einen sehr unterschiedlichen Gewährleistungs-
grad auf. An dem einen Ende der Skala befindet sich
das uneingeschränkte Verbot der Kinderarbeit
(Art. 32), das keiner gesetzlichen Umsetzung bedarf,
gefolgt von dem Anspruch auf bezahlten Mutterschutz
(Art. 33), der dem Grunde nach feststeht und vom Gesetzgeber nur noch dem Umfang nach bestimmt werden muß. Im mittleren Bereich sind beispielsweise die
Rechte der Arbeitnehmer auf gesunde, sichere und
würdige Arbeitsbedingungen (Art. 31) und der Armen
auf Unterstützung für die Wohnung (Art. 34) angesie-
delt, die so unbestimmt sind, daß sie ohne gesetzliche
Konkretisierung keine Ansprüche begründen können.
An dem anderen Ende der Skala stehen die Pflicht, ein
hohes Umweltschutzniveau in die Politik der Union
einzubeziehen (Art. 37), und die Aussage, daß die Poli-

tiken der Union ein hohes Verbraucherschutzniveau sichern (Art. 38), die bloßen Programmsätzen sehr nahe kommen.

Grundrechte gelten nicht absolut, sondern sind beschränkbar. Das ist unerläßlich, weil jedes Grundrecht zum Nachteil Dritter mißbraucht werden kann und die Freiheiten und Ansprüche vieler zu einem Ausgleich gebracht werden müssen. Dazu gibt es verschiedene Wege. Das Grundgesetz enthält für die Beschränkung von Grundrechten einige allgemeine Bestimmungen in Art. 19, namentlich das Verbot, den Wesensgehalt der Grundrechte anzutasten, und verbindet diese mit abgestuften Beschränkungsermächtigungen, die den einzelnen Grundrechten beigefügt sind. Für einige Grundrechte gilt ein einfacher Gesetzesvorbehalt. Andere enthalten zusätzliche Bestimmungen über die Zwecke und Mittel der Beschränkung. Manche sind vorbehaltlos garantiert, so daß sich Schranken nur aus anderen Verfassungsnormen ergeben können. Zusätzlich hat das Bundesverfassungsgericht als allgemein geltende Schranke den Grundsatz der Verhältnismäßigkeit entwickelt, nach dem übermäßige und unangemessene Grundrechtsbeschränkungen unzulässig sind.

Die Charta geht nicht diesen Weg. Sie faßt die Voraussetzungen für Grundrechtsbeschränkungen vielmehr in einer einzigen Vorschrift innerhalb der Schlußbestimmungen (Art. 52) zusammen. Einschränkungen müssen danach gesetzlich vorgesehen sein, den Wesensgehalt der Grundrechte respektieren und dem Grundsatz der Verhältnismäßigkeit entsprechen. Das paßt freilich schlecht auf soziale Grundrechte. Sie gewähren ja dem Einzelnen keine Freiheiten, denen dann im Gemeinwohlinteresse Schranken gezogen werden müssen. Vielmehr geben sie dem Staat Ziele vor oder erlegen ihm Handlungspflichten auf, deren Umfangsdefinition Sache des Gesetzgebers ist. Das Bundesverfassungsgericht verlangt deswegen dort, wo es aus den klassischen

Freiheitsrechten Handlungspflichten des Staates ableitet, daß die gesetzgeberischen Maßnahmen zur Erfüllung dieser Pflichten geeignet sind, dem Zweck zu dienen, und nicht «untermäßig» ausfallen. Sie brauchen aber nicht über das gesellschaftlich vertretbare Maß hinausgehen. Man könnte das als umgekehrtes Verhältnismäßigkeitsprinzip beschreiben.

In der Charta findet sich dagegen im Zusammenhang mit den sozialen Grundrechten häufig die Formulierung, das jeweilige Recht sei unter den Voraussetzungen gewährleistet, die das europäische Gemeinschaftsrecht sowie die einzelstaatlichen Rechtsvorschriften und Gepflogenheiten vorsehen. Diese Formulierung taucht im Kapitel «Solidarität» allein sechsmal auf. Im Kapitel «Freiheiten» findet sie sich nur einmal, und zwar bei der Unternehmerfreiheit, die folglich weniger gesetzesfest ist als die übrigen Rechte dieses Kapitels. Die Formulierung fällt deswegen auf, weil mittlerweile anerkannt ist, daß die Grundrechte höherrangiges Recht darstellen, das dem Gesetzesrecht vorgeht und diesem Richtmaß und Grenzen gibt. Sie sind zwar der gesetzlichen Ausgestaltung und Begrenzung bedürftig, aber doch nicht dem gesetzgeberischen Belieben ausgeliefert. Vielmehr muß selbst in der Begrenzung noch die maßgebende Kraft der Grundrechte lebendig bleiben.

Das war allerdings nicht immer so. Im 19. Jahrhundert hatte man aus der Beschränkbarkeit der Grundrechte durch den Gesetzgeber den Schluß gezogen, daß Grundrechte nur im Rahmen der Gesetze gelten, nicht umgekehrt Gesetze nur im Rahmen der Grundrechte. Diese Annahme ließ von dem ursprünglichen Sinn der Grundrechte wenig übrig. Es blieb lediglich das Verbot, ohne gesetzliche Grundlage in die grundrechtlich geschützte Sphäre einzugreifen. Dieses war aber bereits im Rechtsstaatsprinzip enthalten. Die Grundrechte fügten dem nach damaliger Auffassung nichts hinzu. Sie waren im Grunde überflüssig. Demgegenüber hat das

Grundgesetz den Vorrang der Grundrechte vor der Gesetzgebung ausdrücklich bekräftigt. Hinter diesen Stand fällt die Charta zurück. Wo die erwähnte Formulierung auftaucht, haben die Grundrechte keinen gesetzesüberschießenden Gehalt. Es wird nicht mehr garantiert als das, was die Gesetze jeweils gewähren. Die sozialen Grundrechte verzichten weitgehend auf Maßstäbe für die Sozialgesetzgebung. Es besteht nur ein Restschutz gegen die völlige Abschaffung der grundrechtlich zugesagten Leistung oder ihre Verringerung bis zur Bedeutungslosigkeit.

Erlangt die Charta Rechtsgeltung, gilt in Deutschland ein weiterer Grundrechtskatalog – nach den Grundrechten der jeweiligen Landesverfassung, des Grundgesetzes und der Europäischen Menschenrechtskonvention der vierte. Das wirft die Frage des Verhältnisses der verschiedenen Kataloge zueinander auf. Hinsichtlich der nationalen Grundrechte folgt aus Art. 51, daß in allen nicht vergemeinschafteten Bereichen nur sie gelten, denn die Grundrechte der Charta richten sich primär an die Gemeinschaftsorgane und binden die nationalen Organe lediglich, soweit diese Gemeinschaftsrecht anwenden. Hinsichtlich der Europäischen Menschenrechtskonvention ist festgelegt, daß die Grundrechte der Charta, soweit sie mit denen der Konvention in der Sache übereinstimmen, dieselbe Bedeutung und Tragweite haben. Da Bedeutung und Tragweite durch die Texte nicht abschließend determiniert sind, hat das zur Folge, daß die Interpretation der Charta durch die nationalen Gerichte und den Europäischen Gerichtshof der Rechtsprechung des Europäischen Gerichtshofs für Menschenrechte folgen muß.

Über die Durchsetzung der Grundrechte wird in der Charta nichts gesagt. Es heißt lediglich, daß die Kompetenzen des Europäischen Gerichtshofs unberührt bleiben, sich also durch die Charta nicht erweitern. Ausdrücklich wird indessen festgelegt, daß die Charta keine Grundlage für eine Kompetenzausweitung der Europäischen Union darstellt. Eine solche Aussage war nötig, weil die Charta ohne Rücksicht auf die Kompetenzen der Union formuliert ist und Zielvorgaben und Grundrechte auch für solche Gebiete enthält, die bisher nicht in die Zuständigkeit der Union übergegangen sind. Das bedeutet, daß die Grundrechte auf Politikfeldern, die der Union auf Grund der Kompetenzbestimmungen der Verträge oder auf Grund des Subsidiaritätsprinzips nicht offenstehen, nicht unmittelbar zur Geltung kommen können. Es fehlt ihnen das Anwendungsfeld. Viele Grundrechte, darunter gerade soziale, bleiben damit einstweilen in Wartestellung.

III. Bewertung der Charta

Unternimmt man es, das Werk des Konvents zu bewerten, so sollte man vorab betonen, daß sich die Bedenken, welche gegen eine europäische Verfassung sprechen, nicht auf die Grundrechtscharta erstrecken. Eine Verfassung im Vollsinn des Begriffs ist deswegen nicht zu empfehlen, weil sie die Europäische Union in einen Staat verwandeln würde, ohne doch das Demokratiedefizit decken zu können, das den Ruf nach einer Verfassung ausgelöst hat. Die Europäische Union stünde ihrer gesellschaftlichen Basis nach einer Konstitutionalisierung ferner als jetzt, die von der Verfassung erhoffte Legitimation wäre weithin eine Scheinlegitimation. Alle Reformbedürfnisse der Europäischen Union lassen sich dagegen im Rahmen der Verträge erfüllen. Kein einziges ist auf eine Verfassung angewiesen. Mit der Grundrechtscharta wird der Übergang vom Vertrag zur Verfassung aber nicht vollzogen. Sie füllen vielmehr eine Lücke in den Verträgen, die mit fortschreitender europäischer Integration und der Ausweitung von Gemeinschaftsrecht immer fühlbarer geworden ist.

Anfänglich war auf der europäischen Ebene allerdings keine Notwendigkeit für Grundrechte gesehen worden, weil man davon ausging, daß unmittelbare Kontakte zwischen den Einzelnen und der öffentlichen Gewalt nur auf der nationalen Ebene stattfänden. Daß Gemeinschaftsrecht direkte Wirkung innerhalb der Mitgliedstaaten entfaltet, ist erst das Ergebnis einer Entscheidung des Europäischen Gerichtshofs aus dem Jahre 1963. In den Verträgen findet sich eine entsprechende Regelung nicht. Aber auch nach dieser Entscheidung, die die Gemeinschaft in ihren Grundlagen veränderte, blieb es dabei, daß ein Großteil der europäischen Gesetzgebung erst nach Umsetzung durch die Mitgliedstaaten verbindliches Recht für den Bürger wurde. Die Anwendung dieses Rechts war ausschließlich Sache der mitgliedstaatlichen Verwaltungen, weil die Europäischen Gemeinschaften nicht über eine eigene Exekutive verfügten. Unter diesen Umständen schien es ausreichend, wenn Grundrechtsschutz auf der mitgliedstaatlichen Ebene gewährleistet war.

Dieser Zustand ist jedoch längst Vergangenheit. Weite Politikbereiche werden mittlerweile nicht mehr aus den Hauptstädten der Mitgliedstaaten, sondern aus Brüssel gesteuert. Den Rechtsetzungsakten der Union kommt meist unmittelbare Geltung zu. Deswegen wies das Bundesverfassungsgericht 1974 in einer berühmt gewordenen Entscheidung darauf hin, daß der Grundrechtsschutz des Einzelnen gegenüber der öffentlichen Gewalt zu den unverzichtbaren Elementen einer legitimen Herrschaftsordnung gehöre. Es leitete daraus die Berechtigung ab, das Gemeinschaftsrecht und seine Anwendungsakte in Deutschland auf ihre Vereinbarkeit mit den Grundrechten des Grundgesetzes zu prüfen, solange es auf der europäischen Ebene an einem dem deutschen vergleichbaren Grundrechtsschutz fehle. Den Europäischen Gerichtshof mußte diese Entscheidung alarmieren, und in der Tat begann er, frühere Ansätze eines europäischen Grundrechtsschutzes zu verstärken, wobei er – in Ermangelung eines Grundrechtskatalogs der Europäischen Gemeinschaften – auf die Europäische Menschenrechtskonvention und die Grundrechtskataloge der Mitgliedstaaten zurückgriff.

Etwa zehn Jahre später konnte das Bundesverfassungsgericht daher feststellen, daß nunmehr auch auf der europäischen Ebene ein adäquater Grundrechtsschutz erreicht sei. Seitdem läßt es seine – grundsätzlich weiterhin in Anspruch genommene – Prüfungskompetenz ruhen, solange das europäische Schutzniveau sich nicht nennenswert verschlechtert. Eine Verfassungsbeschwerde in Karlsruhe könnte unter diesen Umständen die Zulässigkeitshürde nur dann überspringen, wenn der Beschwerdeführer einen generellen Rückschritt beim europäischen Grundrechtsschutz darzutun vermöchte. An dieser Rechtsprechung hat sich auch durch das Maastricht-Urteil des Bundesverfassungsgerichts nichts geändert. Indessen nimmt das Bundesverfassungsgericht in der Maastricht-Entscheidung erstmals die Kompetenz in Anspruch zu überprüfen, ob sich Rechtsakte der Europäischen Union, die Deutschland betreffen, im Rahmen der vertraglich begründeten Zuständigkeiten der Union halten.

Der Grundrechtsschutz durch den Europäischen Gerichtshof hat allerdings einige Nachteile. Er besaß bis jetzt keine textliche Basis, entbehrte also der rationalisierenden und limitierenden Effekte, die vom Normtext ausgehen. Überdies wurden die Grundrechte, wie stets bei richterrechtlicher Rechtsschöpfung, fallbezogen entwickelt. Ein systematischer und kohärenter Grundrechtsstandard wird dadurch erschwert. Zum einen gehen in den ungeschriebenen Grundrechtsbestand nur diejenigen Rechte ein, zu denen der jeweilige Fall Anlaß gibt. Zum anderen bestimmt der Fall auch die Aspekte des Grundrechtsschutzes, die vom Gericht entwickelt werden. Angesichts des Ursprungs der Europäischen Union in einem gemeinsamen Markt sind das bis heute vorwiegend die wirtschaftlich relevanten Grundrechte sowie der Gleichheitssatz, weniger die – unter Umständen mit den wirtschaftlichen Grundrechten kollidierenden – kommunikativen, sozialen und kulturellen Rechte.

Schon deswegen ist es ein Fortschritt, daß die Grundrechte, die in der Europäischen Union künftig gelten sollen, nun textlich fixiert sind. Ebenso sinnvoll ist es, daß der Grundrechtskatalog ungeachtet der begrenzten Zuständigkeit der Union als vollständiger formuliert wurde. Der Grund liegt zum einen darin, daß die europäische Integration fortschreitet und die Kompetenzen der Union sich eher ausweiten als verengen werden. Bei einem auf den derzeitigen Kompetenzrahmen beschränkten Katalog würde mit jedem neuen Integrationsschritt eine Ergänzung der Charta notwendig. Zum anderen bildet ein vollständiger Grundrechtskatalog ein gewisses Gegengewicht gegen die bisherige Dominanz der wirtschaftlichen Grundrechte. Das ist insbesondere im Fall von Zielkonflikten und Abwägungsprozessen von Bedeutung. Als Fortschritt kann man schließlich auch ansehen, daß in der Bevölkerung das Bewußtsein von der Grundrechtsbindung der europäischen öffentlichen Gewalt wachsen und ihre Legitimation erhöhen wird.

Die Besorgnis, daß sich bei der Ausarbeitung des europäischen Grundrechtskatalogs die jüngsten Erfahrungen mit Grundrechtsänderungen in Deutschland wiederholen könnten, hat sich nicht bewahrheitet. Den Einschränkungen des Asylrechts und der Unverletzlichkeit der Wohnung im Grundgesetz waren schwierige Verhandlungen der beiden großen Parteien vorausgegangen, bei denen wie im politischen Routinebetrieb Gesichtspunkte des parteipolitischen Kurzfristnutzens dominierten. Das Ergebnis hat nicht mehr viel mit Grundrechten zu tun. Obwohl Grundrechte als oberste Prinzipien für die Politik fungieren und dieser einen Rahmen ziehen sollen, wurde der Prinzipiencharakter preisgegeben. Die neue Asylrechtsbestimmung etwa ist vierzigmal so lang wie der ursprüngliche Text. Die veränderten Grundrechte enthalten Bestimmungen, die ihren Platz im Gesetz oder gar in Verordnungen hätten. Dadurch wird die Differenz zwischen Prämissen für politische Entscheidungen und den Entscheidungen selbst eingeebnet. Jede Politikänderung in diesem Bereich wird künftig eine Verfassungsänderung voraussetzen oder, wenn sie sich nicht erreichen läßt, die Verfassung in Gefahr bringen, umgangen zu werden.

Auf der europäischen Ebene sind die Verhandlungszwänge noch größer. Freilich verhandeln dort nicht Parteien, sondern Mitgliedstaaten. Doch steht zu befürchten, daß eine ähnliche Mißgeburt entstanden wäre, wenn die Ausarbeitung des Katalogs nicht in Distanz zum unmittelbaren Politikbetrieb durch einen weisungsunabhängigen Konvent vor sich gegangen wäre, der selber keine Entscheidungsbefugnis hatte, sondern nur einen Vorschlag ausarbeiten durfte, aber gerade deswegen leichter zu einer Einigung finden konnte. Auch wenn man nicht jeder Formulierung Beifall zollen will, kann man doch anerkennen, daß das Ergebnis ein genuiner, trotz seiner Länge insgesamt gelungener Grundrechtskatalog ist, der einen reichen Erfahrungsschatz mitgliedstaatlicher Grundrechtsentwicklung verarbeitet und moderne Freiheitsgefährdungen, die in den nationalen Grundrechtskatalogen noch keine Berücksichtigung finden konnten, aufgenommen hat.

Die Entscheidung über die Einführung des Grundrechtskatalogs kann freilich nur auf der politischen Ebene fallen und verlangt die Übereinstimmung aller Mitgliedstaaten. Daran fehlte es auf der Regierungskonferenz in Nizza. Insbesondere Großbritannien fand sich nicht zu einer Inkraftsetzung der Charta bereit. Obwohl Ursprungsland des Grundrechtsgedankens, hatte es selber bis vor kurzem keine Grundrechte und wurde häufig vom Europäischen Gerichtshof für Menschenrechte wegen Verletzung der europäischen Menschenrechtskonvention verurteilt. Nicht zuletzt deswegen übernahm Großbritannien den Inhalt der Konvention mit Wirkung vom 1. Oktober 2000 als eigenen Grundrechtskatalog. Eine weitere, inhaltlich zudem umfassendere Grundrechtsbindung, wenn auch ohne Geltung für das britische Parlament, war in dieser Situation unerwünscht. So kam es in Nizza zwar zur feierlichen Proklamation der Charta, doch hat sie keine Rechtsgeltung erlangt. Das ist freilich, rechtlich betrachtet, ein entscheidender Mangel, denn Grundrechte ohne Rechtsgeltung sind gar keine Rechte. Die Gemeinschaftsorgane müssen sich nicht danach richten. Die Unionsbürger können sich nicht darauf berufen. Die Gerichte dürfen sie nicht anwenden.

Gleichwohl sollte man daraus nicht den Schluß ziehen, daß es besser gewesen wäre, auf die Charta ganz zu verzichten. Auch wenn sie keine Rechtswirkung besitzt, darf die appellative Wirkung nicht unterschätzt werden, die sie zu entfalten verspricht. Wer auf die politische Einlösung der Charta pocht, befindet sich auf der legitimen Seite, wer sie verweigert, kann leicht in Legitimationsschwierigkeiten geraten. Parlament und Kommission haben bereits mitgeteilt, daß sie die Charta schon jetzt bei ihren Entscheidungen berücksichtigen wollen. Auch der Europäische Gerichtshof wird sich, obwohl er die Charta nicht anwenden darf, ihrem Einfluß bei der Auslegung und Fortentwicklung des ungeschriebenen Grundrechtsbestandes nicht entziehen können. Schließlich wird die Proklamation der Charta eine spätere Entscheidung über ihre Rechtsgel-

tung erleichtern, weil die Inhaltsfrage dann bereits vorentschieden ist und vermutlich, wie schon in Nizza,
nicht erneut aufgeworfen wird. Soziale Grundrechte
gibt es auf diese Weise für die Europäische Union vor-
läufig noch nicht. Aber schon in der Anerkennung, daß
die Union nicht allein dem Markt verpflichtet ist, liegt
ein nicht zu unterschätzender sozialer Fortschritt.

V.
EINE BILANZ

20. Das Grundgesetz nach 50 Jahren

I.

Über die Erfolgsbedingungen von Verfassungen ist wenig bekannt. Daß die juristische Qualität ihrer Regelungen eine Rolle spielt, wird nicht bezweifelt. Aber anerkannte Qualitätskriterien fehlen. Die Güte von Verfassungen läßt sich nicht allgemeingültig, sondern nur historisch-konkret bestimmen. Was in einem Land Erfolg hat, taugt nicht notwendig für ein anderes. Was in der Vergangenheit sinnvoll war, kann in der Gegenwart seinen Zweck verfehlen. Verfassungen sind auf Wirkung in der Zukunft angelegt und bewähren sich in der Zeit. Ihr Erfolg hängt daher auch von den Problemen ab, die ihnen im Lauf der Zeit entgegentreten. Solche Probleme können von den Urhebern der Verfassung stets nur begrenzt vorausgesehen werden. Folglich liegen auch die Lösungen in der Verfassung nicht durchweg greifbar bereit. Die Differenz zwischen abstrakten Normen und konkreten Problemen muß vielmehr durch Deutung und Anwendung der Normen überbrückt werden. Insofern beruht der Erfolg einer Verfassung auch auf den Antworten, die die Interpreten aus ihr gewinnen und die durch den Wortlaut der Verfassung nicht abschließend determiniert sind.

Die Verfassung und die aus ihr abgeleiteten Problemlösungen sind überdies auf die Akzeptanz der Normadressaten angewiesen. Dies gilt grundsätzlich für alle Rechtsnormen, denn fehlende Akzeptanz läßt sich nur begrenzt durch Zwang ersetzen. Es gilt für die Normen der Verfassung aber in besonderer Weise, weil ihre Adressaten gerade die Inhaber der staatlichen Zwangsgewalt sind, im Fall fehlender Akzeptanz also kein höherer Zwang zur Verfügung steht. Daher werden sie der Versuchung, die Verfassung außer acht zu lassen, sobald sie ihre Absichten stört, nur dann nicht nachgeben, wenn Verfassungstreue ein Maß an sozialer Wertschätzung genießt, das Widersetzlichkeit inakzeptabel oder zumindest inopportun macht. Eine solche Werthaltung kann durch die Qualität der Verfassung zwar begünstigt, aber nicht erzeugt oder garantiert werden. Sie gehört zu den kulturellen Errungenschaften, ohne die keine Rechtsordnung gedeihen kann. Es ist dieses Dreieck aus Text, Kontext und Interpretation, in dem sich der Erfolg einer Verfassung entscheidet. Da aber alle Elemente wandelbar sind, kann über die Bewährung einer geltenden Verfassung nie ein endgültiges, sondern stets nur ein vorläufiges Urteil gefällt werden.

Das ist auch der Grund dafür, daß über ein und dieselbe Verfassung zu verschiedenen Zeiten unterschiedliche Urteile möglich sind. Die Weimarer Verfassung galt bei ihrem Erlaß – jedenfalls unter denen, die nicht rundheraus Gegner der parlamentarischen Demokratie waren – als eine besonders gute Verfassung. Am Ende wurde sie als mißglückt eingestuft. In der Beurteilung des Grundgesetzes überwog anfangs die Kritik. Im Lauf der Zeit hat sich die Auffassung durchgesetzt, es sei eine besonders gute Verfassung, ja, die beste, die Deutschland je hatte. Der Grund für diese Schwankungen liegt auf der Hand. Unter dem Grundgesetz sind Demokratie und Menschenrechte gefestigt worden, unter der Weimarer Verfassung wurden sie verspielt. In beiden Fällen handelt es sich um retrospektive Bewertungen, die sich aus dem Schicksal des Staates nähren, den die jeweilige Verfassung konstituiert hat. Sie lassen aber die Frage offen, was aus dem Grundgesetz im Weimarer Kontext und unter dem Weimarer Verfassungsverständnis und aus der Weimarer Verfassung im bundesrepublikanischen Kontext und unter dem bundesrepublikanischen Verfassungsverständnis geworden wäre.

Auch die zahlreichen Änderungen, die in der 50jährigen Geschichte des Grundgesetzes für nötig gehalten wurden, könnten Zweifel an seiner inhärenten Güte wecken. Dem ursprünglichen Text mit seinen 146 Artikeln sind bis heute 46 Änderungsgesetze gefolgt. Davon waren insgesamt 100 Artikel betroffen, 61 der Erstfassung, 39 später hinzugekommene und teilweise schon wieder verschwundene. Nur 85 Artikel haben 1999 noch diejenige Fassung, die 1949 beschlossen worden war. Das Grundgesetz, dessen Geburtstag heute gefeiert wird, ist also nicht identisch mit dem, das vor fünfzig Jahren verabschiedet wurde. Solche Änderungen legitimieren sich freilich gerade dadurch, daß sie die Verfassung auf der Höhe der Zeit halten wollen. Verfassungen werden im Detail geändert, damit sie als Ganzes erhalten bleiben. Man tut dem Grundgesetz daher den besten Gefallen, wenn man zu seinem Jubiläum die Bewährungsfrage stellt und untersucht, ob es auf der Höhe der Zeit ist und seine Aufgaben gut erfüllt oder weiterer Änderungen bedarf.

Bei der Antwort muß man allerdings bedenken, daß das Grundgesetz einer großen Bewährungsprobe, wie sie die Weimarer Verfassung zu bestehen hatte, nie ausgesetzt war. Fast alle Normen, die eine Wiederholung der Weimarer Erfahrung ausschließen sollten und anfangs am Grundgesetz besonders gerühmt wurden, sind latent geblieben. Es wäre zu vordergründig anzunehmen, daß allein ihre Existenz genügt hätte, die Anwendung zu erübrigen. Nach fünfzig Jahren kann man vielmehr feststellen, daß sich das Grundgesetz – wie zu ihrer Zeit auch die Weimarer Verfassung – gegen eine Gefahr gewappnet hatte, die dann nicht eintrat. Im Unterschied zur Weimarer Republik blieben der Bundesrepublik aber auch unvorhergesehene Gefahren erspart, die die Verfassungsordnung zu sprengen drohten. Trotz ungünstiger Startbedingungen ist das Grundgesetz eine Verfassung geworden, die sich durchzusetzen vermochte. Dafür sprechen gerade die zahlreichen Änderungen. Sie bestätigen, daß die Verfassung ihren Geltungsanspruch gegenüber der Politik nicht nur erhebt, sondern auch einlöst. Denn fehlte es ihr am Bindungswillen oder an der Bindungskraft für die Politik, könnte diese ihre Absichten ohne Rücksicht auf die Verfassung verwirklichen.

Die wichtigste Aussage, die man angesichts der zahlreichen Pseudo- und Semikonstitutionen in der Welt über das Grundgesetz machen kann, lautet daher, daß es sich um eine relevante Verfassung handelt. Es hat den Staat nicht nur eingerichtet und handlungsfähig gemacht. Vielmehr steuert es auch innerhalb der vorgeschriebenen Organe und Verfahren das Verhalten der politischen Akteure. Damit soll nicht gesagt werden, daß es keine Defizite oder Verstöße gebe. Aber sie sind nicht an der Tagesordnung. Die Verfassung findet Beachtung. Der politische Prozeß und die politische Kultur der Bundesrepublik lassen sich ohne Berücksichtigung ihrer Verfassung nicht zureichend beschreiben. Durch seinen hohen Grad an Relevanz unterscheidet sich das Grundgesetz von allen vorangegangenen deutschen Verfassungen. Dieser Relevanzgrad nach einer Phase, in der die Politik alle Rechtsbindungen abgestreift hatte, sichert dem Grundgesetz auch die hohe Aufmerksamkeit des Auslands, namentlich solcher Länder, die sich selbst von einer rechtsindifferenten Diktatur befreit haben.

Fragt man nach den Ursachen der Relevanz des Grundgesetzes, so springt vor allem ins Auge, daß es erstmals in der deutschen Verfassungsgeschichte eine Instanz gibt, die im Konfliktfall eine von Machtinteressen und Wahlrücksichten unabhängige Aussage darüber machen kann, welche Anforderungen die Verfassung an die Politik richtet, und die die Befugnis hat, staatliche Akte, die damit nicht vereinbar sind, zu annullieren. Auch eine solche Einrichtung erklärt freilich nicht alles. Denn so, wie es relevante und irrelevante Verfassungen gibt, gibt es auch relevante und irrelevante Verfassungsgerichte. Nicht nur die Verfassung, sondern auch die Verfassungsgerichtsbarkeit lebt von Voraussetzungen, die sie zwar beeinflussen, aber nicht garantieren kann. Das Verfassungsgericht, das vom Grundgesetz eingerichtet worden ist, gehört allerdings zu den höchst relevanten Staatsorganen und hat dadurch wiederum die Verfassung selber zu stärken vermocht und ihr jenes Gewicht im politischen Prozeß gegeben, um das viele neuere Verfassungsstaaten die Bundesrepublik beneiden.

Unter den Gründen, auf denen die Relevanz von Verfassung und Verfassungsgerichtsbarkeit beruht, ragt die im ganzen glückliche Entwicklung der Bundesrepublik hervor. Nach der nationalsozialistischen Diktatur und dem verlorenen Weltkrieg war weder der Verfassungsstaat überhaupt umstritten wie in der Revolution von 1848/49 noch war der demokratische Verfassungsstaat umstritten wie 1919 nach dem Zusammenbruch der Monarchie. Deswegen konnte das Grundgesetz seine Funktion, der politischen Auseinandersetzung die Grundlage und den Rahmen zu geben, von Anfang an erfüllen und wurde nicht selbst, wie die Weimarer Verfassung schon bald nach ihrem Erlaß, in die politische Auseinandersetzung hineingezogen. Das Grundgesetz ließ auch nicht wie die meisten vorangegangenen Verfassungen weite Bevölkerungskreise außerhalb des Konsenses. Die wenigen Fundamentalgegner der neuen Ordnung fielen schnell in politische Bedeutungslosigkeit. Als sich zwanzig Jahre später eine neue kritische Generation gegen die politischen und sozialen Zustände in der Bundesrepublik auflehnte, richteten sich ihre Angriffe weniger gegen das Grundgesetz als vielmehr gegen seine, wie man annahm, unzureichende Erfüllung.

Über viele Jahre blieben der Bundesrepublik auch Krisen erspart, die die Legitimation der Verfassungsordnung hätten in Frage stellen können. Die lange Wachstumsphase erlaubte es, die sozialen Konflikte durch Verteilung des Zuwachses zu entschärfen und den Wohlstand allgemein zu steigern. Die Wahlen erbrachten regelmäßig regierungsfähige Mehrheiten. Das Grundeinverständnis mit der Verfassungsordnung wurde dadurch gefestigt. Das heißt nicht, daß diese Phase der bundesrepublikanischen Entwicklung konfliktfrei verlaufen wäre. Es heißt auch nicht, daß es keine verfassungsrechtlichen Auseinandersetzungen gegeben hätte. Zur Vergewisserung bedarf es nur eines Blicks in die ersten 25 Bände der Entscheidungen des Bundesverfassungsgerichts. Im Streit war aber nicht das Grundgesetz selbst, sondern seine Bedeutung in einzelnen Streitfragen. Daß bei solchen Streitigkeiten von der Möglichkeit, das Bundesverfassungsgericht anzurufen, reichlich Gebrauch gemacht wurde, gab diesem wiederum Gelegenheit, die Anforderungen der Verfassung zu formulieren, zu präzisieren, auf neue Entwicklungen einzustellen und so den Normen anhand konkreter Fälle zu Geltung und Entfaltung zu verhelfen.

Die Verfassung wurde damit erstmals in Deutschland als eine Kraft erlebbar, die das Vermögen hat, die Politik in ihre rechtlichen Grenzen zu weisen und an allseits geteilte Prinzipien zu binden. Dabei kam es ihr zugute, daß die verfassungsrechtlichen Kontrollen nicht allein von staatlichen Organen in Gang gesetzt werden können wie etwa in Frankreich, sondern von jedermann. Die geringe Erfolgsquote der Verfassungsbeschwerden hat das öffentliche Bewußtsein von der Bedeutung der Verfassung und dem Nutzen der Verfassungsgerichtsbarkeit offenbar nicht zu schwächen vermocht. Der Politik war manche Entscheidung des Bundesverfassungsgerichts auf kurze Sicht ohne Frage hinderlich. Langfristig hat aber der Umstand, daß sie im Rahmen einer ihr vorgegebenen und gegen sie auch durchsetzbaren Rechtsordnung agiert, viel zur Legitimation des politischen Systems und damit der Stabilität der Bundesrepublik beigetragen.

Rückblickend läßt sich feststellen, daß auf diese Weise nach und nach ein Klima entstanden ist, in dem sich die Bundesrepublik gerade in ihrer Verfassung wiederfand. Das Grundgesetz symbolisierte in dieser Phase die erfolgreiche Überwindung des Nationalsozialismus und den Wiedereintritt Deutschlands in den Kreis der zivilisierten Völker. Gleichzeitig unterschied es die Bundesrepublik von der DDR, die zwar auch eine wohlklingende Verfassung besaß, diese gegenüber der Politik aber gerade nicht zur Geltung kommen ließ. Die Identifikation mit dem Grundgesetz ging so weit, daß sich am Ende sogar der Begriff des Patriotismus mit dem der Verfassung verbinden konnte. Im Verfassungspatriotismus waren sich ungeachtet ihrer sonstigen Differenzen rechts und links einig. Stand die Politik im Nachkriegsdeutschland schon aus außenpolitischen Rücksichten unter dem Zwang demokratischen Wohlverhaltens, so war es für sie in diesem verfassungsfreundlichen Klima auch innenpolitisch riskant, sich gegen die Verfassung und gegen die Institution zu stellen, die diese im Konfliktfall durchzusetzen hatte.

Die Frage, ob das Grundgesetz sich bewährt hat, ist damit freilich noch nicht beantwortet. Relevanz einer Verfassung ist die Voraussetzung ihrer Bewährung, noch nicht die Bewährung selbst. Die Frage nach der Bewährung erscheint deswegen um so dringlicher, weil einige Anzeichen dafür sprechen, daß sich die für das Grundgesetz so außerordentlich günstige Situation inzwischen verändert hat. Nach der Wiedervereinigung wird die Verfassung nicht mehr in derselben Weise wie vorher als Kristallisationspunkt für kollektive Identität benötigt. Der Patriotismus findet wieder andere Anknüpfungen als die Verfassung. Im Blick auf die ostdeutsche Bevölkerung, die keine Gelegenheit hatte, sich das Grundgesetz in vierzig verhältnismäßig erfolgreich verlaufenen Jahren anzueignen, ist 1990 die Chance vertan worden, ihr die Verfassung durch Mitsprache bei ihrer Ausgestaltung näherzubringen. Eine ernsthafte Gefahr, daß daraus etwas wesentlich anderes als das Grundgesetz hervorgegangen wäre, bestand nicht.

Diese unmittelbar mit der Verfassung zusammenhängenden Veränderungen treffen mit verschiedenen Großtendenzen zusammen, die zum Teil in den weltpolitischen Veränderungen begründet sind, die auch die Wiedervereinigung ermöglichten, zum Teil aber ältere Wurzeln haben. Zu den ersteren zählt vor allem der Wegfall des Ost-West-Gegensatzes, dessen binnenstabilisierende Wirkung erst nach seinem Ende vollends deutlich wird. Es ist nicht nur der Verlust des äußeren Gegners, der die innere Integration erschwert. Vielmehr werden auch wachsende Kriminalität und Arbeitslosigkeit mit der neuen Durchlässigkeit der Grenzen in Verbindung gebracht und erzeugen ein Gefühl der Unsicherheit. Dieses hat eine weitere Quelle in der Globalisierung, die die wirtschaftliche Standortproblematik im selben Maß verschärft wie sie die politischen Reaktionsmöglichkeiten verringert, weil die Aktionsradien von Wirtschaft und Politik sich immer weniger decken. Schließlich strebt die seit langem angebahnte Schwächung integrationsfördernder Institutionen wie Familie, Kirche, Schule einem Höhepunkt entgegen und äußert sich in Sinnkrisen und Orientierungsschwierigkeiten.

Diese Veränderungen werden in Deutschland weniger als Chance denn als Bedrohung wahrgenommen und steigern die Sicherheitsbedürfnisse in der Gesellschaft. Als Hindernis ihrer Befriedigung gilt vielen eine als überzogen empfundene Individualfreiheit. Das fördert die Bereitschaft, Sicherheitsbedürfnisse durch Freiheitsbeschränkungen zu befriedigen. Schritte in diese Richtung sind unternommen worden und haben mit der jüngsten Änderung des Grundrechts auf Unverletzlichkeit der Wohnung bereits die Verfassungsebene erreicht. In der Bundesrepublik scheint im Gefolge dieser Umwälzungen ein Paradigmenwechsel von Freiheit zu Sicherheit einzusetzen, der, wenn die Beobachtung richtig ist, eine gerade auf Freiheit gegründete Verfassung nicht unberührt lassen kann. Die Folgen für die Bewährung des Grundgesetzes sind im Rahmen dieses Vortrags nicht umfassend zu klären. Es bleibt nur Zeit für ein exemplarisches Vorgehen. Dabei soll ein Blick auf den Grundrechtsteil der Verfassung und ein Blick auf den Organisationsteil geworfen werden.

II.

An den Grundrechten wird der Relevanzgewinn des Grundgesetzes im Vergleich mit den früheren deutschen Verfassungen besonders sichtbar. Deren Grundrechtskataloge waren rechtlich nahezu bedeutungslos geblieben. Im Vormärz fehlte ihnen die rechtliche Kraft, das entgegenstehende Recht polizeistaatlicher und feudaler Herkunft zu verdrängen, so daß sie weitgehend Verheißungen bildeten, die aber gegen den Willen der Fürsten und Ersten Kammern nicht erfüllbar waren. Nach dem Scheitern der Paulskirchenverfassung, die den Grundrechten große Bedeutung beigemessen und auch ihre gerichtliche Durchsetzbarkeit vorgesehen hatte, gewann die Auffassung die Oberhand, die Grundrechte seien nur eine altmodische Formulierung des Prinzips der Gesetzmäßigkeit der Verwaltung. Ihre Wirkung erschöpfte sich dann darin, Freiheitseingriffe ohne gesetzliche Grundlage zu verbieten, während sie an das Gesetz selbst keine Anforderungen richteten. Auch die Gerichte hielten sich unter diesen Umständen allein ans Gesetz gebunden und schenkten den Grundrechten keine Beachtung.

Die Auffassung, daß Grundrechte nur im Rahmen der Verfassung galten, nicht umgekehrt Gesetze nur im Rahmen der Grundrechte, herrschte auch unter der Weimarer Verfassung vor, obwohl die Nationalversammlung viel Sorgfalt auf die Formulierung und Modernisierung des Grundrechtskatalogs gewandt hatte. Hinsichtlich der klassischen Freiheitsrechte blieb es bei der überkommenen Lehre. Den neuartigen sozialen Grundrechten, durch welche sich die Weimarer Verfassung von ihren Vorläufern unterschied, wurden von der Rechtswissenschaft, weil sie nicht Schranken für den Staat, sondern Aufträge an ihn formulierten, ihrer rechtlichen Qualität überhaupt entkleidet. Sie galten lediglich als juristisch unverbindliche politische Absichtserklärungen. Zudem fehlte eine eigene Rechtsdurchsetzungsinstanz. Der Staatsgerichtshof war im wesentlichen auf die Entscheidung von Föderalismusstreitigkeiten beschränkt, die Grundrechtsprüfung gehörte nicht zu seinen Aufgaben. Auch anderen Gerichten war sie nicht zugewiesen. Aber selbst wenn die Kompetenz der Justiz umfassender ausgestaltet worden wäre, ist es fraglich, ob sie sich von dem herrschenden Verfassungsverständnis gelöst hätte.

Das Grundgesetz hat zwar auf die sozialen Grundrechte der Weimarer Verfassung weitgehend verzichtet, die klassischen Grundrechte aber erheblich gestärkt. Art. 1 Abs. 2 GG verleiht ihnen – erstmals in der deutschen Verfassungsgeschichte – etwas von dem naturrechtlichen Pathos der amerikanischen und französischen Ursprünge. Art. 1 Abs. 3 GG statuiert ihre unmittelbare Rechtsgeltung, und zwar für sämtliche Staatsgewalten einschließlich der Gesetzgebung. Zugleich wird der Zugriff des Gesetzgebers auf die Grundrechte durch differenzierende Gesetzesvorbehalte und die Wesensgehaltsschranke des Art. 19 Abs. 2 GG begrenzt. Die Grundprinzipien nehmen an der Veränderungssperre des Art. 79 Abs. 3 GG teil. Vor allem aber ist mit dem Bundesverfassungsgericht eine Institution geschaffen worden, die sich ausdrücklich der Grundrechte annehmen soll und zu diesem Zweck mit einer beispiellosen Kompetenzfülle ausgestattet wurde, die erst jüngst von einigen osteuropäischen Verfassungen überboten worden ist.

Auch die Grundrechte haben freilich in der insgesamt glücklich verlaufenen Geschichte der Bundesrepublik nicht vor einer großen Bewährungsprobe gestanden. In keinem Augenblick mußten sie einen Rückfall in Zeiten verhindern, wo Freiheit und Gleichheit der Staatsraison zu weichen gehabt hätten oder die Grundrechtsbindung der Staatsgewalt überhaupt in Zweifel gezogen worden wäre. Zwar witterten manche eine solche Gefahr hinter den Notstandsgesetzen oder dem Radikalenerlaß oder auch den Anfangsreaktionen auf das neue Phänomen des Terrorismus. Doch stellte der Staat seine Verpflichtung auf die Grundrechte nie in Frage. Sie ist auch von der Politik verinnerlicht und allenfalls hier und da in ihrer Tragweite falsch eingeschätzt worden. Auch wenn man nach Fällen sucht, in denen eine nachhaltige Verschiebung des Grenzverlaufs zwischen Bürgerfreiheit und Staatsmacht auf dem Spiel stand, lassen sich nicht viele benennen. Man mag an die Gründung der Deutschland Fernseh GmbH und die Spiegel-Affäre, an das G 10 und die Volkszählung, vielleicht auch an den frühen Umgang mit Demonstrationen und die Unwilligkeit des Gesetzgebers, das Gleichberechtigungsgebot des Grundgesetzes einzulösen, denken.

Statt dessen ist den Grundrechten auf einer mittleren Bedeutungsebene, auf der es nicht um Freiheit oder Unfreiheit, sondern um das Ausmaß der Freiheit, die

rechte Balance zwischen Freiheit und Freiheitsbe-
schränkung im Interesse des Gemeinwohls, die Sicherung ihrer Voraussetzungen und die Verteidigung gegen
gesellschaftliche Bedrohungen geht, eine außerordentlich hohe Prägekraft und Breitenwirkung zugewachsen.
Es sind eben Fälle, die die Normen einer Verfassung
zum Sprechen bringen, und im Grundrechtsbereich
war es erst die Einrichtung des Bundesverfassungsgerichts und seine Ausstattung mit weitreichenden Kompetenzen, insbesondere die Möglichkeit der Verfassungsbeschwerde, die für entsprechende Fälle gesorgt
hat, anhand derer dann im Verein mit der Staatsrechtslehre ein Grundrechtsstandard entwickelt werden
konnte, der heute zum Vorbild für viele Verfassungsgeber und Verfassungsgerichte geworden ist. Gerade jüngere Demokratien finden nach ihrem eigenen Bekunden
hier bessere Anknüpfungspunkte als in der Rechtsprechung des amerikanischen Supreme Court, der lange
Zeit als dasjenige Gericht galt, von dem am meisten
für die Auslegung und Anwendung von Grundrechten
zu lernen war.

In der Anfangsphase ging es vor allem um Festigung,
Ausweitung und Vertiefung des Grundrechtsschutzes
gegenüber staatlichen Freiheitsbeschränkungen oder
überkommenen autoritären Grundeinstellungen. Das
Elfes-Urteil von 1957 machte den Grundrechtsschutz
lückenlos. Die Strafgefangenen-Entscheidung erstreckte
die Wirkung der Grundrechte auf die bis dahin exem-
ten sogenannten besonderen Gewaltverhältnisse: das
Militär, den öffentlichen Dienst, die Bildungsanstalten
usw. Eine lange Kette von Entscheidungen, in der es
schwer ist, einen genauen Beginn ausfindig zu machen,
hat das Prinzip der Verhältnismäßigkeit entwickelt, das
die Bastion des Grundrechtsschutzes weit ins Vorfeld
von Art. 19 Abs. 2 GG verlagert und diesen praktisch
folgenlos gemacht hat. Urteile wie das zur Volkszählung erstreckten den Grundrechtsschutz auf neuartige,

meist vom wissenschaftlich-technischen Fortschritt aus-
gelöste Freiheitsbedrohungen, die bei Erlaß des Grundgesetzes noch gar nicht sichtbar waren. Die Mülheim-
Kärlich-Entscheidung stellte die grundrechtsschützende
Bedeutung der Entscheidungsverfahren für diejenigen
Bereiche heraus, in denen das Entscheidungsergebnis
gesetzlich nicht mehr im wünschenswerten Umfang
vorgegeben werden kann.

Keine Entscheidung hat den Grundrechtsschutz aber
so nachhaltig ausgeweitet wie das Lüth-Urteil von
1958. Durch diese Entscheidung fand die ältere Einsicht wieder Anerkennung, daß die Grundrechte nicht
allein subjektive Abwehrrechte des Individuums gegenüber dem Staat sind, sondern zugleich objektive Prinzipien bilden, die der Rechtsordnung Maß und Richtung
geben. Im Lüth-Fall zog das Bundesverfassungsgericht
daraus den Schluß, daß die grundrechtlichen Anforderungen nicht nur für den Gesetzgeber gälten. Vielmehr
müsse ihnen auch bei der Auslegung und Anwendung
der Gesetze Rechnung getragen werden. Der Grundrechtsschutz wurde damit auf die Rechtsanwendungsebene vorangetrieben. Gesetze, die Grundrechte beschränken oder sich im konkreten Anwendungsfall
grundrechtsbeschränkend auswirken, müssen danach
im Licht des eingeschränkten Grundrechts interpretiert
werden. In dem zur Entscheidung anstehenden Fall bedeutete dies, daß die Zivilgerichte bei der Auslegung
und Anwendung von Vorschriften des Bürgerlichen Ge-
setzbuchs berücksichtigen mußten, daß Lüths Verhalten im Schutzbereich des Grundrechts auf Meinungsfreiheit lag. Die Drittwirkung von Grundrechten war
damit prinzipiell anerkannt. Die Grundrechte lösten
sich aus ihrer einseitigen Staatsrichtung und gelten seitdem, wenn auch in mittelbarer Weise, rundum.

Die Bedeutung dieses Urteils läßt sich erst ermessen,
wenn man berücksichtigt, daß der Einfluß der Grundrechte zuvor an der Gesetzesprüfung geendet hatte. Die

Auslegung und Anwendung eines verfassungsmäßigen Gesetzes lag, auch wenn sie einen Grundrechtseingriff zur Folge hatte, außerhalb der grundrechtlichen Reichweite. Demgegenüber hat das Lüth-Urteil dafür gesorgt, daß die wertsetzende Bedeutung der Grundrechte auch auf der Rechtsanwendungsebene zur Geltung kommt. Damit ist für Grundrechtssensibilität gerade an der Stelle gesorgt worden, wo sich die Freiheits- und Gleichheitsfrage für den Einzelnen in konkreter Form stellt. Freilich ist damit auch die Grenze zwischen Gesetzesrecht und Verfassungsrecht und folglich auch diejenige zwischen dem Bundesverfassungsgericht und den übrigen Gerichtsbarkeiten unscharf geworden. Da die grundrechtsgeleitete Interpretation der Gesetze außerdem regelmäßig zu einer Abwägung zwischen dem Rechtsgut, dem das grundrechtsbeschränkende Gesetz dient, und dem beschränkten Grundrecht führt, die sich wegen ihrer Fallbezogenheit nicht vollständig vorherbestimmen läßt, sind auch die Unsicherheitszonen gewachsen. Man muß sich jedoch klarmachen, daß die damit einhergehende Unsicherheit nur um den Preis einer erheblichen Reduzierung der Grundrechtsgeltung zu beseitigen wäre.

Die Bedeutung des Lüth-Urteils reicht freilich noch weiter. Sind die Grundrechte nicht nur subjektive Abwehrrechte gegen den Staat, sondern auch objektive Prinzipien, an denen sich die Rechtsordnung auszurichten hat, dann entfalten sie für den Staat nicht nur Begrenzungs-, sondern auch Aufforderungswirkung. Nachdem sie aus ihrer einseitigen Staatsrichtung gelöst worden sind, legen sie folglich auch ihre einseitige Abwehrhaltung ab und begründen staatliche Schutzpflichten für die grundrechtlich garantierte Freiheit, wo diese von dritter Seite gefährdet wird oder ohne staatliche Vorkehrungen nicht real nutzbar ist. Die Konsequenzen daraus waren nicht in der Lüth-Entscheidung zu ziehen. Der Schutzpflichtgedanke hat hier aber seinen

Grund und wurde praktiziert, ehe er im Fristenlösungs-Urteil von 1975 auch ausdrücklich Eingang in die Verfassungsrechtsprechung fand. Wie der Gesetzgeber eine grundrechtliche Schutzpflicht erfüllt, bleibt allerdings Sache seiner politischen Entscheidung. Die Verfassung läßt ihm insoweit Raum und verbietet lediglich gänzlich unzureichende Maßnahmen. Das Übermaßverbot wird nun von einem Untermaßverbot begleitet.

Die Akzente des Grundrechtsschutzes haben sich dadurch verschoben. War es anfänglich stärker darum gegangen, den Staat, der dem Einzelnen mit Hoheitsgewalt entgegentrat, im Interesse grundrechtlicher Freiheit zu beschränken, so kommt es heute häufiger darauf an, ihn im Interesse der Herstellung oder Bewahrung gleicher Freiheit zum Handeln aufzufordern, gegenläufige aber jeweils grundrechtsgeschützte Belange Privater in ein beiden Seiten angemessen Rechnung tragendes Verhältnis zu bringen und die einseitige Durchsetzung bestimmter Freiheitsansprüche auf Kosten anderer zu verhindern sowie grundrechtlich geschützte Sachbereiche freiheitlich zu organisieren. Die voranschreitende Privatisierung öffentlicher Aufgaben wird dem weiter Nahrung geben. Da die Träger ehedem öffentlicher Aufgaben im Gegensatz zum Staat nicht unmittelbar an die Grundrechte gebunden sind, vielmehr selbst den Schutz der Grundrechte, insbesondere der Eigentumsfreiheit, genießen, können Freiheit, Gleichheit und Sozialstaatlichkeit nur aufrechterhalten werden, wenn der Staat dafür gesetzlich Sorge trägt. Privatisierung ist deswegen nicht gleichbedeutend mit Deregulierung, sondern macht im Gegenteil vermehrte Regulierung notwendig.

Grundrechtsdogmatik und Grundrechtsjudikatur tragen damit nur einem Wandel Rechnung, der sich im staatlichen Bereich längst vollzogen hat. Der Staat ist von einer Instanz, die eine als gerecht vorausgesetzte Ordnung vor Störungen bewahrt oder nach eingetretener Störung wiederherstellt, im Lauf der Zeit immer stärker zu einer umfassenden Planungs-, Entwicklungs- und Serviceagentur für die Gesellschaft geworden, die sich insbesondere an den Folgen der Indifferenz der verschiedenen gesellschaftlichen Teilsysteme für die externen Kosten, die sie in anderen Teilsystemen verursachen, abarbeitet. Freilich ist die Politik von den Bedingungen funktional differenzierter Gesellschaften selbst nicht frei. Auch sie bildet ein gesellschaftliches Teilsystem mit vorherrschendem Interesse an sich selbst und an der Sicherung von Macht, über deren Verteilung in der Wahl entschieden wird. Die Imperative des Wahlgewinns tragen eine Neigung zur Instrumentalisierung übergeordneter Prinzipien einschließlich der Verfassung und zur Orientierung am kurzfristigen Nutzen für die politischen Parteien in die Politik.

In dieser Situation wächst den Grundrechten immer stärker die Rolle eines Korrektivs gegenüber der Blickverengung und Kurzatmigkeit des Politikbetriebs zu. Dort wo die Politik sich vom Kurzfristnutzen für die nächste Wahl gefangennehmen läßt, erinnern die Grundrechte sie an ihre die Parteiinteressen übergreifenden Zielvorgaben und Langfristverpflichtungen. Dort wo die Politik dem Druck mächtiger Interessen nachgibt oder ihre Klientel bevorzugt, erinnern die Grundrechte an das Gleichbehandlungsgebot. Dort wo die Politik ihre gesetzlichen Lenkungsversuche gesellschaftlicher Entwicklungen in immer kürzeren Folgen ändert, wird sie durch die Grundrechte angehalten, dasjenige Vertrauen zu honorieren, das die Betroffenen in den Bestand gesetzlicher Regelungen setzen, die sie zu entsprechenden Dispositionen veranlaßt haben. Dieses sind heute die Hauptgründe, aus denen Gesetze in Karlsruhe beanstandet werden, weniger eklatante Freiheitsmißachtungen oder Zielverfehlungen der Politik. Wer die Grundrechte für die Desintegrationstendenz in der Gesellschaft verantwortlich macht und deswegen ihren Geltungsumfang wieder beschneiden will, hat den falschen Gegner vor Augen. Es sind gerade die Grundrechte, die innerhalb der Systemegoismen noch eine gewisse Einheit stiften und die dominierende technisch-ökonomische Rationalität in Grenzen weisen können.

Die größten Freiheitsprobleme entstehen unterdessen durch die steigenden Sicherheitserwartungen in der Gesellschaft, auf die der Staat schon seit längerem mit einer Wende zur Prävention reagiert. Prävention zielt darauf ab, Gefahren bereits an der Quelle aufzuspüren und ihrer Entstehung möglichst zuvorzukommen. Insofern kann sich der Staat für die Prävention auf grundrechtliche Schutzpflichten berufen, die dann besonders effektiv erfüllt sind, wenn es gar nicht erst zu einer Gefährdung grundrechtlich geschützter Rechtsgüter kommt. Gleichwohl sind die Vorteile der Prävention nicht kostenlos zu haben. Da die Gefahrenherde ungleich zahlreicher und ungleich verborgener sind als die manifesten Gefahren, ist der Übergang zur Prävention mit einer Tendenz zum omnipräsenten und omniinformierten Staat verbunden. Prävention ist auf Information und auf Einwirkungsmöglichkeiten angewiesen, die bereits einsetzen dürfen, ehe es zu rechtswidrigem oder unmittelbar rechtsgutgefährdendem Verhalten gekommen ist.

Damit geht zwangsläufig eine Entgrenzung der Staatstätigkeit einher. Die Staatstätigkeit wird zeitlich vorverlagert und räumlich ausgedehnt. Sie erstreckt sich auch auf Personen, die durch ihr Verhalten dazu keinen Anlaß gegeben haben. Im Polizeirecht wird die Grenze, die bisher die konkrete Gefahr, im Strafrecht diejenige, die bisher der hinreichende Tatverdacht für den staatlichen Zugriff errichtet hatte, abgesenkt. Am stärksten macht sich das in der Unverbrüchlichkeit der Privat- und Geheimnissphäre bemerkbar. Aber auch grundrechtsgeschützte Betätigungen im öffentlichen Bereich können Gegenstand präventiver staatlicher Maßnahmen werden. Diese Entgrenzung des Staates, die der Prävention innewohnt, läuft tendenziell der Begrenzung zuwider, die Aufgabe der Grundrechte ist. Selbst die mittlerweile wichtigste Bastion des Freiheitsschutzes, das Verhältnismäßigkeitsprinzip, bleibt davon nicht unberührt, denn wenn ein Risiko nur außerordentlich groß ist oder als außerordentlich groß hingestellt wird, sinkt die Abwehrkraft des Verhältnismäßigkeitsgrundsatzes, der Grundrechtseingriffen ja keine absolute, sondern stets nur eine relative Grenze zieht.

Daraus folgt kein Verbot präventiver Staatätigkeit, weil ein solches seinerseits wieder grundrechtliche Schutzlücken hinterlassen könnte, wohl aber die Notwendigkeit eines gesteigerten Bewußtseins dafür, daß sich Freiheit und Sicherheit nicht gleichmäßig optimieren lassen. Es ist die Freiheit, welche Sicherheitsrisiken schafft. Deswegen werden Sicherheitsbedürfnisse in der Regel durch Freiheitsbeschränkungen befriedigt. Das Grundgesetz schließt solche Beschränkungen zu legitimen Gemeinwohlzwecken nicht aus. Schutzpflichten können unter Umständen sogar die Beschränkung bestimmter Freiheiten im Interesse der Wahrung anderer Freiheiten oder der Freiheit anderer verlangen. Es muß aber ein angemessener Ausgleich erzielt werden. Prävention, die sich ungebremst als Instrument staatlicher Aufgabenerfüllung durchsetzte, drohte die Freiheit, die sie schützen möchte, aufzuzehren. Eine solche Strategie hätte daher keine Stütze im Grundgesetz.

Die Grundrechte verdanken ihre heutige Leistungskraft im wesentlichen einer wert- und wirklichkeitsbewußten Verfassungsinterpretation. Auf diese Weise haben sie sich auch veränderten Bedingungen der Verwirklichung von Freiheit ohne Verfassungsänderungen anzupassen vermocht. Vor der Wiedervereinigung kam es nur bei der Einführung der Wehrverfassung und der Notstandsverfassung – beides nachgeholte Gründungsakte, die 1949 wegen der alliierten Vorbehaltsrechte noch nicht möglich waren – zu Änderungen im Grundrechtskatalog. Seit der Wiedervereinigung ist aber auch er häufiger Gegenstand von Verfassungsänderungen geworden. Dabei sind die grundrechtlichen Gewährleistungen zum Teil ausgeweitet worden wie bei der Änderung von Art. 3 Abs. 2 und 3 GG. Zum Teil haben sie Beschränkungen erfahren wie bei der Änderung von Art. 13 und Art. 16 GG. In den Änderungen dieser beiden Vorschriften kündigt sich allerdings eine Tendenz an, die, setzte sie sich fort, der bisherigen Bewährung der Grundrechte bald ein Ende bereiten könnte. Art. 13 GG ist nach seiner Änderung viermal so lang wie vorher, der neue Asylartikel gar vierzigmal so lang wie die ursprüngliche Vorschrift.

Grundrechte bilden Prinzipien der Rechtsordnung, die in der Regel auf Eingrenzung oder Ausgestaltung durch den Gesetzgeber angewiesen sind. Sie kommen daher gewöhnlich mit zwei Sätzen aus: einer Beschreibung der Verhaltensweisen oder Lebensbereiche, die frei sein sollen, und einer Ermächtigung des Gesetzgebers, die im Interesse gleicher Freiheit oder hochrangiger Gemeinschaftsgüter erforderlichen Eingrenzungen vorzunehmen. Im Gegensatz dazu hat sich der verfassungsändernde Gesetzgeber bei der Änderung von Art. 13 und 16 GG nicht mit der Einfügung oder Erweiterung eines Gesetzesvorbehalts begnügt, sondern die grundrechtsbeschränkenden oder ausgestaltenden Gesetze bereits auf der Verfassungsebene vorweggenommen. Die Verfassung lebt indes von der Differenz zum Gesetz. Da sie die rechtlichen Grundsätze für politische Entscheidungen enthält, kann sie nicht mit diesen Entscheidungen zusammenfallen. Sinn der Verfassung ist es gerade, gewisse allgemein konsentierte Grundprinzipien der politischen Auseinandersetzung zu entziehen, innerhalb des so geschaffenen Rahmens aber Raum für wechselnde Präferenzen oder Reaktio-

313

nen auf veränderte Verhältnisse zu lassen. In diesem Raum kommt das Mehrheitsprinzip zur Anwendung mit der Folge, daß bei veränderten Mehrheiten oder besseren Einsichten auch Rechtsänderungen möglich sind, ohne daß dadurch die Prinzipienebene berührt würde.

Wird die Ebenendifferenzierung zwischen Verfassung und Gesetz preisgegeben, dann verengt sich im selben Maß auch der Handlungsspielraum der Politik. Was in der Verfassung festgeschrieben ist, steht der Mehrheitsentscheidung nicht offen. Soweit die Verfassung reicht, sind Mehrheitswechsel also folgenlos. Wird der mit den Änderungen von Art. 13 und 16 GG beschrittene Weg fortgesetzt, gibt es bald keinen Politikwechsel mehr ohne vorgängige Verfassungsänderung. Die politischen Akteure, die für die Aufblähung der Grundrechte verantwortlich sind, haben dies meist mit dem Bemühen gerechtfertigt, die Freiheitsbeschränkungen wiederum in Schranken zu halten. Die Freiheit hat bisher aber nicht unter zu knapper Formulierung der Grundrechte gelitten. In Wahrheit hat das Interesse der politischen Parteien den Ausschlag gegeben, so viel wie möglich von ihren eigenen Ansichten auf die Verfassungsebene zu heben, um dem Gegner so wenig politischen Handlungsspielraum wie möglich zu lassen. Deswegen ist auch zu befürchten, daß sich dieser Änderungsstil fortsetzt. Am Ende wären dann freilich nicht nur die Grundrechte um ihre Funktion gebracht. Auch das politische System hätte seine Innovationsfähigkeit verspielt.

III.

Der Großteil der Verfassungsänderungen entfällt freilich immer noch auf den Organisationsteil der Verfassung und dort überwiegend auf das Bund-Länder-Verhältnis. Daran wird sichtbar, daß sich hier die Verhältnisse besonders weit von den Vorstellungen der Gründer entfernt haben. Der wichtigste Grund besteht darin, daß sich die Zahl der Probleme, die auf der kleinräumigen Ebene der Länder effektiv gelöst werden können, ständig verringert hat. Die verfassungspolitische Reaktion auf diese Entwicklung war eine Ausweitung der Gesetzgebungskompetenzen des Bundes sowie seiner Einwirkungsmöglichkeiten auf die Wirtschafts- und Finanzpolitik der Länder. Dazu sind Gemeinschaftsaufgaben von Bund und Ländern getreten, die das Grundgesetz ursprünglich nicht kannte. Das wurde damals als Übergang vom dualen zum kooperativen Föderalismus begrüßt. Treffender ist wahrscheinlich die in kritischer Absicht vorgenommene Charakterisierung als Politikverflechtung, weil sie den Blick stärker auf den hohen Konsensbedarf, die damit verbundenen Zeitverluste, Anpassungsschwierigkeiten und Tendenzen zum kleinsten gemeinsamen Nenner lenkt, die der reformierte Föderalismus verursacht.

Das Ausmaß der Verflechtung wird aber erst dann aufgedeckt, wenn man auch die Gegenleistung berücksichtigt, welche die Länder für ihr Einverständnis mit den ihre Kompetenzen berührenden Verfassungsänderungen verlangten. Es war fast durchweg die Ausweitung der Zustimmungsrechte des Bundesrats zur Normsetzung des Bundes. Die Zustimmungstatbestände sind auf diese Weise von anfangs 13 auf beinahe 60 angewachsen. Was ursprünglich Ausnahme war, ist heute Regel. Darin wird oft eine Stärkung des Föderalismus gesehen. Das trifft jedoch nur bedingt zu. Der Föderalismus lebt von Vielfalt und Wettbewerb der Länder, die wiederum Politikfelder voraussetzen, auf denen sie unterschiedliche Vorstellungen verwirklichen können. Das Zustimmungsrecht des Bundesrats kommt dagegen nicht jedem Land für sich zugute, sondern vermehrt den Einfluß der Ländergesamtheit auf die Bundespolitik. Soweit das Zustimmungsrecht reicht, ist die bundespolitische Mehrheit zur Verwirklichung ihrer Politikziele auf die Ländermehrheit angewiesen.

Divergieren die Mehrheiten in Bundestag und Bundesrat und überlagern Parteiloyalitäten Länderinteressen, so führt das verfassungsrechtliche Arrangement dazu, daß die in der Bundestagswahl unterlegene Partei Gelegenheit erhält, ihre Ziele vermittels des Zustimmungsrechts des Bundesrats doch noch zur Geltung zu bringen. Der Mehrheit auf Bundesebene bleibt dann nur die Möglichkeit, sich auf Verhandlungen einzulassen, um ihr Regierungsprogramm wenigstens partiell verwirklichen zu können. Dabei wird aber nicht eigentlich zwischen Bund und Ländern, sondern zwischen Mehrheitsparteien und Oppositionsparteien quer durch Bund und Länder verhandelt. Das System nimmt Züge einer informellen großen Koalition an. Die Einigungschancen sind dann am größten, wenn jede Seite wenigstens einen Teil ihrer Vorstellungen und Forderungen im Gesetz unterbringen und ihrer Anhängerschaft und Klientel auf diese Weise Erfolgsmeldungen überbringen kann. Das Zustandekommen eines Kompromisses wird in dieser Situation oft wichtiger als sein Inhalt. Für das Ergebnis als Ganzes mag niemand Verantwortung übernehmen. Vielmehr reklamiert jede Seite die Erfolge der Lösung für sich und schiebt ihr Scheitern auf den Gegner ab.

Die Kosten an Effizienz, Akzeptanz und Demokratie sind erheblich. Aushandlungsprozesse verlaufen zeitraubend. Durchgreifende Lösungen sind unwahrscheinlich. Der Kompromiß findet entweder auf dem kleinsten gemeinsamen Nenner statt oder krankt an inneren Widersprüchen. Umgekehrt ist eine Revision des einmal ausgehandelten Ergebnisses, auch wenn es sich nicht bewährt, nur schwer möglich. Im Publikum erzeugen die Vorgänge die bekannten Frustrationserscheinungen. Unter demokratischen Gesichtspunkten fällt die Intransparenz der Entscheidung ins Gewicht.

Erfolgsbedingung der Verhandlungen ist, daß sie nicht öffentlich geführt werden. Die Ansatzpunkte für Interessenartikulation Außenstehender und folgenreiche Kritik fehlen. Das Parlament findet sich meistens in einer Ratifikationssituation wieder. Änderungen würden den Kompromiß gefährden. Die speziell vom parlamentarischen Prozeß vermittelten Werte fallen aus. Schließlich wird auch der demokratische Grundakt der Wahl entwertet. Retrospektiv betrachtet, fällt es den Wählern schwer, über die erbrachten Regierungsleistungen ein Urteil zu fällen. Prospektiv betrachtet, entscheidet die Wahl nicht, wer mit welchem Programm und Personal zum Zuge kommt, sondern mischt nur die Karten für künftige Verhandlungsrunden neu.

Dieses System hat möglicherweise in Zeiten vergleichsweise geringer Herausforderungen seine Vorteile. Das am Ende ausgehandelte Ergebnis kann sich auf einen breiten Konsens stützen. Radikallösungen haben geringe Chancen. Der Integrationseffekt ist größer als bei Verfahren, die mit dem Sieg einer Seite enden. Mehr betroffene Gruppen können sich in der Entscheidung, jedenfalls mit Anteilen der von ihnen bevorzugten Lösung, wiederfinden. Die Lasten notwendiger Reformen werden gleichmäßiger verteilt. Angesichts des hohen Innovationsbedarfs, der sich in Zeiten beschleunigten sozialen Wandels und großer Herausforderungen einstellt, überwiegen aber die Nachteile. Bei der gegenwärtigen Kumulierung von Großproblemen erweist sich der Verbundföderalismus mit dem Bundesrat als zentralem Scharnier als Innovationshemmnis. Die Verbundkosten überwiegen den Nutzen. Den Preis zahlt nicht die eine oder andere Partei, sondern das politische System insgesamt, das als handlungsschwach dasteht und Legitimität einbüßt.

Der Übergang zum Verhandeln als Mittel der Problemlösung und politischen Entscheidung bleibt aber nicht auf das Bund-Länder-Verhältnis beschränkt. Verhandlungssysteme breiten sich auch im Verhältnis von Staat und Gesellschaft aus. Das hat seinen Grund vor allem in dem Wachstum der Staatsaufgaben, das nicht mit einem entsprechenden Wachstum der staatlichen Zwangsgewalt einhergegangen ist. Viele der Aufgaben, die mit dem Wandel des Staates vom Garanten einer als gerecht vorausgesetzten Gesellschaftsordnung zu einer umfassenden Planungs-, Entwicklungs- und Serviceagentur für die Gesellschaft zusammenhängen, lassen sich nicht mit dem spezifisch staatlichen Mittel von Befehl und Zwang lösen. Zum Teil liegt das daran, daß Befehl und Zwang zur Zielerreichung untauglich sind. Forschungsergebnisse, Konjunkturaufschwünge oder Mentalitätsänderungen lassen sich nicht anordnen. Zum Teil verbieten die Grundrechte eine durchgängige Steuerung gesellschaftlicher Abläufe mit hoheitlichen Mitteln. Zum größten Teil erscheint der Einsatz imperativer Mittel dem Staat aber inopportun, weil die Implementationskosten zu hoch wären.

Verzichtet der Staat jedoch in seinem Aufgabenbereich auf den Einsatz seiner spezifischen Machtmittel, so ist er zur Durchsetzung von Gemeinwohlzwecken auf die freiwillige Folgebereitschaft der Steuerungsadressaten angewiesen. Diese geraten ihm gegenüber in eine Vetoposition oder können sich ihre Kooperationsbereitschaft entgelten lassen. Der Staat reagiert darauf mit Verhandlungsangeboten. Es gibt mittlerweile Aushandlungsprozesse auf allen staatlichen Ebenen und über alle Gegenstände. Seit längerem schon verhandelt die öffentliche Verwaltung mit Privaten, und zwar nicht nur dort, wo sie über Gestaltungsspielräume verfügt, sondern auch dort, wo es um Gesetzesvollzug geht, etwa im Steuerrecht. In der Justiz, namentlich der Strafjustiz, sind Verhandlungen im Vordringen begriffen. Vor allem auf der Ebene politischer Entscheidungsfindung ist die Aushandlung aber inzwischen an der Tagesordnung. Über Verhandlungen dieser Art kann man jederzeit in der Presse lesen. Die Energiegespräche sind nur das jüngste Beispiel. Es fehlt aber an der Einsicht, daß sich hier ein neuer Typus staatlicher Aufgabenwahrnehmung herausgebildet hat, der teils neben die verfassungsrechtlich vorgesehenen Typen, teils an deren Stelle tritt.

Von den seit langem üblichen Kontakten zwischen staatlichen Stellen und privaten Akteuren, etwa Interessenverbänden, im Zusammenhang mit der Gesetzgebung unterscheiden sich die Verhandlungen dadurch, daß sie sich nicht auf die Information des Staates über Gegebenheiten und Erwartungen beschränken, die für eine effiziente Gesetzgebung nützlich sein mögen. Ausgehandelt wird vielmehr der Gesetzesinhalt selbst. Nicht selten fungiert der Erlaß eines Gesetzes aber nur noch als Drohmittel des Staates, mit dem die Kompromißbereitschaft der privaten Seite gefördert wird. Der Staat verspricht dann einen Regelungsverzicht, sofern die privaten Interessenten ein freiwilliges Entgegenkommen in Aussicht stellen. Absprachen dieser Art haben für beide Seiten Vorteile. Die privaten Akteure können mit weniger strengen Verhaltensanforderungen, etwa zum Zweck des Umweltschutzes oder der Produktsicherheit, rechnen. Der Staat spart die Implementationskosten, die ihm bei gesetzlichen Regelungen entstünden. Wie im Bund-Länder-Verhältnis bildet sich auch hier ein Konkordanzsystem. Doch sind die Folgen ungleich einschneidender.

Allerdings wird die neue Praxis nicht selten als endgültiger Abschied vom Obrigkeitsstaat gelobt. Erst der verhandelnde Staat, der von seiner hoheitlichen Position ablasse und sich auf die gleiche Ebene mit den Bürgern begebe, sei der wahrhaft demokratische Staat. Indessen ist der Staat gerade deswegen mit Hoheitsgewalt ausgestattet, damit er das friedliche Zusammenleben der Bürger gewährleisten und Gemeinwohlerfordernisse gegen partikulare Interessen durchsetzen kann. Das Gefahrenpotential, welches mit der Hoheitsgewalt verbunden ist, wird dagegen durch die Verfassung gezähmt, insbesondere durch die Grundrechte, die ihr Schranken setzen, und die Gewaltenteilung, namentlich die Gesetzesbindung der Exekutive sowie die Vorkehrungen dafür, daß das Gesetz aus universaler Diskussion und Partizipation hervorgeht und die Gesetzesbindung durch unabhängige Gerichte nachgeprüft werden kann. Überlegenheit und Unterworfenheit gelangen dadurch in eine Balance, die die Zwangsgewalt in den Dienst gleicher Freiheit der Individuen stellt.

Absprachen zwischen Staat und Privaten entfalten zwar wie die Gesetze, die sie ersetzen, allgemeine Wirkung. Im Unterschied zum Gesetz gehen sie aber nicht aus allgemeiner Diskussion und Partizipation hervor. Verhandlungsteilnehmer sind keineswegs alle Betroffenen, denen sich der Staat als eine Art Moderator zur Verfügung stellte, sondern diejenigen gesellschaftlichen Kräfte, die die staatlichen Pläne durchkreuzen können und auf deren Folgebereitschaft er daher zur Erreichung seiner Ziele angewiesen ist. Verhandlungssysteme prämiieren also diejenigen Interessen, die ohnehin mächtig sind. Sie schaffen eine neue Privilegienstruktur. Dabei sind wechselseitige Konzessionen – auf staatlicher Seite am Gemeinwohl, auf privater Seite am partikularen Interesse – ebenso Erfolgsvoraussetzung wie die Gewißheit, daß die ausgehandelten Ergebnisse von beiden Seiten erfüllt werden, und zwar ungeachtet der internen Entscheidungsverfahren, die dabei noch zu durchlaufen sein mögen. Auf Formalisierungen ist dieses Verfahren nicht angewiesen, sie werden eher als störend empfunden.

Doch sind auch die Vorteile des Aushandelns nicht kostenlos zu haben. Den Preis zahlt vielmehr die Verfassung. Der paktierende Staat ist nicht derjenige Staat, auf den die Regelungen des Grundgesetzes zugeschnitten sind. Er läßt die verfassungsrechtlichen Regelungen aber auch nicht etwa unberührt. Fast alle Vorkehrungen, die die Verfassung zur Gewährleistung des Demokratieprinzips und des Rechtsstaatsprinzips trifft, werden durch den paktierenden Staat unterlaufen. Zwei Konsequenzen sind hervorzuheben: Zum einen gibt es im verhandelnden Staat Teilhaber an kollektiv verbindlichen Entscheidungen, die nicht in den Legitimations- und Verantwortungszusammenhang einbezogen sind, dem das Grundgesetz die staatlichen Entscheidungsträger unterwirft. Das Grundgesetz verfaßt die politische Herrschaft seinem umfassenden Anspruch zum Trotz nur noch partiell. Es existieren parakonstitutionelle Entscheidungsträger.

Zum anderen werden die von der Verfassung vorgesehenen Entscheidungsorgane und -verfahren entwertet. Das gilt insbesondere für das Parlament und das parlamentarische Verfahren. Die Verhandlungen führt auf staatlicher Seite stets die Regierung. Das Parlament kommt, falls Regelungsverzichte vereinbart worden sind, gar nicht zum Zuge. Sollen die Verhandlungsergebnisse, etwa wegen ihrer verbindlichen Wirkung für Dritte, die von den Verhandlungen ausgeschlossen waren, in Gesetze überführt werden, so gerät das Parlament in eine Ratifikationssituation. Es kann keine Veränderungen vornehmen, weil sonst das gesamte Verhandlungsergebnis obsolet würde. Damit fallen aber auch hier diejenigen Entscheidungsbeiträge aus, die gerade der parlamentarische Prozeß vermittelt. Das sind vor allem Transparenz und Partizipation. Desgleichen verliert die Wahlentscheidung an Gewicht, weil der in der Wahl zum Ausdruck gelangte Gesamtwille sich an den in die Verhandlungen einbezogenen Interessen Privater bricht, die auf diese Weise doppelten Einfluß nehmen können, allgemein in der Wahl und speziell auf diejenigen Entscheidungen, die ihre Interessensphäre berühren.

Die Kosten trägt aber nicht allein die Demokratie, sondern ebenso der Rechtsstaat. Der Rechtsstaat ist auf das Gesetz angewiesen. Das Gesetz vermittelt die Voraussehbarkeit und Berechenbarkeit staatlichen Verhaltens, die Rechtsbindung der staatlichen Exekutive und die gerichtliche Kontrolle der Verwaltung. Deshalb fallen diese Errungenschaften im selben Maß aus, wie das Gesetz durch informelle Absprachen zwischen staatlichen und privaten Akteuren ersetzt wird. Die Leidtragenden sind vor allem diejenigen Teile der Bevölkerung, die von dem Verhalten betroffen werden, das Gegenstand der Absprachen ist, ohne daß sie daran beteiligt waren. Wegen der Informalität des Verhandlungsarrangements können sie weder mit der hinreichenden Sicherheit wissen, welche Verhaltensstandards gelten sollen, noch haben sie die Möglichkeit, diese Standards durch die rechtsstaatlichen Kontrollinstanzen darauf überprüfen zu lassen, ob ihre verfassungsrechtlich geschützten Interessen hinreichend berücksichtigt und im konkreten Fall auch eingehalten und durchgesetzt worden sind.

Beide Verbundsysteme, die sich herausgebildet haben: das Bund-Länder-Geflecht wie die Verhandlungssysteme zwischen staatlichen und privaten Akteuren, rufen nach Verfassungsänderungen, wenn das Grundgesetz sich auch in der Zukunft bewähren soll. Zwischen beiden bestehen freilich Unterschiede, die die verfassungspolitischen Reaktionen unterschiedlich aussichtsreich machen. Der Verbund-Föderalismus mit den von ihm ausgehenden Nachteilen für die Verfassungsordnung ist selber die Folge eines verfassungsrechtlichen Arrangements, das auf eine Reihe von Verfassungsänderungen zurückgeht. Diese waren nur zum Teil strukturell bedingt. Strukturelle Gründe hatte in den meisten Fällen die Verlagerung von Gesetzgebungskompetenzen auf den Bund, nicht dagegen die für die Verflechtung verantwortliche Ausweitung der Zustimmungsrechte des Bundesrats. Sie bildete lediglich den politischen Preis, den die Länder für den Kompetenzverlust forderten. Erweist sich dieser Preis als zu hoch, so kann er zurückgezahlt werden, ohne daß deswegen die strukturell bedingten Modernisierungen des Grundgesetzes im übrigen aufgegeben werden müßten. Die Lösung ist rechtlich einfach, was nicht heißt, daß sie politisch auch leicht zu erreichen sei: Die Zustimmungsrechte des Bundesrats müssen dem ursprünglichen Zustand wieder angenähert werden.

Anders als das Geflecht zwischen Bund und Ländern geht die Kooperation zwischen staatlichen und privaten Akteuren nicht auf Änderungen der Verfassung, sondern auf Änderungen der Wirklichkeit zurück. Das Instrument der Verhandlung ist die wohl begründete staatliche Reaktion auf den sozialen Wandel, der sich nicht einfach unterbinden läßt. Die Verhandlungssysteme sind also ihrerseits strukturell bedingt. Obwohl sie zentrale verfassungsrechtliche Prinzipien aushöhlen, kann die Lösung folglich nicht darin bestehen, sie verfassungsrechtlich für unzulässig zu erklären oder ausdrücklich zu verbieten. Auch der Verzicht auf dieses Instrumentarium würde verfassungsrechtliche Defizite hinterlassen. Deswegen muß der Versuch unternommen werden, die Verfassung auf den paktierenden Staat einzustellen und ihre Anforderungen gerade bezogen auf diese neue Handlungs- und Entscheidungsform zur Geltung zu bringen. Nötig sind dann vor allem prozedurale Anforderungen, die Teilnahmerechte, Publikationspflichten und Kontrollmöglichkeiten begründen.

Allzu hohe Steuerungserfolge darf man sich davon freilich nicht versprechen. Das Aufkommen dieser neuartigen staatlichen Handlungsform erklärt sich ja gerade aus der Schwäche der verfassungsrechtlich vorgesehenen Handlungsformen und Entscheidungsverfahren angesichts gewandelter Staatsaufgaben. Eine durchgehende Verrechtlichung des darauf reagierenden Instrumentarismus würde dessen Vorteile wieder zunichte machen. Da der Bedarf strukturell bedingt ist, schüfe er sich neue Ventile. Selbst bei einer Teilformalisierung der Verhandlungen ist damit zu rechnen, daß wiederum informelle Vorstufen entstehen. Der paktierende Staat reißt Lücken in die Verfassungsordnung, die sich nicht völlig schließen lassen. So sehr gelegentlich der Eindruck entsteht, die Politik werde in Deutschland durch Verfassungsrechtsprechung und Verfassungsvollzug ersetzt, so erfolgreich bahnt sie sich doch Wege, auf denen ihr die Verfassung nur schwer zu folgen vermag. Angesichts der strukturellen Gründe, auf denen diese Entwicklung beruht, kann man sich auch nicht damit zufriedengeben, daß es in den nächsten 50 Jahren nicht mehr so sehr auf das Grundgesetz als auf die Europäische Verfassung ankommen wird. Denn auf der europäischen Ebene werden sich die Probleme potenzieren, die uns schon jetzt auf der nationalen Ebene beunruhigen.

ANHANG

Quellenverzeichnis

1. Politik und Recht
   Festschrift für Ernst Benda
   C. F. Müller Verlag, Heidelberg 1995, S. 91
2. Zwischen Anschluß und Neukonstitution
   Frankfurter Allgemeine Zeitung vom 5. April 1990, S. 35
3. Plädoyer für eine verfassunggebende Versammlung
   unter dem Titel «Das Risiko Demokratie» in Die ZEIT
   vom 10. August 1990, S. 34
4. Verfassungsreform in falscher Hand?
   Merkur 1992, S. 1059
5. Als Verfassungssatz untauglich
   unter dem Titel «Was zuviel ist, ist von Übel» in der Frankfurter Allgemeinen Zeitung vom 15. Juni 1994, S. 37
6. Grundrechtliche Freiheit 1848 und heute
   unter dem Titel «Leitbild für die Welt» in der Frankfurter
   Rundschau vom 18. Mai 1998, Beilage «1848», S. 5
7. Verfassungspatriotismus nach der Wiedervereinigung
   unter dem Titel «Hütet die Grundrechte» in Die ZEIT vom
   18. April 1997, S. 14
8. Wieviel Toleranz verlangt das Grundgesetz?
   unter dem Titel «Das Andere darf anders bleiben» in
   Die ZEIT vom 17. Februar 2000, S. 12–13
9. Wie man eine Verfassung verderben kann
   unter dem Titel «Parteiinteressen und Punktsiege» in der
   Frankfurter Allgemeinen Zeitung vom 12. Dezember 1998,
   S. I/II
10. Die bundesstaatliche Verfassung – eine Politikblockade?
    unter dem Titel «Blockade kann nötig sein» in Die ZEIT
    vom 10. Oktober 1997, S. 9
11. Normenflut – eindämmbar?
    Merkur 2000, S. 526
12. Nach der Spendenaffäre: Die Aussichten, den Parteienstaat
    rechtlich einzugrenzen
    erscheint im September 2001 in Die ZEIT

13. Über den Umgang mit Parteiverboten
    Merkur 2001, S. 58
14. Politikdistanz als Voraussetzung von Politikkontrolle
    Europäische Grundrechte Zeitschrift 2000, S. 1
15. Probleme einer eigenständigen Verfassungsgerichtsbarkeit in
    Deutschland
    R.J. Schweizer (Hrsg.), Reform der Bundesgerichtsbarkeit,
    Verlag Schulthess, Zürich 1995, S. 161
16. Braucht Europa eine Verfassung?
    Privatdruck der Siemens Stiftung, München 1995
17. Ist die Zeit reif für eine europäische Verfassung?
    leicht gekürzt unter dem Titel «Ohne Volk keine Verfas-
    sung» in Die ZEIT vom 18. März 1999, S. 4–5
18. Vom Rat zur Staatenkammer
    erscheint im September 2001 in Die ZEIT
19. Soziale Grundrechte für Europa
    Vortrag anläßlich des 75. Deutschen Fürsorgetages
    erscheint in den Veröffentlichungen des Vereins für öffentli-
    che und private Fürsorge
20. Das Grundgesetz nach 50 Jahren
    Bundesministerium des Innern (Hrsg.), Bewährung und
    Herausforderung. Dokumentation zum Verfassungskongreß
    «50 Jahre Grundgesetz – 50 Jahre Bundesrepublik Deutsch-
    land», Verlag Leske + Budrich, Opladen 1999, S. 39

Register